Um Esporte para Crianças e Jovens

Encontrando o esporte, o time e o treinador corretos
para crianças e jovens de todas as aptidões

Nicole Sperekas, Ph.D.

Um Esporte para Crianças e Jovens

Encontrando o esporte, o time e o treinador corretos
para crianças e jovens de todas as aptidões

Tradução Claudio Blanc

São Paulo
2010

A SPORT FOR EVERY KID by Nicole Sperekas, Ph.D.
Copyright © 2005 by Nicole Sperekas, Ph.D.
This translation published by arrangement with the Lyons Press,
a division of The Globe Pequot Press, Guilford, CT 06437 USA

1ª Edição, Editora Gaia, São Paulo 2010

Diretor Editorial	*Tradução*
Jefferson L. Alves	Claudio Blanc
Diretor de Marketing	*Revisão*
Richard A. Alves	Tatiana F. Souza
Gerente de Produção	*Imagens de Capa*
Flávio Samuel	Shutterstock
Coordenadora Editorial	*Capa*
Dida Bessana	Reverson Diniz
Assistentes Editoriais	*Projeto e Diagramação*
Alessandra Biral	Luana Alencar
João Reynaldo de Paiva	

Dados Internacionais de Catalogação na Publicação (CIP)
(Câmara Brasileira do Livro, SP, Brasil)

Sperekas, Nicole.
  Um esporte para crianças e jovens : encontrando o esporte, o time e o treinador corretos para crianças e jovens de todas as aptidões / Nicole Sperekas ; tradução de Claudio Blanc. – 1. ed. – São Paulo : Gaia, 2010.

  Título original: A sport for every kid.
  Bibliografia.
  ISBN 978-85-7555-219-3

  1. Aptidão física – Planejamento. 2. Educação física – Planejamento. 3. Esportes para crianças. I. Título.

10-01550   CDD-796.083

Índices para catálogo sistemático:
1. Esportes para crianças : Educação física   796.083

Direitos Reservados

Editora Gaia Ltda.
(pertence ao grupo Global Editora
e Distribuidora Ltda.)

Rua Pirapitingui, 111-A – Liberdade
CEP 01508-020 – São Paulo – SP
Tel.: (11) 3277-7999 – Fax: (11) 3277-8141
e-mail: gaia@editoragaia.com.br
www.editoragaia.com.br

Obra atualizada
conforme o
**Novo Acordo
Ortográfico da
Língua
Portuguesa**

Colabore com a produção científica e cultural.
Proibida a reprodução total ou parcial
desta obra sem a autorização do editor.

Nº de Catálogo: **3074**

A todos os pais e treinadores de jovens esportistas
que lutam para tornar os esportes juvenis
uma experiência divertida e positiva
para crianças de todas as aptidões atléticas –
dos desajeitados aos atletas natos.
Ao ajudarem as crianças a dar o melhor de si
e se divertirem ao mesmo tempo,
todos ganham!

Para todos os pais e treinadores de esportes juvenis que se empenham para fazer dos esportes juvenis uma experiência divertida e positiva para crianças de todas as habilidades atléticas – desde as pouco hábeis até as que são atletas natos.

Quando eles ajudam as crianças a fazer o melhor de que são capazes e a se divertir ao mesmo tempo, todos ganham.

Você nunca esquecerá o que é capaz de fazer – ou ser – até começar.
Lynn Swann, defensora de um Hall da Fama para o futebol

Se você tentar de verdade e se divertir e for um bom esportista, você será sucesso, não importa seu resultado ou onde você termine.
Nancy Ditz, maratonista

Agradecimentos

Muita gente me ajudou com este livro. Sou grata às doutoras Suzanne Kincaid e Hannah Evans que leram meu primeiro rascunho. As duas são fãs entusiasmadas de esportes e boas atletas. Flor Estela Farwell, Mary Williams e Kate Duarte fizeram a gentileza de ler o rascunho final. Quando era criança, Flor achava que seu professor de ginástica não a considerava muito atlética, pois ele a inscreveu como interbase no time de beisebol. Levou alguns anos para ela perceber que o interbase é considerado um dos melhores atletas do beisebol. Pat Gartland joga lacrosse, um tipo de jogo de bola desenvolvido pelos índios norte-americanos e muito popular nos Estados Unidos e Canadá, e ajuda a treinar um time de lacrosse do Ensino Médio. Por conta do seu conhecimento sobre esportes coletivos, ele me passou importantes pontos de vista que me ajudaram a escrever este livro. Ao longo dos anos, aprendi muito sobre vários esportes com Bob Moroney e Marc Burke. Ambos jogavam basquete a sério quando eram jovens e elucidaram sobre o esporte e seus jogadores, os quais não param de correr por horas a fio. Lois Barnes sempre foi uma ótima ouvinte.

Minha família sempre me apoiou e estimulou. São fãs entusiastas e conhecedores de esportes. Sempre passamos horas juntos assistindo a jogos, frequentemente torcendo para os times com menos chances.

Os bibliotecários da Biblioteca Virginia Village – minha filial local da Biblioteca Pública de Denver – foram muito prestativos. Sua capacidade de rastrear referências e outros materiais é impressionante – e eles sempre faziam o trabalho com um sorriso no rosto.

Minha agente literária, Stephany Evans, viu potencial no meu manuscrito inicial. Trabalhar com ela foi um prazer, e ela me deu bons conselhos e respondeu minhas perguntas prontamente. Não poderia ter encontrado uma agente mais cuidadosa e atenciosa.

Tive sorte em conseguir um editor experiente, Rob Kirkpatrick. Seu passado de torcedor e jogador permitiu que ele se envolvesse mais do que a participação ocasional. Este livro ficou melhor por causa dele.

Sumário

Introdução: Um esporte para crianças e jovens 10

Primeira Parte – Começando 13

A importância dos esportes 14
Esportes e autoestima 21
Conversas sobre esportes 25
Quando começar? 29
Mais que aptidão física 34
Força mental 43
Competitividade 48
Caminhos naturais para os esportes 53
Esportes coletivos e esportes individuais 57
Encontrando o treinador e o time corretos 65
Procurando programas: para iniciantes, sem competição e de baixa competitividade 73
"Devo ensinar o básico a meu filho?" 76
Pais e espírito esportivo 79
Hora de mudanças 86

Segunda Parte – Guia para os esportes 93

Conceituando os esportes 94
Pesquisando esportes 99
Tabelas informativas: esportes individuais 103
Tabelas informativas: esportes coletivos 153

Terceira Parte – Temas e situações especiais 171

Temas especiais 172
Situações especiais 207

Uma palavra final 243

Notas 245

Leitura adicional 247

Outras Fontes 251

Índice remissivo 253

Introdução
Um esporte para crianças e jovens

> *Acredito que a maioria das crianças, não importam suas aptidões atléticas, tem o potencial de conseguir sucesso, mesmo que modesto, nos esportes.*

Sabíamos que meu primo não era atlético quando ele tinha oito anos. Ele se desequilibrava, tropeçava, batia nas coisas, trombava e caía – quase sempre com uma facilidade incrível. Alguns parentes diziam que David conseguia a façanha de tropeçar no ar. De tanto cuidar do filho choramingão, a mãe dele acabou ficando muito boa em primeiros socorros. Esperávamos que na adolescência ele se livrasse da sua falta de jeito. Mas não se livrou.

Quando tinha treze anos, seu jeito desastrado piorou ainda mais. Achávamos que ele não chegaria à idade adulta sem sofrer algum acidente que o limitasse. Ele nunca demonstrava qualquer interesse por esportes, e nós ficávamos até aliviados com isso.

Imagine o nosso choque quando um dia ele chegou em casa, vindo de um encontro com seus amigos, e anunciou que queria esquiar com o grupo. O programa incluía aulas na parte da manhã e prática independente à tarde. Achamos que ele tinha ficado maluco.

Com o coração pesaroso e muita ansiedade, sua mãe assinou a permissão e pagou os dez domingos de esqui do programa. Ela consultou os instrutores e se certificou de que eram os melhores e que iam devagar e com cuidado com os iniciantes.

Três semanas mais tarde, a mãe de David levou-o ao lugar de onde sairia o ônibus que levaria as crianças até as montanhas. Depois das despedidas tensas e preocupadas, o ônibus partiu. Eram seis horas da manhã.

Às cinco e meia da tarde, a mãe de David foi até o estacionamento do centro comunitário e esperou o ônibus chegar. Ela tinha passado um longo dia ao lado do telefone, certa de que alguém iria ligar avisando que David tinha quebrado a perna. O ônibus entrou no estacionamento e as crianças começaram a sair dele. Nenhum sinal de David. Depois de mil adolescentes terem descido do ônibus (ao menos parecia assim), David surgiu. Estava rindo, gargalhando e cantando com vários outros garotos e garotas. Não parecia estar machucado – estava sem muletas e não estava enfaixado. Nem mesmo estava mancando. "Como foi?", perguntou sua mãe. "Foi demais", respondeu David.

Pela primeira vez na sua vida, David sentiu-se incluído. Ele continuou a esquiar até ficar muito bom, e até fez parte da Patrulha de Esqui quando tinha dezoito anos. Hoje, aos quarenta e poucos, ele ainda esquia e adora levar os filhos junto.

É difícil explicar como uma criança com pouca aptidão atlética dominou um esporte tão difícil sem se matar. De fato, David nunca se machucou esquiando. Sei que muitos pais têm filhos como David. Eles podem ser desajeitados e não se interessar muito por esportes. Eles podem ficar com vergonha de jogar com seus amigos. Podem ser daqueles que ficam sentados de lado, sempre assistindo aos companheiros mais atléticos enquanto estes competem. Por não ter habilidade atlética natural, ele pode sentir-se excluído quando seus amigos praticam esportes. Pode até se mostrar feliz e fingir que não liga ao ser deixado de fora, mesmo que secretamente tenha um desejo de jogar.

Parece lógico que os pais não estimulem uma criança assim a jogar futebol, beisebol ou tênis. Entretanto, como uma aptidão excelente é algo raro, a maioria dos pais tem filhos que ou têm boas aptidões atléticas ou são limitados e temem praticar esportes. Apesar de ser minimamente atlético, com motivação e um bom instrutor, David tornou-se um bom esquiador. O que aprendi com a experiência de David é que há um esporte para cada criança – até mesmo para aquela que não é muito atlética. É tudo uma questão de aprender a encontrar o esporte certo para ela.

É claro que há crianças naturalmente atléticas ou aquelas que têm aptidões atléticas acima da média. Elas podem querer praticar diferentes esportes, e isso é bom, uma vez que muitos especialistas em esportes preferem que os jovens atletas se dediquem a vários esportes, sem se especializar em um único. Além disso, como têm talento atlético, provavelmente terão sucesso na maioria dos esportes. No entanto, até mesmo esses atletas têm de fazer uma pausa antes de assumirem a prática de múltiplos esportes. Pode haver situações em que a criança precise diminuir o número de esportes que treina. Por exemplo, seu filho pode ter tempo de praticar apenas um esporte por estação. Ele pode estar interessado em treinar futebol e rúgbi. Qual ele irá treinar? Com uma avaliação das suas aptidões e fraquezas atléticas, seu temperamento e constituição emocional, você e seu filho podem identificar a melhor escolha – o esporte da estação que melhor se adapta às suas aptidões atléticas e à sua constituição emocional. Essa é apenas uma das muitas possibilidades com as quais a criança pode refinar suas escolhas.

Este livro destina-se a pais que têm filhos com várias aptidões atléticas e que estão interessados em praticar um esporte. Também se destina a pais que talvez tenham filhos "não atléticos" que raramente expressam interesse por esportes, mas que podem ser estimulados a tentar praticar algum deles. Coloquei "não atléticos" entre aspas porque acredito que inexistem crianças verdadeiramente não atléticas. Muitas crianças, não importam suas aptidões esportivas, têm o potencial de obter sucesso modesto em certos esportes. Com estímulo, paciência e com algumas tentativas e erros, há um esporte para cada criança.

Irei sugerir maneiras racionais, suaves e sem pressão para encontrar o esporte, ou esportes, certo para seus filhos. Seu filho ou filha pode decidir que nunca irá competir, mas apenas praticar um esporte como recreação. Ou pode querer competir. Pode começar a praticar ao longo do primeiro ou do segundo ciclo do Ensino Fundamental. Algumas crianças podem começar a praticar um esporte durante o Ensino Médio ou até mesmo na faculdade. Poucas chegarão a ser atletas olímpicos ou profissionais. Contudo, acredito muito que todas as crianças devam ter a oportunidade de praticar esportes e de experimentar o estímulo e a alegria que vêm do aprender e do praticar um esporte.

A Primeira Parte contém uma introdução geral para a tarefa em mãos – encontrar o esporte certo para seu filho. Abordarei alguns temas preliminares e questões que devem ser consideradas antes de aprender de fato sobre os diferentes esportes.

A Segunda Parte é dedicada aos fatos e características de 51 esportes. Você pode folhear essa seção com seu filho para que vocês comecem a se familiarizar com vários esportes. Ao pesquisar esportes e entender os diferentes elementos físicos e mentais necessários para a prática de cada um deles, você pode encontrar o melhor esporte ou esportes para seu filho ou filha.

Quando um esporte tiver sido escolhido, é importante que seu filho tenha uma experiência positiva ao praticá-lo. Para proporcionar isso, apenas escolher um ou dois esportes não é o bastante. Você deve escolher o nível certo do esporte que ele irá praticar, o treinador ou instrutor correto, o time, liga ou clube mais adequado. Além disso, há certos problemas e situações que surgirão da prática de esportes. Alguns deles são: criança acima do peso, atleta depressivo, esportista com mau temperamento, conflitos com o treinador, rivalidades, falta de competitividade, educação de um campeão ou jogador de futebol violento. Abordarei essas preocupações e muitas outras na Terceira Parte. Seja para seu filho apenas escolher um esporte e praticá-lo recreativamente, seja para ele trilhar o caminho dos esportes organizados e participar de competições cada vez mais importantes, muitas situações irão requerer conhecimento, sensibilidade e racionalidade da parte dos pais. Espero que os pais achem este guia útil para ajudá-los a orientar seus filhos no mundo dos esportes juvenis.

Escrevo a partir de vivências adquiridas em mais de trinta anos de prática como psicóloga infantil e ex-nadadora que atuou ativamente em competições e ex-treinadora de natação. Acredito que minhas experiências nessas áreas me dão uma perspectiva valiosa que irá ser de muita ajuda aos pais.

Primeiro, vamos ver os diversos motivos para aprender e praticar esportes e os benefícios advindos disso. O fato de os esportes serem praticados em todo o mundo é um testemunho da universalidade dos valores herdados na atividade esportiva.

Primeira Parte

COMEÇANDO

A importância dos esportes

Imagine a alegria que uma criança sente ao evoluir de errar a bola todas as vezes para acertá-la ocasionalmente.

Muitos esportes começaram como brincadeiras inventadas por crianças. Uma criança começou a pular. A certa altura, a amarelinha desenvolveu-se. Então, uma criança pensava em saltar. Logo, ela queria ver a que distância conseguia saltar. Essa aptidão ou habilidade logo ficou conhecida como salto em distância. É um esporte olímpico – uma das muitas modalidades do atletismo. Os vários esportes sobre os quais escrevo neste livro envolvem, todos eles, atividade física, normalmente têm vários níveis de aptidão ou de desempenho e podem ser praticados, ao menos no nível inicial, pela maioria das crianças.

Esportes envolvem aptidões ou jogos criados para diversão

Um das primeiras razões para praticar esportes é o fato de eles envolverem aptidões ou jogos criados para diversão. As crianças acham que saltar, pular, jogar bola e nadar são atividades divertidas. Observe algumas crianças pequenas brincando dessa forma – quase sempre estão rindo ou gargalhando. A alegria dela é contagiosa e coloca um sorriso em seus lábios. Ao jogarem, as crianças estão se divertindo.

Jogos apresentam desafios

Depois que uma criança pula, salta ou joga bola, ela começa a experimentar. Ela tenta variar os saltos, os pulos ou os arremessos. Se não fizesse isso, essas brincadeiras se tornariam enfadonhas. Logo, ela tenta ver se consegue pular de uma forma diferente, saltar mais longe e jogar a bola a uma distância maior. Desenvolver essas aptidões se torna um desafio. Esse é o segundo motivo para praticar esportes. Eles apresentam desafios, e as crianças adoram desafios. A maioria das crianças apresenta melhoras em suas aptidões atléticas ao longo do tempo. Quase todas as crianças são capazes de aprender a pular, saltar, correr, arremessar uma bola, nadar e andar de bicicleta.

Crianças adquirem confiança na sua capacidade de desenvolver uma aptidão

Em algum momento, algumas crianças passam do desafio ao domínio da técnica. Elas percebem que quanto mais tentam fazer alguma coisa, mais melhoram. Começam a adquirir confiança na sua capacidade de desenvolver uma aptidão.

Você já observou crianças pequenas aprendendo a jogar tênis? A maior parte do tempo elas erram a bola. Depois de certo tempo, algumas delas começam a devolver a bola. É claro que quase todas essas rebatidas vão para a rede ou para fora da quadra. Mas imagine a alegria que uma criança sente ao evoluir de errar a bola todas as vezes para acertá-la ocasionalmente. Depois de muita prática, ela começa a acertar a bola, a mandá-la por cima da rede e a fazer cair dentro da quadra! Talvez isso não ocorra com frequência, mas é uma melhora perceptível. Logo a criança começa a acertar na maior parte das vezes, e começa a rebater a bola corretamente 10% delas. Um sentido de domínio começa a se desenvolver. Até mesmo pequenas evoluções são estimulantes para as crianças. "Na semana passada eu não conseguia mandar a bola por cima da rede. Esta semana consegui algumas vezes. Uau!" (Algumas crianças esperam "conseguir" na primeira vez e desistem se não conseguem. Elas precisam de muito estímulo quando mostram pouco desenvolvimento de suas aptidões.)

Esportes são meios naturais de obter traquejo social

Entre as habilidades mais importantes da vida, estão as sociais: a capacidade de se dar bem com os outros. Muitos estudos sugerem que bom traquejo social é essencial para ter sucesso e felicidade na vida. Quando as crianças não se adaptam ou são deixadas de lado em certas ocasiões por qualquer motivo, elas perdem oportunidades de desenvolver seu traquejo social.

A maioria dos esportes é um meio natural para aprender traquejo social, e os esportes coletivos apresentam muitas oportunidades para desenvolvê-lo. Mas mesmo os esportes individuais envolvem interação com os outros: um instrutor ou treinador, outras crianças da classe ou da equipe, adversários, juízes, juízes de linha, contadores de ponto. Eu tenho visto algumas crianças com síndrome de Asperger, um tipo de síndrome autista que resulta na inabilidade de perceber os trâmites sociais, que vagorosamente apresentam melhora das suas aptidões sociais ao praticarem esportes. Têm algum progresso, embora pequeno, com relação às suas habilidades sociais. Os esportes normalmente envolvem interação com outros de várias formas:

Dar e tomar emprestado – "Você pode pegar o meu bastão, mas me empresta a sua luva?"
Paciência – "Eu ajudo você a sacar em um minuto."
Aceitar ajuda – "Se você segurar a sua raquete assim, terá mais controle."
Ajudar – "Mark, você ajuda o Joey com alguns lances livres?"
Trabalho em equipe – "Se ela estiver livre, passe a bola para ela."

Os esportes podem ajudar a ensinar inúmeras formas de aptidão social, preparando as crianças para terem sucesso na vida.

Crianças experimentam a competição – vencer e perder – ao praticarem esportes

A sociedade norte-americana possui certo grau de competição, mas a maioria dos norte-americanos fica perturbada quando a competição e a vitória assumem uma importância demasiada. Os escândalos corporativos dos últimos anos nos dão exemplos de tipos de competição que deram errado no mundo dos negócios. O uso de drogas que aumentam o desempenho é um exemplo no mundo dos esportes. Quando a competição é vencida por meio de comportamento não ético, em vez de mérito, todos sofremos. Nos últimos anos, a preocupação com a vitória fez que os pais voltassem sua raiva contra funcionários, treinadores, outras crianças e pais e até seus próprios filhos. Os pais devem ensinar seus filhos que, apesar de ser melhor vencer, os benefícios de praticar esportes ou de se cultivar alguma atividade atlética vão muito além das opções vencer ou perder. Para conseguir isso, os pais devem aprender a ser bons modelos de prática de esportes e forma de torcer.

Tendo dito isso, não há nada errado com a competição. Aprender a vencer e a perder são experiências de vida importantes e naturais. É raro uma pessoa que vence – ou perde – todas as "provas" da vida.

- O time de beisebol vencedor do World Series perde em média mais de um terço dos jogos da temporada. O Florida Marlins, vencedor do World Series de 2003, por exemplo, perdeu mais de 40% dos seus jogos.
- Mesmo os melhores rebatedores do beisebol profissional erram suas rebatidas mais de 60% das vezes. E os melhores rebatedores podem marcar pontos muitas vezes. Babe Ruth conseguiu 714 *home runs*, mas acertou 1.330 vezes.
- Às vezes, os recordistas mundiais não vencem as Olimpíadas ou nem mesmo se classificaram para elas. Marion Jones ganhou duas medalhas de ouro individuais nos 100 e 200 m na Olimpíada de Sidney em 2000, mas não conseguiu se classificar nessas modalidades para a Olimpíada de Atenas em 2004.

Perder pode ser uma experiência positiva. Uma criança que compete em natação pode perder uma prova, mas ao mesmo tempo melhorar seu tempo em dois segundos. A competição não significa sempre competir contra outros. A competição também se refere à competição consigo mesmo – esforçar-se para melhorar seu tempo ou distância, peso ou desempenho. Assim, outro valor dos esportes é a experiência da competição e a experiência da vitória e da derrota.

> Um dia você é derrotado, porque isso é apenas esporte.
>
> *Nancy Lieberman-Cline,*
> *membro do Basketball Hall of Fame*

Esportes ajudam crianças a se exercitar e ter condicionamento físico adequado

Praticar esportes é uma boa maneira de as crianças se exercitarem e adquirirem condicionamento físico adequado. Boa forma física e exercícios regulares são necessários para a saúde independentemente da faixa etária. Estudos demonstram que muitas crianças são muito sedentárias, o que resulta em condicionamento físico fraco e, em muitos casos, leva à obesidade. Aos 17 anos a criança, geralmente, passou 38% a mais de tempo na frente da TV do que na escola. Os Centers for Disease Control [Centros de Controle de Doenças] indicam que as taxas de obesidade para as crianças triplicaram desde 1980. Há vinte anos, apenas 5% das crianças estavam acima do peso. Hoje cerca de 15% de todas as crianças americanas entre 6 e 19 anos estão acima do peso e outros 15% seguem o mesmo caminho.[1] Esse é um problema sério, uma vez que a obesidade aumenta o risco de diabetes, doenças cardíacas, pressão alta, osteoporose e problemas nas articulações. No passado, a maior parte dessas condições estava associada ao envelhecimento. Infelizmente, hoje elas são cada vez mais vistas em crianças em idade escolar. Para muitas crianças, o exercício limita-se às aulas de educação física. Embora algumas escolas ofereçam aulas de educação física três ou quatro vezes por semana, muitas não determinam exercícios suficientes para um condicionamento mínimo. Mesmo que as crianças realmente façam aulas de educação física, muitas delas nunca se exercitam fora da escola. Para piorar ainda mais a situação, muitas escolas tiveram de eliminar ou reduzir o número de aulas de educação física por conta de cortes no orçamento. Por exemplo, a recente Comissão de Nutrição Escolar e Atividade Física de Denver, Colorado, constatou que os alunos de uma determinada escola tinham aulas de educação física apenas trinta dos 184 dias do calendário escolar.[2] Isso significa uma média de aproximadamente uma aula por semana.

Em um artigo sobre crianças, falta de exercícios e obesidade resultante, o conhecido colunista de esportes da revista *Sports Illustrated*, Rick Reilly, escreveu: "Temos crianças que não sabem soletrar infarto do miocárdio, mas que sofrerão um lá pelo seu trigésimo aniversário." Para os pais, aconselhou: "Pare de levar seus filhos de carro até a casa do amigo que fica a apenas três quadras. Deixe-os pegar aquele veículo coberto de teias de aranha em um canto da garagem. Ele se chama bicicleta."[3] Os pais não devem deixar a ironia de Reilly obscurecer a seriedade da sua preocupação.

Infelizmente as tendências sedentárias da infância se tornam hábitos fixos dos adultos. O resultado de hábitos alimentares inadequados é o fato de que nossas crianças estão se tornando gordas e se arriscando a terem vários problemas de saúde. Rallie McAllister, uma médica, previu recentemente que pela primeira vez em um século, "as crianças desta geração terão uma expectativa menor de vida do que a de seus pais."[4] O condicionamento físico deve ser uma meta para toda a vida, e a prática de esportes pode ajudar as crianças a desenvolverem estilos de vida ativos que as ajudarão a ficar condicionadas por toda a vida.

Esportes proporcionam benefícios emocionais

Além dos benefícios físicos, também há benefícios emocionais proporcionados pelos exercícios e pela prática de esportes. Sabemos que exercícios regulares ajudam a reduzir a depressão e o estresse. Com algumas exceções, muitas atividades atléticas podem ser praticadas como forma de lazer até a pessoa chegar aos oitenta ou noventa anos. A natação e o golfe são bons exemplos.

A prática de esportes tem valor terapêutico

Às vezes, pode haver motivos claros para estimular seu filho a praticar esportes. Por exemplo, recomendo que os pais de uma criança com *deficit* de atenção e hiperatividade busquem um esporte individual ou uma atividade física para o filho. A atenção exclusiva, o estímulo reduzido, o curto tempo de espera e a atenção exigida em curtos períodos de tempo ajudam essas crianças. Algumas crianças agressivas se beneficiam da prática de esportes competitivos e que demandem muito do físico. Sua agressividade é canalizada de maneira aceitável e os comportamentos inapropriados, agressivos ou hostis são reduzidos. Descobri que algumas crianças que tendem a ser desobedientes podem aceitar a orientação de um treinador ou instrutor rígido, porém atencioso. Algumas dessas crianças, as quais tendem a desobedecer e a se opor a tudo que os seus pais dizem, parecem se desenvolver bem nessa situação. Às vezes, os treinadores surpreendem-se quando os pais lhes contam sobre as frustrações que têm ao tratar com os filhos. Tais crianças são quase sempre descritas como "anjos da rua, demônios do lar". Assim, para muitas dessas crianças, a prática de esportes pode ter valor terapêutico.

A família inteira pode se beneficiar quando as crianças praticam esportes

Mesmo apesar de seu filho ser o único da família a praticar um esporte, toda a família pode se beneficiar desse fato de uma maneira ou de outra. Ao levar o filho para a aula de futebol, você tem tempo para conversar com ele. Assistir a um treino ou a um jogo permite que você o veja aprendendo e se esforçando. Encontrar-se com outros pais pode se tornar uma atividade social – um momento para visitar outros pais, comparar observações e torcer para o time, seu filho e as outras crianças.

Ocasionalmente, o time inteiro e os pais das crianças saem para tomar sorvete ou comer uma pizza depois do jogo. São momentos prazerosos para toda a família, seja porque o time venceu ou porque seu filho teve um bom desempenho. Você pode estimulá-lo a ser um bom esportista quando o time dele perder ou ele perder em um esporte individual. Você pode relacionar a derrota às ocasiões em que as coisas não deram certo para você ao longo da sua vida, quando você não foi promovido quando esperava ser, ou quando perdeu uma corrida. Então, você pode compartilhar com seu filho a maneira com que lidou com isso. Esse tempo juntos pode proporcionar ocasiões significativas para conversas e encorajamento. São oportunidades para mostrar ao seu filho que você respeita os esforços dele e o respeita independentemente do desempenho bom ou ruim nos esportes.

Esportes podem ajudar a aumentar a autoestima e a autoconfiança da criança

Talvez o motivo mais importante para estimular uma criança a aprender e a praticar um esporte é que mesmo uma pequena realização esportiva resulta em maiores autoestima e autoconfiança. Aprender alguma coisa, praticar e se tornar mais hábil são aspectos de muitas tarefas que temos de realizar ao longo da vida. A autoconfiança advinda do aprendizado de um esporte, da sua prática e da melhora do desempenho pode irradiar para outras atividades da vida. A autoconfiança ajuda quando temos de enfrentar novos desafios. É estimulante para uma criança dizer a si mesma: "Eu era horrível no tênis, mas ao me esforçar fiquei muito bom. Esta aula de educação física é muito difícil, mas se eu me esforçar, como fiz no tênis, ela ficará mais fácil." Às vezes as crianças que vão mal na escola ou em outras áreas da vida têm pouca confiança nelas mesmas. Depois de adotarem um esporte, desenvolvem ou readquirem a crença em si mesmas, aplicam a disciplina do seu esporte ao resto de suas vidas e começam a mudá-las.

Esportes formam o caráter

Sempre se diz que os esportes formam o caráter. Alguns dos traços de caráter que podem ser desenvolvidos são autodisciplina, responsabilidade pessoal, lealdade, esforço, integridade, dedicação e persistência. Algumas pessoas acreditam que os esportes não formam o caráter, mas o revelam. Os esportes podem fazer as duas coisas. Com bons treinadores ou instrutores que trabalham de forma saudável e exigem que os jogadores sempre deem o máximo de si, a maioria das crianças desenvolve e aprende lições importantes – lições que podem formar o caráter. Também há situações que surgem nos esportes que revelam o caráter – uma força ou determinação que não era evidente no atleta antes.

Praticar esportes pode levar a interesse duradouro por eles

Finalmente, a prática de esportes, mesmo que em nível de iniciante ou por apenas dois anos, pode ser suficiente para desenvolver um interesse contínuo por eles – um interesse que pode ser expresso de outras formas além da prática de esportes. Por exemplo, várias profissões envolvem esportes e conhecimento sobre eles. Entre essas carreiras estão a de comentarista esportivo, jornalista esportivo, fotógrafo esportivo, advogado esportivo, técnico/instrutor, juiz/juiz de linha, psicólogo esportivo, estatístico, agente esportivo, médico de esportes, diretor esportivo e *personal trainner*. Tornar-se um fã entusiasta por toda a vida é um resultado valioso da prática de esportes na infância.

Por todas essas razões, o envolvimento com os esportes é um excelente investimento de tempo, esforço e, em alguns casos, de dinheiro. Você e seu filho podem colher muitos benefícios. Você não precisa sacrificar outros valores para que seu filho se envolva com os esportes. Por exemplo, se você valoriza a educação, pode deixar claro que tirar notas boas é um requisito para a prática de esportes. Nos Estados Unidos, muitas escolas condicionam a prática esportiva às boas notas, assim você não precisa reforçar esse ponto todas as vezes. A prática de esportes pode exigir prioridade da sua parte e de seu filho. Isso é bom. Se você mantiver uma perspectiva saudável e fomentar o equilíbrio entre as atividades, não haverá muitas dificuldades para a prática de esportes.

Os esportes ajudam a estimular a autoestima? A derrota, inevitável nas competições atléticas, pode prejudicar a autoestima? A autoestima é um tema complexo, mas importante para os pais conhecerem. Abordo esse tópico no capítulo seguinte.

Esportes e autoestima

Vencer e perder fazem parte da vida e perceber que algumas pessoas são melhores do que você em algumas áreas, também.

A autoestima é um tema controverso tanto na psicologia como na educação. Há várias posições diferentes.

- Alguns acreditam que a criança não consegue se realizar sem autoestima. "Como meu filho pode ter sucesso em qualquer coisa se ele não se sentir bem consigo mesmo?"
- Outros acreditam que a criança não consegue desenvolver autoestima sem conquistas. "Como meu filho pode se sentir bem consigo mesmo, se ele não aprender ou conseguir fazer alguma coisa antes?"
- Outros ainda acreditam que qualquer experiência negativa pode diminuir a autoestima de uma criança. "Qualquer experiência negativa ou fracasso prejudicará a autoestima do meu filho?"

A autoestima tem a ver com a maneira como a pessoa se sente com ela mesma. É claro que queremos que nossos filhos sintam-se bem consigo mesmos. Queremos que eles cresçam e se tornem indivíduos competentes, felizes e com autoestima saudável. Como a autoestima é adquirida? A pessoa nasce com ela? Pode ser ensinada? É transmitida?

As crianças tendem mais a desenvolver autoestima saudável se elas tiverem:
1 - Pais amorosos, cuidadosos e que dão apoio;
2 - Experiências positivas na vida, especialmente na infância;
3 - Oportunidades de ter sucesso em algumas áreas, como na escola e nos esportes;
4 - Amizades e o aprendizado de que o sucesso não vem necessariamente automaticamente sem esforço.

Competição e autoestima

Esta afirmação parece muito direta: o diabo está nos detalhes e é pelos detalhes que os pontos de vista diferentes aparecem.

Há controvérsias com relação à necessidade de as crianças terem apenas experiências positivas e sucesso. Algumas pessoas temem que qualquer experiência negativa ou fracasso tenha potencial de prejudicar as crianças e impedir que desenvolvam autoestima positiva. Aqueles que pensam assim buscam proteger seus filhos de quaisquer dificuldades. Tentam fazer isso de diversas maneiras: agem para evitar as advertências feitas na agenda do filho, bem como notas baixas, e fomentam somente competições que premiam os participantes igualmente. Um bom exemplo disso aconteceu quando um educador da Califórnia se preocupou com, se as crianças em idade escolar brincassem de pega-pega isso poderia causar-lhes prejuízos emocionais, especialmente perda de autoestima. O educador chegou a essa conclusão considerando que isso aconteceria porque nem todas as crianças conseguem vencer ao brincarem de pega-pega.

Ironicamente, muitas crianças pequenas precisam saber quem venceu e quem perdeu. Matt, de cinco anos, entrou em uma competição de abóboras decoradas no feriado de *Halloween* em sua escola. Todas as abóboras receberam a mesma faixa negra e dourada. Ele perguntou à mãe: "Qual abóbora venceu? Onde está o vencedor?". Ela respondeu que parecia que todos tinham ganhado. "Sim, mas quem ganhou?", perguntou ele novamente. Até mesmo essa criança de cinco anos se perguntava qual era o objetivo do concurso, se todos ganhavam.[5]

Se os pais acreditam que qualquer competição, fracasso ou comparação entre as crianças é ruim para seu filho, então eles provavelmente não estimularão e muito menos permitirão que a criança aprenda ou pratique um esporte. Esse ponto de vista pode ser ainda mais forte quando se trata de esportes coletivos. No entanto, o desenvolvimento da autoestima é mais complexo do que os pais podem perceber. Por exemplo, sabemos que as crianças japonesas têm melhores notas em testes padronizados do que as norte-americanas; não obstante, as crianças japonesas demonstram em testes ter autoestima mais baixa do que as norte-americanas. Muitas pessoas acham que os criminosos cometem crimes por causa da baixa autoestima, mas um número surpreendente de criminosos tem autoestima elevada.

A autoestima de uma criança pode acabar se ela tirar zero em matemática? A autoestima de uma criança pode ser abalada quando ela perde uma corrida? Há pouca evidência disso. De fato, o oposto pode ser verdadeiro. Por exemplo, uma criança pode ser um aluno excelente ou um atleta de destaque, mesmo assim pode ter baixa autoestima. A forma como um pai ou treinador reage e lida com a criança quando ela perde uma corrida pode ser mais importante na determinação do impacto na autoestima dessa criança do que derrota na prova esportiva. A autoestima também pode ser influenciada pela maneira como um pai ou treinador responde à vitória.

Seu filho não aumenta a autoestima dele ao subestimar as obrigações da vida ou ao dizer "não consigo". Ele não precisa vencer para construir sua autoestima. Ele tem de aprender a dizer "eu consigo" ou "eu consigo tentar". Ele pode ser ensinado a estabelecer pequenas metas que podem ser conquistadas se ele se esforçar. Ele deve aprender que pode se sentir bem consigo mesmo mediante seus esforços, percebendo a melhora.

A autoestima de uma criança não é estimulada se lhe for dito constantemente como ela faz bem certas coisas, mesmo quando ela sabe que tem dificuldade para fazê-las ou quando não as faz direito. Os elogios, quando não são respaldados por alguma realização, não importa o quão pequena seja, pouco contribuem com a autoestima da criança. Quando isso acontece, as crianças "sentem-se bem consigo mesmas sem ter nenhum motivo. Nós damos a elas essa sensação de algodão-doce sobre si mesmas sem nenhuma base na realidade.".[6] Trabalhei com uma criança pequena cujo problema de aprendizado afetava sua habilidade de leitura. Fizemos uma brincadeira, em que imprimi algumas palavras simples. Ela leu *hit*, mas teve dificuldade para ler *head*, pronunciando em inglês, com um *e* longo, como em *leader*. A criança começou a desanimar. Perguntei-lhe se ela, quando nasceu, sabia ler *hit*? Ela riu e disse que não. Observei que ela tinha aprendido a ler *hit*. E que era apenas uma questão de tempo até ela ser capaz de ler palavras mais difíceis. Isso a encorajou e a animou. Em vez de deixar que se concentrasse no erro ou na dificuldade, fiz que ela se concentrasse no fato de ser capaz de aprender; ela tinha ido da habilidade zero de leitura até a capacidade de ler *hit*. (Observe que eu não lhe disse que ela lia mal – ela já sabia disso. Também não lhe disse que ela lia bem – ela sabia que não lia e eu faria que ela não confiasse em mim dizendo algo que não era verdadeiro.)

A sensação de se sentir bem ao obter pequeno progresso em alguma técnica ou conhecimento é a mesma nos esportes. Até mesmo a criança sem nenhuma coordenação pode aprender a pegar uma bola. Pode levar mais tempo do que outra criança levaria, mas, passo a passo, ela pode fazer algo que inicialmente achou que não podia. A criança não precisa vencer ou ser totalmente adepta de alguma coisa para construir sua autoestima. Em vez disso, mesmo pequenas melhoras em uma determinada técnica ou conhecimento podem começar a construir autoestima e autoconfiança.

Esportes e autoestima

Alguns pais temem permitir que seus filhos pratiquem esportes porque acham que perder uma corrida ou ser desfavoravelmente comparado a outros jogadores afetará a autoestima deles.

Vencer e perder fazem parte da vida e perceber que algumas pessoas são melhores do que você em algumas áreas, também. Quando seu filho entrar em um time de futebol, a não ser que seja um atleta nato, rapidamente irá perceber que algumas das outras crianças aprendem mais rapidamente e têm um desempenho melhor que o dele. Mas com um bom treinamento e esforço da criança, ela logo perceberá que está melhorando. Ocasionalmente, ela fará algo no jogo que ajudará o time a vencer. Ou poderá fazer algo que contribua para perder. Nos dois exemplos, ela não será o único jogador que ajudou a vencer ou que contribuiu com a derrota. Ela percebe que jogar futebol é um esforço de equipe e que ela pode contribuir de forma positiva. Nesse cenário, pouca coisa pode baixar sua autoestima. A criança pode se sentir bem consigo mesma ao contribuir positivamente com o time e ao perceber que seu desempenho melhorou. Sim, ela pode se comparar com os outros jogadores do time. Ela pode até mesmo se perceber como um dos piores jogadores da equipe. Mas se seus pais e treinador lidarem com a situação de forma correta, ela não se sentirá necessariamente mal consigo mesma.

É raro a criança que se sente mal ao perceber que outras são melhores nos esportes do que ela. Andrew Somerville, de dez anos, reconhece esse fato quase filosoficamente: "Eu pratico muitos esportes, mas não me destaco. Posso admitir que sou ruim [nos esportes] porque sou melhor em outras coisas – e esse é o meu jeito.".[7] De fato, os pais podem se surpreender ao saber que muitas pesquisas indicam que a participação nos esportes pode aumentar a autoestima e motivar jovens jogadores. Esse aumento de autoestima e de motivação quase sempre se traduz em realizações acadêmicas, menores índices de desistência escolar e redução de incidência de comportamentos de autorrisco, como abuso de drogas, e de álcool e tabagismo.

> Natalie era uma jovem do Ensino Médio com um histórico de várias notas zero e em risco de ser expulsa. Ela começou a praticar boxe e isso mudou sua vida. Hoje ela tem dezessete anos e só tira notas altas; ela planeja fazer faculdade e se tornar advogada. A disciplina do boxe ensinou-lhe lições que ela aplicou na escola e na vida.[8]

Proteger seu filho da competição não garante que ele construirá autoestima. Encorajá-lo a praticar um esporte ou a desenvolver uma aptidão atlética dentro de um contexto saudável e com apoio, com o treinador ou instrutor correto e no time ou equipe adequada, pode ajudá-lo a construir autoestima. Conquistas, não importa o quão pequenas, podem ajudar a melhorar a autoestima e a autoconfiança de seu filho. A prática de esportes também pode ajudar a prepará-lo para a vida. Dizem que os esportes são uma metáfora para a vida – uma vida da qual o sucesso faz parte tanto quanto o fracasso.

Conversas sobre esportes

Sem que seu pai soubesse, Brian tinha pensado em jogar beisebol, mas desistiu por se julgar muito desajeitado.

Crianças que são atléticas quase sempre mostram interesse por esportes e pedem aos pais para jogar ou entrar em um time. No entanto, a criança com pouca coordenação pode não expressar o desejo de praticar um esporte; pode ser útil para os pais dela perceber que pode haver vários motivos para isso. Se eles conversarem com o filho para explorar a possibilidade de praticar um esporte, eles podem se surpreender ao descobrir que o filho estava pensando a mesma coisa – a ideia foi contagiante. Obviamente, tal conversa precisa ser conduzida de forma inquiridora e suave. Os pais não devem demonstrar que estão pressionando ou forçando para que o filho pratique um esporte.

Há diversos cenários possíveis para tais conversas. A seguir, reproduzirei conversas que quatro pais tiveram com seus filhos – crianças que poderiam ter sido descritas como "desajeitadas", as quais faziam terapia comigo. Como eu percebi que praticar esportes seria terapêutico para essas crianças, recomendei a seus pais que eles introduzissem a ideia aos filhos. Em seguida, aconselhei os pais sobre a maneira de apresentar a proposta às crianças. Depois que os pais conversaram com os filhos, contaram-me o que tinha acontecido. (Os nomes das crianças foram mudados.)

Eis a conversa que o pai de Brian teve com o filho:

PAI: Brian, você já pensou em praticar algum esporte?

FILHO: Bom, sim, mas eu sou muito desajeitado. Eu nunca conseguirei ser tão bom quanto o Mike.

PAI: E o que você acha dos outros garotos do time? Eles são todos tão bons quanto o Mike?

FILHO: De jeito nenhum! Phil mal consegue pegar a bola.

PAI: Parece que tem alguns jogadores muito bons, como Mike, mas também tem alguns que não são tão bons.

FILHO: É. A maioria não é tão boa quanto o Mike.

PAI: Nem todos os membros do time são feras. Um time tem todos os tipos de jogadores, senão...

FILHO: Não seria um time.

PAI: É isso aí. Então, você não quer começar a praticar basquete?

FILHO: Não, mas talvez eu comece a jogar beisebol.

Sem que seu pai soubesse, Brian tinha pensado em jogar beisebol, mas desistiu porque achava que não era tão bom. Ao explorar a ideia de praticar um esporte, o pai de Brian foi capaz de apoiar o interesse do filho.

Essa foi uma conversa fácil porque Brian já havia pensado em praticar um esporte e até já tinha escolhido um.

Abaixo, uma conversa semelhante, mas com uma criança que não havia pensado seriamente em praticar esportes, em parte porque ela não era atlética, mas também porque só havia pensado em termos de esportes coletivos:

PAI: Susan, já pensou em praticar algum esporte?
FILHA: Ah, pai, você sabe que eu mal consigo andar de bicicleta!
PAI: Sei que demorou um bocado para você pegar o jeito, mas você melhorou muito ultimamente.
FILHA: É verdade. Mas sou um caso sem esperança quando se trata de esportes.
PAI: Sei que você se acha muito desajeitada.
FILHA: Não acho que sou desajeitada. Tenho certeza de que sou. Veja a Paula. Ela consegue fazer quase tudo.
PAI: Paula e algumas das suas outras amigas parecem ser mais atléticas do que você, mas isso não significa que não haja algum esporte que você possa praticar, se divertir e com o tempo melhorar – como foi com andar de bicicleta.
FILHA: Não sei. Acho que eu ficaria com vergonha de participar do time de futebol.
PAI: Talvez fosse melhor se você pensasse em praticar um esporte individual.
FILHA: Humm. Toby está aprendendo tae kwon do. Ela é faixa azul. Ela adora.
PAI: Você quer tentar – fazer talvez oito ou dez aulas? Só para tentar, para ver se você gosta?
FILHA: Sim. Gostaria.

Como Susan era desajeitada, tinha desistido de praticar qualquer esporte. Ao chamar a atenção dela para o fato de que tinha melhorado no ciclismo e ao redirecionar seu pensamento para os esportes individuais, seu pai foi capaz de trazer à tona o interesse que ela tinha pelo tae kwon do.

A criança seguinte não chegou a nenhuma conclusão durante a conversa com sua mãe:

MÃE: Joe, você já pensou em entrar para um dos times da escola?
FILHO: Prefiro ler. Além disso, você sabe que eu não sou bom nos esportes.
MÃE: Bom, não tenho certeza disso, pois você nunca praticou qualquer esporte.

FILHO: Acho que eu não sou muito atlético.

MÃE: Você sabe que muitas crianças não são grandes atletas, mas elas praticam esportes, melhoram nesse esporte e se divertem.

FILHO: Em que esporte você acha que eu seria bom?

MÃE: Isso significa que você quer tentar praticar algum esporte?

FILHO: Bom, talvez, se eu conseguisse pensar em algo que me interessasse. Agora, não tenho nem ideia.

MÃE: Podemos colocar nossas cabeças para funcionar e estudar vários esportes. Talvez possamos encontrar um esporte ou um jogo que interesse a você ou que combine com alguma das suas aptidões. Há esportes que você gosta de assistir na TV? Talvez você tenha de experimentar diferentes esportes antes de encontrar um que seja o certo para você.

FILHO: Talvez alguma coisa que ninguém pratique.

Como Susan, Joe desistiu dos esportes por não ser muito atlético. Mas ao contrário de Susan, ele nunca foi além dessa conclusão. Nunca tinha considerado um esporte que talvez gostasse de praticar. Nessa conversa com sua mãe, Joe não parece ter ficado muito entusiasmado, mas pareceu estar aberto. Sua mãe não o pressionou; em vez disso, ao ter essa conversa com ele, ela abriu uma porta. Ela também não limitou as escolhas do filho ao sugerir esportes específicos. Agora, é preciso enfrentar a parte difícil – pesquisar vários esportes com Joe para descobrir um pelo qual ele se interesse e que combine com suas aptidões.

Brian e Susan nunca tinham expressado abertamente seu interesse por praticar um esporte. Aparentemente, ambos tinham fechado a porta a essa possibilidade porque assumiram que, como eram desajeitados, não poderiam praticar esportes. Curiosamente, ambos já haviam escolhido um esporte. A terceira criança, Joe, tinha fechado a porta com tanta força que nunca tinha pensado sobre qualquer esporte que pudesse desejar praticar. Ao ter essa conversa com seus filhos, os três pais descobriram algo sobre eles que não sabiam antes e foram capazes de abrir portas para eles sem pressioná-los.

Vejamos a conversa com uma quarta criança:

PAI: Sheila, você já quis praticar ou aprender algum esporte?

FILHA: Não.

PAI: Será que você não se interessa por não ser muito atlética?

FILHA: Acho que sim, pai. Sou a mais desajeitada da rua! Mas esse não é o motivo pelo qual não quero praticar esportes – veja minha amiga Jill – ela é desajeitada *de verdade*, mas ficou boa no futebol. Não, eu me divirto muito com minhas aulas de arte e de flauta. Além disso, eu simplesmente não tenho tempo.

PAI: Então está bem. Eu só queria ter certeza de que você não desistiu de praticar esportes por não ser muito atlética. Fico feliz que você esteja aproveitando suas aulas de arte e de flauta. Essa música que você tocou na flauta há pouco é muito legal. Você toca flauta muito bem mesmo.

Sheila sabe que é desajeitada e ela não tem qualquer interesse por esportes. Seu desinteresse não é relacionado ao fato de ser desajeitada. Ela sabe que até mesmo crianças com pouca coordenação podem praticar esportes. Da mesma forma como algumas crianças atléticas não praticam esportes, algumas crianças não têm interesse em praticá-los, sejam elas desajeitadas ou não. O pai de Sheila abre a porta ao explorar a possibilidade de praticar esportes. Ele descobre que a filha não desistiu dos esportes por ser desajeitada ou por ter assumido que uma pessoa desajeitada não pudesse praticá-los. Em vez disso, ela tem outros interesses, os quais julga mais agradáveis. O objetivo do pai não é que ela pratique esportes. Ele só quer se certificar de que ela não tem um interesse oculto ou não expresso pelos esportes – um interesse que ela descartou por ser desajeitada.

Quando é a melhor época para praticar esportes infantis? Embora nenhuma modalidade seja adequada a todos os tamanhos ou idades, no próximo capítulo ofereço algumas orientações que podem ajudar os pais com essa questão.

Quando começar?

Você pode ter um filho de dez anos que ainda não está pronto para praticar nenhum esporte; mas pode ter um filho mais novo, de sete, que já está pronto.

Com que idade uma criança deve começar a praticar um esporte ou a desenvolver uma aptidão atlética? Embora seja uma boa pergunta, é difícil de responder. No final deste capítulo, você verá que a resposta a essa pergunta depende de diversos fatores.

As crianças começam a desenvolver suas aptidões físicas — aptidões necessárias para a prática de esportes — quase ao nascimento. Elas engatinham, ficam de pé, andam e então correm e, em seguida, disputam quem consegue correr mais rapidamente e até mais longe. Tudo isso acontece por meio de tentativa e erro e sem instrução formal.

A pergunta "Quando começar?" precisa ser dividida em duas: Quando meu filho pode começar a aprender os fundamentos de um esporte? E quando ele pode começar a praticar algum esporte coletivo organizado, em nível de competição, ainda que baixo?

Prática contínua

É útil pensar no aprendizado ou na prática de esportes em níveis diferentes.

Prontidão

Desenvolver a prontidão nos esportes aplica-se, em geral, a crianças de quatro anos ou menos. Nesse nível, elas não estão necessariamente aprendendo os movimentos ou jogadas básicas do esporte. Sentir-se confortáveis na água, sem se importar com que ela entre nos olhos e fazendo bolhas na água, é exemplo de prontidão na natação. Dar cambalhotas, pular e balançar no trampolim são alguns movimentos que desenvolvem prontidão para a ginástica artística. Aprender a agarrar e a atirar bolas são formas de prontidão que desenvolvem as aptidões básicas do beisebol. Quase sempre os pais podem trabalhar com seus filhos no nível de desenvolver a prontidão no esporte.

Movimentos básicos de um esporte

Ensinam-se os movimentos básicos, habilidades e regras de um esporte às crianças. Frequentemente, não se ensina todos os elementos de um jogo. Elas podem aprender apenas a lançar a bola, recuá-la, fazer um saque rudimentar, correr até a bola e posicionar corretamente os pés.

Movimentos básicos de um esporte, aprendendo a jogar ou a executar uma jogada, sem marcar pontos e sem competição

Aqui, as crianças aprendem todos os movimentos básicos de um esporte e suas regras, jogam em um campo ou quadra de verdade, jogam partidas e aprendem a marcar pontos, mas a pontuação não é marcada, e ninguém vence ou perde. Dependendo do esporte, algumas jogadas simples podem ser treinadas.

Movimentos básicos de um esporte, aprendendo a jogar ou a executar uma jogada, com marcação de pontos ou competição real

Nesse ponto, as crianças são capazes de participar de uma competição e conhecer todos os movimentos básicos e regras do esporte ou do jogo.

O nível de um esporte no qual a criança pode iniciar depende da idade, nível de prontidão, aptidões atléticas e básicas, personalidade e também dos times, instrutores e treinadores disponíveis no local. Por exemplo, muitas crianças são capazes de pular a instrução de prontidão porque elas já têm tais habilidades e/ou aptidões atléticas natas. Você também pode ter um filho que aprendeu os movimentos básicos de um esporte, mas prefere que ele jogue em um time que não compete. No entanto, pode ser que todos os times da sua área participe de competições.

Prontidão e primeiras lições

Sabemos que quando seu filho tinha apenas dez anos, o pai de Tiger Woods ensinou a ele o básico do golfe. Com essa idade, Tiger jogou certa vez com Bob Hope. Chris Evert começou a jogar tênis aos cinco anos. Scott Hamilton começou um pouco mais tarde. Iniciou-se na patinação aos nove, e, embora não se julgasse muito atlético na época (era uma criança que frequentemente ficava doente), demonstrou jeito para o esporte, e seus pais providenciaram aulas logo em seguida. Há muitos outros exemplos de astros do esporte que começaram a praticar um esporte ou a desenvolver uma aptidão atlética com pouca idade.

Se seu filho tem quatro anos e demonstra interesse por esportes, e se você já identificou um esporte que ele gostaria de aprender, então ensinar apenas os movimentos básicos nessa idade é positivo. Tenha em mente que pode não haver nenhum time ou instrutor na sua área que aceite uma criança tão pequena, de forma que você terá de esperar até seu filho estar mais velho.

Conforme mencionado, algumas crianças podem ser expostas à atividade física ou ao esporte *sem* aprender os movimentos básicos desse esporte. A Academia Americana de Pediatria afirma que as crianças com menos de quatro anos não estão aptas em termos de desenvolvimento para terem aulas formais de natação. Dito isso, é perfeitamente correto ensinar movimentos de natação – isto é, prontidão – em uma idade tenra. Por exemplo, muitos programas instilam prontidão em crianças de seis meses. A ideia principal desses programas é aumentar o conforto da criança na água. (A Cruz Vermelha e a ACM são pioneiras nessas aulas.) Então, quando a criança for um pouco mais velha, instrutores de natação podem contar com essa confiança adquirida para ensinar a criança a nadar. Crianças de dois ou três anos podem se preparar para aprender ginástica artística ao frequentar aulas que mostram a elas como dar cambalhotas, se equilibrar e pular. Esse mesmo conceito – ensinar a prontidão para um esporte – se aplica a muitos outros esportes.

Há alguns treinadores ou professores que desenvolveram programas para crianças muito pequenas, programas que enfocam o ensino das aptidões básicas de um esporte.

Um programa em Denver ensina meninas do jardim de infância até o quinto ano do Ensino Fundamental a prontidão do basquete. Patrocinado pela Universidade de Denver, consiste em um acampamento de verão para meninas e seus pais, cuja responsável é a treinadora do time de basquete da Universidade de Denver. As jogadoras do time da universidade são assistentes da treinadora. Elas enfatizam movimentos como passe e arremesso de bola, habilidades de escuta e aptidões básicas do esporte. As instrutoras transformam os exercícios em brincadeiras, como Siga seu Mestre. As meninas aprendem alguns movimentos e a mecânica do jogo. Por exemplo, apenas três jogadas defensivas são ensinadas: marcar o jogador que está com a bola, interromper um passe e bloquear um jogador que conseguiu driblar um membro da mesma equipe. As professoras não apenas mostram como fazer certos movimentos. Elas também explicam o porquê de certos movimentos. A diversão é enfatizada.

Uma participante desse programa não aprende, de jeito nenhum, todas as jogadas e movimentos do jogo. Certamente, ela não é uma jogadora completa. No entanto, ela recebeu excelente instrução, com muitas oportunidades para praticar a prontidão do jogo e seus movimentos de uma forma divertida.[9]

Quando crianças com menos de seis anos entram em um time, prepare-se para ver a criançada correndo como átomos de um lado para outro. Parece que cada criança está praticando um esporte individual. São um time apenas no nome. Por exemplo, no basquete, é difícil para crianças pequenas fazer os movimentos básicos e incluir os membros do seu time nas jogadas, passando a bola para eles, bloqueando seus adversários ou percebendo em que lugar da quadra estão seus companheiros de equipe. A criança que corre, dribla de uma ponta a outra da quadra e, então, arremessa a bola, parece egoísta. De fato, ela está apenas concentrada em fazer seus movimentos básicos a ponto de esquecer que há outros membros do time. A maioria das crianças dessa idade raramente entende o conceito de jogo em cooperação ou trabalho em equipe. Também não conseguem compreender conceitos como estratégia ou posicionamento na quadra. Isso é normal e é o que se deve esperar nessa idade.

Nem todas as crianças estão prontas em termos emocionais ou de desenvolvimento para aprender um esporte quando têm quatro ou cinco anos. Os pais devem ser sensíveis às diferenças individuais. Se sua filha se desenvolve com lentidão ou é menos madura do que as outras crianças da idade dela, você pode esperar até ela ficar um pouco mais velha antes de a estimular a praticar um esporte. Quando se trata de crianças pequenas, começar a praticar um esporte ou a desenvolver aptidões atléticas é uma ação de investigação, de iniciação, por isso, não há absolutamente necessidade de pressa para começar.

Praticando esportes organizados

Após a criança ter aprendido os fundamentos de um esporte, quando ela pode entrar para um time ou jogar em nível competitivo? Em geral, não se recomenda que uma criança muito pequena participe de esportes organizados ou de times com competição, mesmo que o nível de competitividade seja baixo. A opinião dos especialistas quanto ao momento apropriado para a criança começar a praticar esportes organizados varia; em geral, as menores idades recomendadas são de seis a oito anos. Entretanto, alguns especialistas avisam que as crianças devem começar quando são um pouco mais velhas, especialmente se a exposição à competição for significativa. Os pais devem evitar colocar seus filhos em times ou ligas com competição antes que estejam prontos. Isso pode representar uma dificuldade para muitos pais, uma vez que a competição é o fator de diversão para eles. Verifique se seu filho acha que a competição é divertida. Se ele não estiver pronto para a competição, procure um time ou um lugar onde o jogo seja praticado, mas sem competição.

Se lhe parecer que seu filho está pronto para jogar competitivamente, converse primeiro com ele sobre as implicações de se ir do nível básico ao competitivo. Parece divertido? Se, depois dessa conversa, você tiver se certificado de que ele está pronto física e emocionalmente para competição, pode começar a procurar uma liga ou time com competição.

Uma vez mais, muito depende da criança, da natureza do esporte, do treinador e do time. Os pais precisam perceber qual o nível de esporte organizado e de competição para o qual seu filho está pronto. Pode haver uma criança de dez anos que não está pronta para praticar esportes organizados ou para competir. Outra, de sete anos, pode *já estar* pronta. Tudo o que os especialistas podem fazer é oferecer algumas regras básicas; cujos conselhos você deve seguir, mas também precisa ser capaz de avaliar seu filho e de fazer seus próprios julgamentos.

A criança mais velha

E se seu filho adolescente só agora expressou interesse em aprender um esporte e em praticá-lo competitivamente? Pode haver muitos motivos para ele ter demorado tanto para demonstrar interesse por esportes. Talvez agora ele tenha mais coordenação do que tinha quando era criança. Talvez tenha adquirido confiança em alguma outra atividade não atlética e agora está emocionalmente pronto para aprender algo que não é tão natural nele. Ele pode ter acabado de ouvir falar de um esporte incomum que o tenha interessado. Pode ser que quando ele era mais novo estivesse envolvido em alguma atividade não esportiva, mas agora perdeu interesse por ela e quer praticar um esporte.

Você pode ser capaz de localizar programas que oferecem aulas ou instruções para iniciantes adolescentes. No entanto, encontrar um time do Ensino Médio ou um time que corresponda à sua faixa etária que admita novos jogadores pode ser difícil. A essa altura, a maior parte dos jogadores desses times já praticam o esporte há alguns anos e já não são iniciantes. Pode ser que não haja times ou ligas disponíveis para um adolescente que nunca praticou esportes antes, especialmente se for um esporte coletivo.

Alguns esportes – individuais e coletivos – são oferecidos apenas nos anos finais do Ciclo Fundamental e do Ensino Médio. Dessa forma, apesar de seu filho ter mostrado interesse por esportes apenas agora, ele pode conseguir entrar no nível básico dos esportes ensinados nos últimos anos escolares. Além disso, algumas escolas do Ensino Médio ensinam alguns esportes coletivos e individuais nas aulas de educação física. Para algumas crianças, essa pode ser a primeira exposição real a um esporte, e é provável que algumas delas se tornem muito boas com o tempo. Conheço muitos adultos que jogaram em um time pela primeira vez quando aprenderam lacrosse nas aulas de educação física do Ensino Médio. Eles continuaram a jogar ao longo de seus anos de faculdade.

Se seu filho tem interesse em um esporte coletivo, mas você não consegue descobrir algum que esteja disponível a jovens da idade dele em nível inicial, ele pode considerar aprender um esporte individual. Há mais oportunidades para a criança mais velha se iniciar e/ou competir nos esportes individuais do que nos coletivos. Por exemplo, existem muitas oportunidades para um adolescente aprender golfe, tênis ou artes marciais. Dessa forma, se seu filho decidiu praticar um esporte coletivo e você não consegue encontrar um time apropriado para ele jogar, você pode encorajá-lo a praticar algum esporte individual.

Quais são os ingredientes necessários para praticar um esporte? O próximo capítulo desenvolve esse tópico.

Mais que aptidão física

*Praticar esportes e disputar jogos envolve
mais do que simples aptidão atlética.*

Quais fatores estão envolvidos quando se pratica esportes ou quando se participa de alguma atividade atlética? Os principais componentes são:

- Aptidão atlética,
- Instrução/prática,
- Motivação/esforço/atitude,
- Aptidões táticas e/ou estratégicas.

Vamos analisar cada um desses tópicos em maior profundidade.

Aptidão atlética

Algumas das aptidões, atributos ou capacidades físicas básicas necessários para muitos esportes (por exemplo, compleição física, tamanho e capacidade aeróbica) são parcialmente determinados pela genética. Michael Jordan não se tornou o jogador de basquete que ele foi sem que tivesse enorme aptidão atlética, bem como certos atributos ou qualidades físicas. Quase sempre chamamos isso de aptidão nata ou natural. Com isso queremos dizer que ele tinha muita aptidão nata e características físicas para jogar basquete mesmo antes de levantar uma bola. Essas características incluem rapidez, velocidade, boa coordenação visual e motora e altura. Isso foi determinado pela genética. Obviamente, enfatizar essas habilidades natas e desenvolvê-las exige horas de treino nos aspectos básicos do esporte, bem como nos níveis mais técnicos, e muita prática ao longo dos anos. Entretanto, se ele não tivesse o talento inato, habilidade e características físicas, toda a instrução e as horas de prática não teriam sido suficientes para torná-lo o astro que foi.

Vamos dar uma espiada nas contribuições genéticas de outro superatleta. Lance Armstrong foi o primeiro e único a vencer sete vezes a prova de ciclismo Tour de France – um feito que nenhum outro ciclista realizou. Quando tinha dezesseis anos, sua capacidade aeróbica foi avaliada no Instituto Cooper de Dallas, um centro de condicionamento atlético. Esse teste, chamado VO_2 Max, mede a capacidade máxima de oxigênio que os pulmões consomem durante o exercício. Quanto mais oxigênio uma pessoa consegue consumir, mais energia ela produz e, consequentemente, consegue correr, nadar ou andar de bicicleta mais rapidamente. Os níveis VO² Max de Armstrong foram os mais altos já registrados na clínica.[10] O treinamento e o condicionamento, sem dúvida, melhoraram seus níveis VO_2 Max, mas o fato de seus pulmões serem capazes de consumir grandes quantidades de oxigênio durante as corridas é claramente um traço genético. Outro traço genético – fêmures longos – permitiu que ele aplicasse o torque ideal aos seus pedais durante a corrida. Nenhuma prática, por mais intensa que fosse, seria capaz de alongar seus fêmures. Tais atributos físicos são obviamente muito úteis para um ótimo desempenho no ciclismo.

A medalhista de ouro Amanda Beard era uma atleta nata e um peixe na água desde pequena. Quando tinha cinco anos, disse a seus pais que iria competir nas provas de natação olímpicas. Aos treze anos, já estava claro a todos que ela era uma nadadora nata, e seu treinador a estimulou a treinar em período integral. Ela ganhou sua primeira medalha de ouro olímpica em 1996, aos quinze anos.

John McEnroe preferia esportes coletivos quando era jovem, gostava da camaradagem que eles propiciavam. No entanto, suas aptidões natas e dons físicos – velocidade nos pés, soberba coordenação entre mãos e olhos – garantiram a ele vantagem no tênis. Ele encontrou o esporte certo e nele permaneceu até se tornar um dos maiores astros do tênis de sua época.

A patinadora Tara Lipinski começou a patinar quando tinha três anos e se iniciou na patinação sobre o gelo aos seis. Embora ela também gostasse de equitação e de abrir desfiles fazendo malabarismos com o bastão, a patinação foi seu primeiro amor. Lipinski começou a vencer competições importantes aos doze anos. Ganhou a medalha de ouro nas Olimpíadas de 1998, quando tinha apenas quinze anos. Na época, ela foi a mais jovem medalhista de ouro da história da patinação.

A maioria dos atletas profissionais e olímpicos demonstra aptidões atléticas natas ainda muito jovens. Embora tenham sido bons em diversos esportes quando crianças, eles finalmente se dedicam a um único – aquele em que perceberam ser os melhores.

Se seu filho for um atleta nato ou acima da média, ele provavelmente terá bom desempenho em vários esportes, uma vez que já tem muitas das características físicas necessárias para o sucesso. A essa altura, você e seu filho devem diminuir as escolhas, pois pode não ser realista para ele praticar mais do que um ou dois esportes por temporada. (Os dados na Segunda Parte ajudarão nesse processo.) Muitas crianças pequenas com aptidões atléticas medianas a acima da média *irão* querer praticar diversos esportes, e isso deve ser estimulado uma vez que a especialização no esporte com pouca idade não é recomendada.

Contudo, nem todos os atletas natos são bons em mais de um esporte. Contraditório? Sim, mas verdadeiro. Eu já vi várias crianças naturalmente atléticas. Elas escolhem e dominam um esporte naturalmente, mas quase nunca se saem bem em outros.

Quais são as implicações para uma criança minimamente atlética? Claramente, essa criança não começa a praticar uma atividade esportiva com as aptidões atléticas naturais que a maioria dos atletas possui. Não há problema com isso, pois nossa meta não é transformar uma criança minimamente atlética em um astro dos esportes. Entretanto, ela pode ter coordenação razoável entre olhos e mãos, talvez não tão natural quanto um de seus amigos atléticos, mas razoável. Isso quer dizer que ela não pode jogar beisebol? Não. Ela pode jogar beisebol, se estiver interessada e quiser aprender os fundamentos desse esporte e desejar praticá-lo. Ela pode não ser a estrela do time, mas pode jogar e se divertir.

É raro uma criança que não tenha um mínimo de aptidão física se traduza em algum movimento ou habilidade necessária para a prática de um esporte. Veja se essas aptidões se correlacionam com os esportes em que seu filho possa estar interessado. (As Tabelas Informativas da Segunda Parte podem ajudar você e seu filho a encontrar um esporte certo para ele.)

Da mesma forma, algumas crianças minimamente atléticas, as quais em geral parecem ser desajeitadas, parecem se exceder em determinados movimentos ou jogadas. Com boa instrução, elas podem ter sucesso considerável no esporte. Por exemplo, trabalhei com várias crianças que pareciam não ter nenhuma aptidão atlética. No entanto notei que conseguiam correr como o vento. Com um treinamento excelente, foram capazes de transformar essa aptidão física em conquistas nas provas de corrida. Quando eu era treinadora de uma equipe de natação, tive muitas crianças que eram muito descoordenadas. Entretanto, na água, nadavam como peixes! Algumas crianças menos coordenadas têm melhor aproveitamento em certas posições. Por exemplo, se sua filha não é uma atleta nata e nem é particularmente rápida, ela talvez jogue melhor beisebol na posição de jardineiro direito – o jogador que fica do lado direito do lançador e que intercepta a bola – do que na primeira base. Um filho desajeitado pode jogar melhor na defesa, pois é mais adequado à sua limitação atlética, do que no ataque.

> No beisebol, como a maioria dos rebatedores são destros, são arremessadas poucas bolas no campo direito. Dessa forma, os jardineiros direitos não têm muita ação durante o jogo. É por isso que uma criança cuja aptidão para jogar como interceptador é fraca, frequentemente é colocada no campo direito. O problema do jardineiro direito foi apreendido por Willy Welch em seu famoso poema, *Right field* [Jardim direito].

Instrução/prática

Você conhece algum atleta nato ou campeão de atletismo que não estude o jogo e treine demais? Você se lembra de Lance Armstrong? Apesar de ter grande capacidade aeróbica e fêmures longos – o que fez dele um ciclista nato – ele ainda treinava o ano inteiro, exercitando-se arduamente e praticando ciclismo. Ele não seria o ciclista que é se dormisse sobre os louros de sua aptidão nata. Patinadores de competição praticam entre quatro e seis horas por dia. Seus treinadores acompanham seus mínimos movimentos e constantemente os instruem e comentam seu desempenho. Claramente, a aptidão nata, mesmo se o patinador tiver sorte em termos genéticos e tiver herdado todas as qualidades físicas que o tornam um astro da patinação, não é suficiente para garantir que o atleta se destaque ou vença. O outro lado também é verdadeiro: crianças com aptidão nata limitada podem ir longe e conseguir sucesso considerável nos esportes, se trabalharem nos outros fatores necessários para se tornarem competitivas. A boa instrução e a dedicação à prática são alguns desses fatores.

> O talento apenas confere a você a oportunidade de vencer.
> *Chad Brown, linebacker da NFL*

Por que a prática é tão importante? Durante os exercícios e a prática o treinador ou instrutor e o atleta identificam fraquezas, especialmente em termos de aptidão e de técnica, e buscam fazer correções e melhorias.

Exercícios e práticas adequados também ajudam a preparar o atleta ou o time para a competição. Houve um tempo em que eu testemunhei isso na quadra com frequência. Meus colegas e eu percebemos que os advogados mais bem preparados, que estudam mais o caso, quase sempre vencem. O atleta ou time que estiver mais bem preparado tem mais chances de vencer. A prática e a preparação constroem confiança e a confiança melhora o desempenho.

Outro motivo é a memória muscular. Ao se praticar com frequência, a memória muscular é desenvolvida. Quando a memória muscular permite ao jogador fazer alguns dos movimentos básicos de maneira quase automática, o cérebro está livre para executar outras tarefas. Algumas dessas tarefas são a concentração, a análise e as respostas a um oponente do outro time.

Todos os atletas excepcionais – jogadores que, presumivelmente, são atletas natos – praticam durante horas e quase todos os dias. As crianças que têm sorte de ter boa aptidão atlética ainda terão de trabalhar duro e praticar, se quiserem melhorar e levar a sua técnica a um nível mais elevado.

Para as crianças menos atléticas, sabemos que bons instrutores ou treinadores e muita prática podem ajudar a compensar a falta de aptidão nata geneticamente determinada. Frequentemente, ouvimos falar de jogadores de beisebol ou de basquete que não têm as mesmas habilidades naturais que outros astros. No entanto, com motivação e prática, são capazes de competir com os astros e, em alguns casos, acabam sendo considerados jogadores de destaque, se não astros.

Vontade, determinação e dedicação podem levar as crianças longe nos esportes que escolheram, não importa o nível de suas aptidões atléticas.

Lembre-se da sua infância. Você não tinha um amigo que não era um atleta nato, mas que era capaz de jogar bem? Talvez ele praticasse durante horas e horas para conseguir atingir aquele nível.

É interessante notar que quando alunos do nono ano foram entrevistados sobre suas atitudes com relação às suas habilidades atléticas, a maioria indicou que não precisava ter nascido com aptidões atléticas natas para praticar esportes.[11] Muitos dos entrevistados acreditavam que aprender um esporte é um conhecimento adquirido – uma habilidade que pode ser aprendida com esforço e prática. Assim, se seu filho tem um excelente instrutor de tênis e se ele realmente pratica muito, pode superar a falta de certas aptidões naturais. Contudo, ele pode nunca se tornar uma Serena Williams na quadra.

Motivação/esforço/atitude

Alguns fatores influenciam a motivação, o esforço e a atitude:

- Atitude positiva,
- Aptidão e desejo de ter satisfação com exercícios e práticas repetitivos e por vezes enfadonhos,
- Prazer com os sinais de melhora,
- Capacidade de lidar com dificuldades ou perdas,
- Nível de determinação que possibilite perseverar,
- Força mental,
- Competitividade.

A palavra *motivar* vem do latim e significa *mover*. Os pais e os treinadores exercem um importante papel na motivação e no encorajamento dos esforços contínuos da criança no sentido de aprender um esporte ou jogo e melhorar suas aptidões ou seu desempenho. Um bom treinador é aquele que consegue motivar seus jogadores a darem o melhor de si. Mas você e o treinador ou instrutor podem e devem fazer apenas isso. Grande parte da motivação para jogar, praticar e se dedicar deve vir da criança. O "homem de ferro" do beisebol, Cal Ripken Jr., observa que se você força seu filho a praticar esportes e a motivação não vem dele, "você está tirando o prazer e o amor do jogo."[12] Se você ou o treinador acham que estão fazendo muito esforço para motivar seu filho a praticar o esporte ou a ter um bom desempenho, é bom fazer uma reavaliação. Pode ser que seja hora de parar completamente ou de escolher outro esporte.

Uma atitude positiva ajuda de diversas formas. Uma atitude "posso fazer" ajuda os jogadores a darem o melhor de si. O pensamento negativo quase sempre se torna uma profecia que vira realidade. As crianças que acham que não conseguem aprender as jogadas de um esporte têm mais dificuldades para aprendê-las. Os atletas que não acreditam que tudo é possível no campo têm menor tendência a obter sucesso ou conseguir realizar seu melhor desempenho. A mente é muito poderosa e uma mente positiva pode fazer a diferença entre o melhor resultado ou o fracasso de um atleta. Além disso, a atitude negativa pode contaminar outros membros da equipe. Jogadores com uma atitude positiva podem, mesmo que não sejam os melhores jogadores, inspirar os outros a jogarem melhor. Assim, mesmo as crianças com pouca aptidão atlética nata podem criar um diferencial com sua atitude positiva.

> Você pode conseguir muito com força de vontade. Simplesmente dê o melhor de si. Não importa o que seja. Não deixe os pensamentos negativos dominarem você. Não se repreenda por nada.
>
> *Rebecca Twigg, ciclista olímpica e detentora de vários títulos mundiais*

Atletas que competem no frio são instruídos a ignorar o clima e dizer a si mesmos que o tempo está bom. Muitos dos Green Bay Packers são capazes de fazer isso. Apesar da temperatura abaixo de zero e do vento extremamente gelado, eles jogam de mangas curtas. Vendo-os jogar em meio a uma nevasca nos dá a impressão de que está 40°C. Como não enfocam o frio, os jogadores podem se concentrar em jogar bem.

Em um livro que explica o poder da mente e do estado mental, um psicólogo conta que foi à Rússia para uma conferência. Ele chegou a Moscou alguns dias antes para conhecer os pontos turísticos da cidade antes do início da conferência. Depois de ter passado o dia inteiro fora, ele voltou ao seu hotel. O telefone tocou. Ele pegou o fone e ouviu durante alguns segundos. Finalmente, disse: "Eu não falo russo, você pode falar em inglês?". A pessoa que estava ligando, respondeu: "Bob, aqui é Phil, também cheguei antes da conferência." Phil falara em inglês, mas o estado mental de Bob o informava de que ele era o único falante de inglês que já havia chegado na conferência; assim ele concluiu que a pessoa que estava lhe telefonando devia estar falando russo. A atitude positiva e o estado mental de um atleta pode dar a ele vantagem, ou pode limitar sua perspectiva e desempenho.

Força mental pode quase sempre transformar limitações em aptidão física. Não é incomum ver um arremessador, da primeira divisão ou da segunda, apanhar no primeiro tempo, e seu time ficar atrás três ou quatro *runs*. Esse mesmo arremessador não desiste, se concentra, estabelece-se e arremessa bolas quase perfeitas até o fim do jogo. Outros arremessadores podem sucumbir mentalmente e não recuperar seu controle de arremesso nos tempos subsequentes. A habilidade de focar mentalmente e de usar a mente para superar desequilíbrios emocionais e de recuperar a postura é uma importante aptidão nos esportes.

Quando um atleta tem força mental, ele não permite que sua mente lhe diga o que o seu corpo pode ou não pode fazer. A força mental é um fator tão importante na prática de esportes que eu a abordo com maior profundidade no próximo capítulo.

> Todos os dias eu acordo e me comprometo a me tornar uma jogadora melhor. Alguns dias isso acontece, outros não. É claro que há jogos que eu dominarei e há jogos em que terei de me esforçar. Mas isso não quer dizer que eu desisti.
>
> Mia Hamm, estrela norte-americana de futebol
> e medalhista de ouro olímpica.

Competitividade não significa vitória. Significa o desejo de dar o melhor de si quando se está competindo ou ver melhoras no seu desempenho sob a pressão da competição. Significa dar trabalho aos adversários e, ao fazer isso, trazer à tona o seu melhor e o melhor do seu oponente. Isso também é um conceito tão importante que outro capítulo é dedicado ao tema.

Yogi Berra costumava dizer que "os esportes são 90% mentais e a outra metade é física". Sem considerar a confusa e humorística matemática de Yogi, a maioria dos esportes exige mais do que simples atletismo. Com motivação, esforço e atitude positiva, a maioria das crianças pode obter sucesso, sejam abençoadas ou não com aptidões atléticas naturais.

Aptidões táticas/estratégicas

Muitos esportes envolvem a capacidade de analisar, de resolver problemas e de criar estratégia. Às vezes um atleta menos apto pode compensar a falta de aptidão natural ou de atributos físicos ao se tornar muito bom nos aspectos táticos/estratégicos de um esporte ou ao jogar com inteligência. O tênis e o golfe são bons exemplos. Diz-se com frequência que o golfe é um jogo mais mental do que físico. Certamente, a força mental faz parte desse conceito. Mas o golfe envolve análise quase contínua das tacadas, bem como decisões a tomar: a distância, o terreno, qual taco usar, qual músculo flexionar, os ângulos e as elevações. Uma criança que tem paciência e boa aptidão analítica pode acabar jogando melhor do que uma criança cujas aptidões físicas são superiores, mas que não tem paciência nem habilidades analíticas. O famoso jogador de golfe Bobby Jones disse que "o golfe competitivo é jogado principalmente em um campo de 14 cm: o espaço entre suas orelhas".

Uma criança que não é o atleta mais dotado da quadra de tênis pode ter sucesso por conta de suas aptidões analíticas. Por exemplo, ela pode observar alguma fraqueza sutil do seu adversário e ser capaz de explorar essa fraqueza. Ela pode perceber que seu oponente se cansa com facilidade, de forma que procura deliberadamente devolver a bola do lado oposto do que está seu oponente. Ela pode ver que seu adversário tem um *backhand* fraco e tenta sacar no *backhand* do seu oponente. Se um arremessador percebe que o bom rebatedor parece não ser capaz de rebater uma bola baixa e dentro, é aí que ele vai tentar arremessar. Superar mentalmente o adversário é uma tática perfeitamente aceita nos esportes.

> Eu não sou excepcionalmente rápido ou forte. Mas tenho uma boa ética de trabalho, compenso por meio da técnica e procuro ser mais inteligente.
>
> *Dot Richardson,*
> *medalhista de ouro olímpico de softball*

Algumas crianças são naturalmente mais cerebrais e se concentram mais nos aspectos mentais do esporte que praticam. Da mesma forma, alguns esportes exigem uma abordagem mais analítica do que outros. Ao maximizar suas aptidões analíticas/táticas/estratégicas e usá-las no jogo, elas podem, até certo ponto, compensar a falta de aptidão atlética natural.

Como você pode ver, praticar esportes ou competir nos jogos envolve mais do que pura aptidão atlética. As crianças que são atletas natos certamente têm uma vantagem, embora isso não seja, provavelmente, suficiente para terem sucesso. Elas terão de ter a atitude correta e demonstrar força de vontade e outros atributos mentais para obterem conquistas no seu esporte. Crianças com aptidões atléticas mínimas ou com poucos dos atributos físicos associados a um esporte em particular podem frequentemente conquistar excelência por meio de instrução e treinamento adequados, prática, motivação e esforço, bem como aptidões táticas e estratégicas. Cynthia Gorney, que era treinadora do time de futebol da filha, disse a respeito de uma das jogadoras: "A garota que eu jurava ser desajeitada aprendeu a correr como uma coelha no campo."[13] Muitos pais testemunharam seus filhos descoordenados se tornarem atletas mais do que razoáveis. Mesmo o atleta mais medíocre pode ocasionalmente ter um desempenho extraordinário. A pior coisa que os pais podem fazer é subestimar o potencial atlético de seu filho.

É claro que as crianças com aptidões atléticas naturais ainda terão de praticar, mostrar motivação e desenvolver suas aptidões estratégicas e táticas. Elas não podem contar apenas com suas aptidões natas.

A força mental significa muitas coisas diferentes. No próximo capítulo, dou uma olhada nessa qualidade ou característica – uma qualidade que dá aos atletas uma vantagem competitiva.

Força mental

Concluir os últimos quilômetros dessas corridas exige a prevalência da mente sobre o corpo – a força mental faz que o corpo continue se movendo, apesar de estar fisicamente extenuado.

A força mental é a habilidade de dar o melhor de si sob condições de estresse, pressão ou circunstâncias adversas. Significa jogar com confiança, pensamento positivo, concentração e inteligência. Pode significar superar várias pressões emocionais. Às vezes, significa ter coragem e ser valente. A força mental é necessária quando as pressões por um bom desempenho aumentam e o atleta não deve deixar que elas tenham um impacto negativo na sua performance. O atleta precisa de força mental para ignorar todas as distrações que podem interferir no seu desempenho.

Quando se refere aos atletas de elite ou astros, a força mental pode também significar "jogar machucado". Curt Schilling, arremessador do Boston Red Sox, na World Series de 2004, foi chamado de "herói", "corajoso" e "incrivelmente resistente" quando jogou com o tornozelo machucado e seriamente afetado. Diversas vezes as câmeras de TV focaram o sangue que escorria através da meia, enquanto ele arremessava. Sem força mental, até mesmo um atleta de elite, pode perder para um oponente mais fraco.

A patinadora Nancy Kerrigan sofreu uma lesão na perna alguns meses antes das Olimpíadas de 1994. Mesmo assim, ela conquistou uma medalha de prata. Um ano antes dos Jogos Olímpicos de 1998, a esquiadora Picabo Street machucou gravemente os ligamentos do joelho. Ela precisou se submeter a uma dolorosa reabilitação. Então, a apenas uma semana dos Jogos Olímpicos, bateu em uma cerca enquanto esquiava, perdendo a consciência e sofrendo algumas contusões. Uma semana depois, foi capaz de ganhar uma medalha de ouro na competição de esqui *slalom*, o Super G. Depois da corrida, ela observou que a batida a ajudara a vencer. "Acho que precisava dessa trombada para tirar dos meus pensamentos meu joelho". (As crianças e adolescentes, porém, não devem jogar com qualquer machucado ou contusão séria.)

O fardo das perdas antigas

Volta e meia, atletas que sofreram grandes perdas participaram de novas provas esportivas ou jogos com o fardo do passado pairando sobre eles. Mesmo assim, eles conseguiram dar a volta por cima e superar as pressões, transformá--las e obter seu melhor desempenho. O patinador de velocidade americano

Dan Jansen era o favorito para vencer as corridas de 500 m e 1.000 m nos Jogos Olímpicos de Calgary, em 1988. Três horas antes da competição, ele soube que sua irmã havia morrido de leucemia. Ele escorregou e caiu em ambas as provas e não conseguiu ganhar qualquer medalha. Nas Olimpíadas seguintes, em 1992, novamente favorito e detentor de recordes mundiais, também não conquistou nenhuma medalha. Desapontado, ele correu novamente nas Olimpíadas de 1994, mas chegou em oitavo lugar na prova de 500 m – a sua especialidade. Com apenas a corrida de 1.000 m pela frente e com sua carreira olímpica quase encerrada, ele disse a si mesmo para esquecer o passado e "apenas patinar". Ele escorregou e quase caiu, mas conquistou o ouro e estabeleceu um novo recorde mundial.

> Desde a adolescência, o patinador de velocidade norueguês Aadne Sondral deveria ser o sucessor do seu conterrâneo Johann Olav Koss e favorito na prova de 1.500 m. Apesar da grande expectativa, terminou em segundo lugar nos Jogos Olímpicos de Albertville, França. Dois anos depois, nas Olimpíadas de Lillehammer, na Noruega, também não conquistou nenhuma medalha, terminando em quarto lugar. Ao ir para a Olimpíada seguinte, em 1998, em Nagano, Japão, ele se perguntava se era um perdedor. Em primeiro lugar, parecia que novamente a medalha de ouro lhe seria negada. Um patinador dos Países Baixos, Jan Bos, correndo antes de Sondral, estabeleceu um novo recorde mundial. Bos e outros patinadores achavam que ele seria o vencedor, acreditando que era pouco provável que outro competidor, especialmente Sondral, conseguisse superar a performance de Bos. Sondral sabia que para vencer teria de quebrar o recorde mundial de Bos, estabelecido minutos antes. Apesar de toda a pressão, e das memórias das suas performances passadas, Sombral quebrou o recorde de Bos e conquistou a medalha de ouro.[14]

Superando doenças e lesões

Outros atletas, ou times, que conseguiram superar a diversidade, doença ou lesões, e vencer, ou ajudar seu time a vencer, foram a patinadora de velocidade Bonnie Blair, que sofreu uma queda antes das Olimpíadas de 1992; a ginasta Kerri Strug, que machucou o tornozelo na sua primeira prova de salto nas Olimpíadas de 1996, mas que depois de alguns minutos deu seu segundo salto e ajudou o time feminino americano a conquistar a medalha de ouro; o ciclista Lance Armstrong, que lutava contra câncer de testículo antes de vencer seu primeiro Tour de France, em 1999; e, com um desempenho que passou a ser chamado "milagre no gelo" nas Olimpíadas de 1980, o time americano de hóquei sobre gelo, composto em sua maior parte de ex-jogadores universitários enfrentando grandes dificuldades, que venceu o time soviético composto por profissionais e, em seguida, derrotou a

Finlândia e ganhou o ouro. Todos esses desempenhos são surpreendentes, mas foi a força mental que salvou o dia!

Alguns esportes e corridas de distância exigem força mental quase contínua. As maratonas, corridas de 10.000 m e o Tour de France (ou qualquer corrida ciclística longa) são exemplos de competições nas quais os atletas sofrem, quase ficam sem fôlego ou lutam para evitar o colapso durante a maior parte do evento esportivo. Concluir os últimos quilômetros dessas corridas exige a prevalência da mente sobre o corpo – a força mental faz que o corpo continue se movendo, apesar de estar fisicamente extenuado. Na linha de chegada, vencedores e perdedores parecem os mesmos: a maioria ou entrou em colapso ou está prestes a entrar.

> Só porque os seus músculos começam a protestar não quer dizer que você tenha de ouvi-los.
>
> *Dianne Holum, patinadora de velocidade*
> *medalhista olímpica por quatro vezes, duas de ouro*

Força mental em situações de dificuldade

Há esportes nos quais o vencedor ganha por diferença de centésimos de segundos. Essas provas exigem concentração, esforço e força mental integrais. Uma distração, um momento de perda de foco, um pensamento negativo, podem fazer que o atleta perca. O corredor deve ignorar as distrações e qualquer coisa que possa interferir em seu desempenho.

Às vezes, a pressão sobre o atleta aumenta exponencialmente quando as dificuldades são particularmente determinantes: um rebatedor no final do nono *run*, dois *runs* fora, em um apertado sétimo jogo da World Series; o goleiro, em um difícil jogo da Copa do Mundo; o ginasta que sabe que deve executar uma rotina quase perfeita para conquistar a medalha de ouro. (Vimos essa situação nas Olimpíadas de Atenas de 2004. O ginasta americano Paul Hamm tropeçou após sua apresentação e, parecendo um garotinho desajeitado, quase caiu no colo dos juízes. Ele continuou a performance, recebeu pontuação alta nas duas provas que faltavam e conquistou a medalha de ouro.)

Essas são situações difíceis, nas quais os atletas não podem deixar que a pressão os domine. Especialmente nos esportes coletivos, os oponentes e os torcedores fazem de tudo para distrair os jogadores. Nos barulhentos estádios de futebol, os torcedores fazem muito barulho para que o outro time não possa ouvir os sinais. Nos jogos de basquete, os fãs soltam rojões quando um jogador arremessa um lance livre. Às vezes, os jogadores xingam ou fazem gestos ofensivos na tentativa de intimidar seus adversários.

Os jogadores precisam de força mental quando têm de jogar, apesar de alguma tragédia recente que os influencie emocionalmente. Já testemunhamos atletas que conseguiram bom desempenho horas após a morte do pai ou da mãe, de um filho, de um avô ou avó ou de um melhor amigo. Muitos deles acabam tendo seu melhor desempenho e dedicam o jogo ou a corrida ao amigo ou parente morto.

Força mental pode dar vantagens aos atletas

A força mental confere vantagem ao atleta de elite. Às vezes, a vantagem pode ser medida em segundos, milímetros, quilos ou décimos de um ponto. Mas talvez isso seja o necessário para se vencer uma corrida ou um jogo difícil. Os atletas medianos, mas com grande força mental, podem por vezes derrotar oponentes mais talentosos, os quais não possuem essa qualidade.

Alguns jovens atletas de elite demonstram uma habilidade de controlar ou de diminuir mentalmente as ansiedades e pressões de uma grande competição e conquistar a vitória derrotando outros competidores mais velhos, bem melhores e mais experientes. A patinação artística e a ginástica de solo, dois esportes nos quais há muita pressão, tendem a produzir jovens medalhistas de ouro. Nadia Comaneci, Oksana Baiul, Tara Lipinski e Sarah Hughes são bons exemplos. Lipinski e Hughes visivelmente se divertiam enquanto giravam na pista parecendo fadas.

A falta de força mental – a incapacidade de lidar com as pressões e com o estresse do esporte, ou a incapacidade de se recuperar depois de uma adversidade física ou emocional – fez que vários astros em ascensão abandonassem seu esporte.

Algumas crianças parecem ter naturalmente essa qualidade de força mental. Absorvem as pressões, o estresse e a adversidade. No entanto, outras crianças parecem incapazes de superar o problema e demonstrar força mental. Algumas situações da vida pessoal podem explicar porque algumas crianças não demonstram força mental. E algumas crianças que não têm essa qualidade podem desenvolvê-la com a ajuda de outros. Às vezes, um pai ou treinador podem descobrir os motivos dessa falta de força mental ao conversar com a criança. Após fazer isso, caso não haja melhora, uma consulta com um psicólogo esportista pode ajudar. (Ver "Quando consultar um psicólogo esportivo", na Terceira Parte.)

Claramente, a força mental é uma parte importante da competição e pode dar ao atleta uma vantagem, especialmente em corridas ou performances particularmente difíceis. Patricia Miranda era a única mulher na equipe de luta livre da Universidade de Stanford. No entanto, fazer parte da equipe masculina ajudou-a a desenvolver força mental. Ela disse: "Sei que abro mão de algumas coisas ao não lutar com mulheres, mas estou conquistando uma incrível força mental ao apanhar todos os dias." Embora ela tenha vencido apenas uma única vez em sua carreira universitária, ela conquistou a medalha de bronze nos Jogos Olímpicos de Atenas de 2004, na classe feminina de 48 kg.

A força mental pode ser usada em outras áreas da vida das crianças. Pode aumentar a confiança e a sensação de competência, além de permitir que as crianças enfrentem outras situações difíceis de encarar.

Outra qualidade ou traço que pode conferir vantagem ao atleta é competitividade, discutida no capítulo seguinte.

Competitividade

Competitividade pode ter sentidos diferentes para pessoas diferentes. Para alguns, quer dizer vencer; para outros, significa dar o melhor de si.

Vencer a qualquer custo é uma mensagem que permeia praticamente todos os setores da nossa sociedade: corporativo, político, educacional e atlético. A nossa sociedade é capitalista e competitiva, e tendemos a honrar e a exaltar os vencedores e a desprezar os perdedores (embora tenhamos uma queda quase romântica para torcer pelos eternos desprezados.)

Recebendo a mensagem de que vencer é tudo

Assim, não é de surpreender que crianças e adolescentes pensem que competitividade significa vencer ou que vencer a todo custo é a meta das competições. Eles veem os atletas profissionais jogarem com contusões sérias e se vangloriarem porque o vencedor jogou bem, mesmo estando machucado. Ouvem falar de treinadores que foram despedidos de seus clubes porque suas equipes não venciam campeonatos, ou não faziam os *playoffs*, ou não foram campeões estaduais, nacionais ou mundiais. Escutam seus pais se referirem a um corredor olímpico como tendo conquistado "apenas" a medalha de bronze. Veem torcedores vaiando um jogador depois que este cometeu um erro. Leem sobre atletas de elite que usam esteroides e outras drogas para obter vantagem sobre seus adversários. Percebem que os atletas que não conseguem o prêmio máximo não recebem o bicho – e em alguns esportes o bicho representa mais dinheiro do que os atletas ganham ao se dedicar profissionalmente àquele esporte. Aprendem que os treinadores que abusam de seus jogadores ou que até mesmo trapaceiam rapidamente são contratados por outro time quando são despedidos da escola ou universidade em cujo time treinavam. Dessa forma, incorporam a ideia de que, se você não vence, você é um perdedor.

Devemos ensinar que a competitividade nos esportes não significa vencer. Sim, um atleta com espírito competitivo pode jogar para vencer – nenhum jogador compete com o desejo de perder. Mas a competitividade significa muito mais do que tentar ou querer vencer. Significa dar o melhor de si contra os adversários que também se esforçam para dar o melhor de si. A competitividade é a soma de muitos fatores: prática, treinamento árduo, atitude positiva, hábitos de vida saudáveis, trabalho em equipe, respeito às regras e dar o melhor de si durante a competição, sendo o jogador favorito ou não. Uma criança não precisa ter grande aptidão atlética para ser competitiva. Não desistir e dar o melhor de si é ser competitivo.

De fato, a competitividade pode ter sentidos diferentes para pessoas diferentes. Para alguns, quer dizer vencer; para outros, significa dar o melhor de si.

> Eu dividi o livro *If winning were easy, everyone would do it: motivational quotes for athletes* [Se vencer fosse fácil, todo mundo venceria: citações motivacionais para atletas], uma coleção de citações compiladas de declarações de atletas, treinadores e psicólogos esportivos famosos, em 27 categorias. Achei interessante constatar que apenas algumas das citações sugeriam que vencer era tudo ou a única coisa nos esportes. De longe, a maior parte das citações se encaixava na categoria que intitulei "Dando o melhor de si".

De fato, *há* uma correlação entre competitividade e vitória. Uma criança que tem talento atlético mediano, mas que joga com competitividade, pode vencer; uma criança que tem grande talento atlético, mas que joga sem competitividade, pode não vencer. Isso explica porque com frequência vemos atletas que têm menos aptidão atlética e times com menos astros derrotarem os melhores atletas ou os melhores times. É por isso que a lenta tartaruga venceu a lebre bem mais veloz!

Competitividade ajuda a aflorar o que há de melhor em você

Querer fazer bem ou dar o melhor de si não é o bastante. Os atletas têm de transformar essa vontade em ação para atingir sua meta de fazer o melhor. A competitividade ajuda os atletas a, a partir do desejo de obter seu melhor desempenho, assumirem a *ação* necessária para realizar essa meta. A competitividade ajuda a superar o medo do fracasso, a ansiedade ou um dia de mau desempenho físico. Até mesmo os campeões têm dias nos quais sabem que não estão fisicamente em sua melhor forma. Mas eles não se permitem pensar: "Ah, sinto-me um pouco mal hoje, o meu desempenho provavelmente não será bom." Em vez disso, sua competitividade os faz enfocar o lado positivo, e eles dizem: "Ok, ainda estou meio fraco por causa da gripe. O que posso fazer para, ainda assim, dar o melhor de mim?". Eles não pensam em desculpas para o caso de perderem ou de terem um desempenho pior do que o esperado. Procuram maneiras de estimular seu estado mental a fim de fazer o melhor. Talvez pareçam mais fortes para o adversário; talvez abordem o jogo de maneira mais tática, usando mais a inteligência; talvez se esforcem atrás de mais bolas do que normalmente fariam – qualquer coisa que lhes garanta vantagem.

> Quanto mais importante o jogo, melhor. Sou viciado em adrenalina. Alimento-me de grandes multidões e de barulho.
>
> *Curt Schilling, arremessador de dois times campeões da World Series.*

Quanto mais difícil a competição, melhor

Os atletas verdadeiramente competitivos raramente escolhem provas que lhes garantam vitórias fáceis. Uma vitória fácil não os satisfaz. Eles tendem a dar o melhor de si apenas quando estão competindo contra atletas ou times que podem derrotá-los. O fato de os atletas ou times saberem que irão vencer facilmente não é um incentivo. Com os anos, as rivalidades entre dois competidores ou times quase sempre aflorou as melhores qualidades em ambos, e, no caso dos esportes individuais, levou à quebra de recordes olímpicos, mundiais ou de campeonatos. Pense em Pete Sampras e Andre Agassi, no tênis; em Brian Boitano e Brian Orser na patinação artística, na seleção norte-americana feminina de futebol contra a China; nas atletas de salto com vara Stacy Dragila e Emma George; em Duke × Carolina do Norte, no basquete universitário masculino; nos Yankees contra o Red Sox; ou em Universidade de Connecticut × Tennessee no basquete universitário feminino.

> Você tem de procurar as provas mais difíceis. Você tem de querer derrotar o melhor.
>
> *Grete Waitz, corredora norueguesa e vencedora de nove Maratonas da Cidade de Nova York*

> Aqueles que realmente têm espírito de campeão nunca ficam muito felizes com uma vitória fácil. Metade da satisfação vem do fato de saber que foram o tempo e o esforço investidos que levaram você a uma conquista maior.
>
> *Nicole Haislett, campeã olímpica de natação*

A competitividade não se relaciona apenas com o adversário. Sim, um competidor difícil ajuda você a dar o melhor de si – e o melhor que há em você pode levar à vitória. Mas a competitividade tem a ver com você – sua capacidade de se concentrar no seu desempenho, sua capacidade de enfocar o que você está fazendo, sua determinação de dar o melhor de si, não importam as condições. Seu adversário pode vencer a corrida ou a competição, mas você também vence se tiver feito o melhor que podia naquele dia, naquele momento.

> A competição em sua melhor forma é uma maneira de testar a si mesmo. Não tem nada a ver com medalhas. O vencedor é a pessoa que consegue dar o máximo de si.
>
> *Al Oerter, medalhista de ouro*
> *olímpico em arremesso de disco*

Crianças e competitividade

Muitas crianças jogam com competitividade. Você pode ver o impulso competitivo delas na maneira como praticam, na paixão que demonstram quando jogam, no desejo delas de fazer o melhor e na capacidade de implementar os comportamentos que garantem o melhor desempenho. Vencendo ou perdendo, elas demonstram a satisfação de saber que fizeram o melhor.

Outras crianças não parecem ter esse impulso competitivo. Às vezes, porque têm uma ideia errada sobre o significado de competitividade. Se elas acham que isso quer dizer vencer, isso pode levar a uma retração na maneira como jogam. Podem ter medo de perder. Podem ter medo de ganhar. Às vezes, os atletas temem a vitória porque se preocupam com a pressão ou expectativa que percebem nos outros (e que podem transferir para si mesmos) para continuarem a vencer. Cada resultado recebe uma carga psicológica.

Quase sempre, conversar com tais crianças é útil. Ao ajudá-las a compreender o que significa praticar um esporte – diversão, melhora de desempenho, dar o melhor de si – elas podem conseguir redirecionar seus esforços da preocupação com a vitória para o desejo de fazer o melhor. Se praticam um esporte coletivo, os pais podem ajudá-las a compreender que os membros de um time têm de contar uns com os outros e saber que cada jogador está dando o melhor de si. Se os jogadores veem que outro jogador não está se dedicando ao máximo em todos os momentos do jogo, eles irão perder confiança nesse jogador e podem excluí-lo das jogadas. O treinador também pode notar esse comportamento e colocá-lo no banco. (Quando o treinador coloca um jogador no banco, não deve fazer isso para puni-lo; deve fazer isso para dar ao jogador tempo de refletir sobre seu comportamento e/ou desempenho e identificar as correções que precisa fazer.)

Finalmente, quando as crianças não dão o melhor de si, elas precisam saber que não estão honrando o esporte que praticam. Todos os esportes têm uma longa história de competição e de competidores comprometidos. O que torna o esporte tão atraente para a maioria dos jogadores e dos torcedores é justamente ver os competidores dando o melhor de si – e acreditar que, em qualquer dia, qualquer um pode vencer.

Algumas das lembranças mais inspiradoras que temos do mundo dos esportes são de atletas fazendo o melhor e, ao fazer isso, parecendo ser jogadores sobre-humanos: o *jardineiro* [um dos três jogadores – *jardineiro esquerdo, jardineiro direito* ou *jardineiro central* – que ficam na posição defensiva, o jardim externo do campo de beisebol, para interceptar as bolas rebatidas] que corre e pula para pegar uma bola "destinada" a passar sobre a cerca e evitar um *home run*; o jogador de basquete que, a poucos segundos do fim do jogo, faz um arremesso "impossível" e marca a cesta da vitória; o arremessador de disco que nasceu com o braço deformado, mas que modifica a sua abordagem para compensar a deformidade e se torna um campeão; o esquiador que cai no começo da corrida, fica quatro segundos atrás do líder, mas mesmo assim consegue se recompor e conquistar a vitória; o jogador de golfe que indo para o 18º buraco, inicia a partida no lago, recupera-se e faz uma difícil tacada de 15 m e vence o torneio; o time que está três jogos atrás no World Series, mas que reconhece a falta de competitividade e parte para vencer os quatro jogos seguintes. Nem todos os esforços inspiradores levam à vitória. Às vezes um desempenho surpreendente não é o bastante para garantir a vitória. Mas, vencendo ou perdendo, esses atletas são vencedores e seus esforços serão lembrados por muito tempo.

Se você e o treinador tentarem trabalhar com uma criança que não demonstra competitividade, verifique se ela está interessada em descobrir o motivo pelo qual ela não parece dar o melhor de si durante a competição. Se ela expressar o desejo de receber ajuda, você pode consultar um psicólogo esportivo.

Neste capítulo, abordei várias áreas que devem ser consideradas quando uma criança está interessada em praticar esportes. É hora de começar a investigar que esporte ela irá praticar. Se seu filho for um atleta nato e se ele sabe com certeza qual é o esporte em que está interessado, é útil, em primeiro lugar, considerar alguns caminhos para os esportes. No capítulo seguinte, ofereço algumas ideias sobre isso.

Caminhos naturais para os esportes

Depois de assistir a um filme de artes marciais, seu filho tenta imitar os golpes que viu?

Como os pais podem captar o interesse de seu filho pelos esportes de uma forma natural e sem pressão e ajudar a criança a identificar os esportes pelos quais ela possa estar interessada? Como estimular uma criança que não é atlética e que mostra pouco ou nenhum interesse por esportes a praticar algum? E se a criança for atlética, mas até agora tiver mostrado pouco interesse em praticar esportes? Talvez a criança seja muito atlética e queira praticar um esporte, porém, não tenha certeza de qual esporte escolher. Às vezes, há caminhos naturais que despertam o interesse pelos esportes e levam à escolha de um esporte para praticar.

Quando o interesse por esportes é claro

Se a criança expressa algum interesse por um esporte ou atividade atlética, já ajuda. Seu interesse gera oportunidade para uma discussão sobre os esportes e sobre porque ela se interessa por esse esporte em particular. Ela pode ter um amigo que o pratica ou que pode tê-la convidado para treinar alguns lances desse esporte, e isso fez que a criança desejasse aprender mais. Ou então, "parece ser divertido". A não ser que o motivo pareça ser totalmente irreal, sua resposta positiva e seu apoio são importantes. Lembre-se do meu primo; sabendo como era, ele não tinha como achar que seria capaz de aprender a esquiar. Nem sua mãe.

Talvez seu filho não expresse interesse por esportes de forma clara. Procure pistas indiretas que revelem o esporte pelo qual ele possa se interessar. Ele acompanha algum esporte em especial? Ele assiste aos esportes na TV? Ele assiste aos treinos de futebol depois da escola para ver seu melhor amigo jogar? Ele conhece muito sobre esportes? Ele já fez algum comentário expressando seu desejo de ser mais atlético para que pudesse jogar futebol? Depois de assistir a um filme de artes marciais, seu filho tenta imitar os golpes que viu? Essas são dicas que podem ajudar você a descobrir algum interesse dele por esportes.

As crianças atléticas podem demonstrar grande interesse em praticar esportes e, por conta de suas aptidões atléticas, raramente questionam sua capacidade de aprender qualquer esporte. Mesmo assim, elas podem não ter ideia de que esporte ou esportes praticar. Nas grandes cidades, o grande número de ofertas pode confundir. Pode ser útil, se você puder fazer escolhas prévias para apresentar a ele.

Como a exposição a um esporte é quase sempre um bom caminho, qualquer coisa que você puder fazer no sentido de despertar a atenção de seu filho para diversos esportes pode ajudar. Assistir esportes na TV é, provavelmente, uma das maneiras mais fáceis de introduzir uma criança ao mundo esportivo. Com a cobertura da imprensa e canais a cabo dedicados a esportes e a eventos esportivos, praticamente qualquer esporte pode ser visto, até aqueles menos populares, coletivos ou individuais. Nos fins de semana, dificilmente deixa-se de encontrar na TV algum desses esportes menos comuns. Você também pode achar revistas sobre praticamente qualquer esporte. Assim, se seu filho não sabe qual esporte pode interessá-lo, assistir esportes na TV ou ler revistas sobre esportes são boas formas de fazê-lo começar a procurar pelo esporte certo.

A maioria dos esportes ou atividades atléticas não requer grande aptidão para prática em níveis iniciais. Mesmo uma criança com pouca coordenação motora é capaz, provavelmente, de aprender os rudimentos de um esporte e progredir. No entanto, você deve prever que ela perceba que as outras crianças aprendem essa atividade mais rapidamente ou que têm um desempenho melhor. Na conversa que você terá com seu filho, um dos pontos a ser enfatizados é prepará-lo para isso. Deixe claro que o objetivo por enquanto é apenas aprender o básico do esporte e se divertir.

Seu filho pode demonstrar interesse por um esporte caro. Esse esporte pode exigir equipamento caro e/ou aulas particulares. Procure, no primeiro momento, alugar o equipamento. Pesquise em lojas de produtos esportivos usados, caso não seja possível alugá-lo. Tente contratar aulas particulares que sejam apenas introdutórias e com número limitado. Por exemplo, procure um instrutor de patinação que dê dez aulas por um determinado preço. Os patins podem ser alugados no rinque de patinação. Antes de começar, combine com seu filho que ele deve concluir as dez lições. Se ele não quiser continuar depois das aulas, tudo bem. É importante que a criança aprenda a não esperar sucesso imediato e que faça uma boa tentativa naquela atividade antes de decidir se quer continuar.

Outros esportes caros para praticar são: golfe, tênis e esqui. Muitos esportes individuais envolvem aulas particulares ou em grupo, bem como equipamento especial. Verifique primeiro com a escola de seu filho quais esportes o programa escolar oferece. Tenha em mente que clubes, agremiações juvenis e centros comunitários podem oferecer tais aulas, em geral a um preço reduzido. É claro que alguns esportes coletivos são extremamente caros e estão além do alcance da maioria das famílias. Polo é um bom exemplo.

Um motivo pelo qual seu filho pode não expressar interesse por esportes é que nenhum esporte que ele conhece o entusiasma. Talvez ele possa se interessar ao conhecer alguns esportes menos comuns ou menos visíveis, como esgrima, tiro com arco, esportes hípicos, curling ou salto ornamental. Expor seu filho a esses esportes requer algum esforço e criatividade da sua parte. Você pode retirar livros na biblioteca local sobre tais esportes ou atividades atléticas. As bibliotecas também têm vídeos que mostram os fundamentos básicos de um determinado esporte. Pode haver competições ou provas desses esportes em sua cidade ou próximo dela. Seu filho pode desenvolver interesse por um deles ao ir assistir a um desses torneios ou encontros. Lembre-se de todos os seus parentes e amigos. Talvez um deles tenha praticado ou ainda pratique algum desses esportes menos conhecidos. O tio João, irmão da sua mãe, pode ter sido um esgrimista, quando jovem. Talvez ele queira mostrar à sobrinha-neta dele alguns movimentos básicos. Ele também pode gostar da atenção dedicada a ele.

Alguns pais podem estar dizendo a si mesmos: "Meu filho nunca se interessaria por esses esportes. Eles não são legais.". É verdade, algumas crianças não se interessam por um esporte que nenhum de seus amigos pratique. Entretanto, outras preferem um esporte menos comum. Para algumas crianças, o anonimato que esses esportes propiciam é positivo. Seus amigos não irão vê-las. Outras crianças são individualistas e gostam da ideia de não praticar ou aprender um esporte que todo o mundo pratica. As crianças que nunca jogariam futebol podem ficar fascinadas com tiro com arco ou badminton.

Crianças minimamente atléticas

As crianças sem muita aptidão atlética precisam de ajuda para descobrir esportes que compensem sua constituição. Algumas crianças podem sofrer de "visão em túnel". Por exemplo, elas podem ter uma péssima coordenação entre olhos e mãos e, por isso, um péssimo desempenho em qualquer esporte que envolva pegar a bola, lançá-la ou rebatê-la. Observam que todos os esportes exigem tais aptidões e concluem que não existe um esporte para elas. Entretanto, podem ser boas corredoras ou saltadoras. Elas precisam mudar a maneira de pensar e observar categorias esportivas diferentes – nesse caso, provas de atletismo. Os pais podem ajudá-las a compreender que esportes diferentes exigem aptidões atléticas distintas.

Quando você analisar esportes para seu filho praticar, considere suas aptidões físicas e como essas aptidões podem se enquadrar em um esporte em particular. Por exemplo, normalmente quando dizemos que uma criança é minimamente atlética, estamos falando sobre sua coordenação motora geral. Raramente nos referimos à sua coordenação motora fina. A coordenação motora geral refere-se aos músculos maiores que permitem o movimento dos braços e pernas. A coordenação motora fina refere-se aos músculos menores que permitem o movimento dos dedos, por exemplo. Trata-se de músculos que permitem que o neurocirurgião faça uma cirurgia delicada, ou que a costureira faça uma costura intrincada. Vamos analisar esses dois tipos de coordenação rapidamente.

Mesmo que uma criança pareça ter coordenação motora geral ruim, isso não anula a prática de alguns esportes que a exijam. Com a prática, até mesmo a criança mais desajeitada mostra melhoras. Não subestime o papel desempenhado pela motivação. Já vi muitas crianças com coordenação motora geral ruim obterem certo sucesso no basquete por meio da prática e da força de vontade. Elas conseguem ser boas o bastante para jogar basquete no Ensino Fundamental ou, algumas delas, até mesmo no Ensino Médio. E elas gostam da prática e se divertem.

> Na vida, e não só nos esportes, se você não tentar, você jamais saberá do que é capaz.
>
> *Manon Rheaume, canadense, primeira mulher a jogar em um time de hóquei do NHL*

Algumas crianças atrapalhadas, daquelas que tropeçam em tudo, podem ter uma coordenação motora fina muito boa. Podem demonstrar ótima coordenação entre olhos e mãos. O futebol e o basquete podem ser frustrantes para elas, mas elas podem se tornar muito boas em esportes ou em atividades que exigem coordenação motora fina e boa coordenação entre olhos e mãos. A sinuca e o tiro com arco são esportes nos quais essas aptidões são importantes.

Escolhas de esportes e temperamento

O temperamento de uma criança pode ser outro importante fator ao escolher um esporte para ela praticar. Digamos que seu filho está sempre se movimentando. Ele pode gostar de um esporte que seja bem físico. Entretanto, talvez, ele seja naturalmente mais sedentário, quieto e cerebral. Um esporte que não seja tão físico quanto futebol ou quanto basquete, mas que exige raciocínio, análise e estratégia pode atraí-lo. Talvez o golfe seja o esporte para ele. Se seu filho for um tanto agressivo, os esportes competitivos e de natureza agressiva devem ser considerados. Da mesma forma, atividades físicas que sejam agressivas, mas que incorporem autocontrole e disciplina, podem combinar com ele. Tae kwon do ou caratê, artes marciais populares, podem ser a atividade certa para ele.

Você deve estimular seu filho a praticar esportes coletivos ou individuais? Essa é uma consideração que envolve temperamento, porém, também engloba muitos outros fatores. Trata-se de uma questão importante, abordada no capítulo seguinte.

Esportes coletivos e esportes individuais

A busca por um esporte que agrade seu filho pode demandar tentativa e erro.

Antes de considerar a questão esportes coletivos × esportes individuais, os pais devem identificar todas as perspectivas que possam ter. Muitos pais buscam passar as experiências esportivas da sua infância aos filhos. Embora seja compreensível que um pai que tenha sido um astro no basquete quando jovem possa querer que seu filho também jogue, talvez esse não seja o melhor esporte para o filho, apesar de este ser atlético. Uma mãe pode relacionar suas experiências com esportes coletivos ao seu sucesso no mundo corporativo. De fato, algumas pesquisas com mulheres que são altas executivas confirmam a conclusão dessa mãe. Ela pode desejar que sua filha tenha vantagens semelhantes ao praticar esportes coletivos. Um pai pode ter alguns preconceitos sobre certos esportes. Ele pode sentir que alguns esportes não são masculinos o bastante para seu filho. Ou uma mãe pode ter impressões negativas com relação à sua filha praticar um esporte que, na opinião dela, não seja feminino. Os pais podem descartar alguns esportes por serem "muito de elite". Os pais devem identificar suas próprias dificuldades e, então, deixá-las de lado quando estão ajudando seus filhos a escolher um esporte para praticar.

Se seu filho deseja praticar um esporte, mas não sabe se quer praticar um esporte individual ou coletivo, um bom começo é analisar os prós e contras de cada um dos dois tipos. Não se trata de um ser melhor do que o outro; trata-se de qual deles pode ser melhor para o seu filho. Não há regras específicas nem fixas para essa procura.

A atração dos esportes coletivos

Os esportes coletivos exigem mais interação social do que os esportes individuais. Exigem mais aptidões sociais, e as crianças que praticam esportes coletivos terão de desenvolver e expandir essas aptidões para conquistar algum sucesso. Por esse motivo, as crianças que são atiradas e que interagem com outras pessoas de modo fácil e tranquilo tendem a preferir esportes coletivos. As crianças que tendem a ser quietas podem sentir-se muito desafiadas ao praticarem esportes coletivos. Mas mesmo as crianças que têm pouca aptidão social podem, por vezes, desenvolver tais aptidões e virem a gostar de esportes coletivos. O pai ou a mãe tem de ser cuidadoso aqui. Uma criança extremamente tímida pode se dar melhor ao praticar um esporte individual, ao menos no início.

Os esportes coletivos exigem capacidade para cooperar com outros para uma meta comum. As crianças que jogam com outras de uma forma cooperativa ou que compartilham seus brinquedos com facilidade normalmente acham que praticar um esporte coletivo é fácil e traz satisfação. As crianças que têm problemas em dividir ou em jogar de forma cooperativa podem achar que praticar um esporte coletivo é difícil e não traz satisfação. Isso não significa dizer que essas crianças devam praticar esportes coletivos para que possam aprender a dividir e a trabalhar de maneira cooperativa. Se essas crianças praticarem um esporte coletivo e não passarem a bola, os outros jogadores ou o treinador irão, provavelmente, querer lhes dar uma lição. O treinador pode querer deixá-las no banco, dando-lhes bastante tempo para considerar o fato de que precisam mudar a maneira como jogam.

Às vezes, esportes coletivos exigem mais do que cooperação em prol do time como um todo. Esses esportes podem exigir certos sacrifícios dos jogadores. Por exemplo, no beisebol, é comum pedir a um jogador que ele procure cobrir a bola com o taco – uma jogada chamada *bunt* – para mudar um corredor da primeira para a segunda base. O *bunt* não é considerado lá muito bonito e o jogador que lança mão dessa jogada normalmente é o primeiro a sair. Há diversos outros exemplos que ilustram jogadores fazendo algo a favor do time, mesmo que isso o prejudique. O lendário treinador de basquete da UCLA John Wooden enfatizava esse aspecto quando dizia: "É surpreendente o quanto pode ser realizado, se ninguém liga para quem recebe o crédito."

Quando um atacante leva a bola a 20 m no campo de futebol americano, ele fica com toda a glória. Mas ele sabe que não poderia ter alcançado sucesso, se alguns dos seus companheiros de equipe não bloqueassem os jogadores da defesa para abrir caminho para ele. Nos esportes coletivos, as conquistas individuais dependem do apoio e das jogadas dos colegas de equipe. Dessa forma, embora possa haver um astro no time, o astro não consegue vencer o jogo sozinho – ele precisa da ajuda de seus companheiros de equipe.

A maioria dos esportes coletivos envolve competição contra outros, bem como vencer e perder. As crianças que demonstram espírito competitivo em diversas áreas da vida tenderão a apreciar a competição inerente aos esportes coletivos. Outras crianças parecem querer se esquivar da competição. Elas, provavelmente, não devem ser estimuladas a praticar esportes coletivos, ou, devem jogar apenas nas ligas sem competições em um primeiro momento.

Um certo tipo de pressão está associada aos esportes coletivos e é ausente nos esportes individuais. Se uma criança joga mal, ou faz uma jogada ruim em um esporte coletivo, ela quase sempre sente que decepcionou os membros do seu time. Outras crianças não se importam com essa pressão e não ligam para os erros ou jogadas ruins que cometeram. Entretanto, uma criança que não lida bem com esse tipo de pressão pode ser mau candidato para praticar esportes coletivos. Crianças muito sensíveis, aquelas que se magoam facilmente, podem não aguentar essa pressão. Da mesma forma, crianças que são minimamente atléticas podem se sentir envergonhadas ao jogar diante de seus colegas de time e amigos.

Os esportes coletivos podem propiciar a emoção de se estar em um time vencedor ou de ser aquele competidor que deu a vitória ao time. Alguns jogadores da equipe podem se tornar astros, conhecidos por sua maneira excepcional de jogar. Da mesma forma, alguns jogadores podem ter um desempenho ruim, mesmo assim seu time ainda pode vencer. A esse respeito, os esportes coletivos podem por vezes absorver alguns lances isolados de maus jogadores ou jogadas ruins. Os campeões da NFL de 2001, os New England Patriots, foram considerados um time de estrelas. Venceram porque seus membros jogaram bem em equipe. Depois de mais duas vitórias no Super Bowl, nas temporadas de 2003 e 2004, os jogadores do New England ainda enfatizavam o jogo em equipe e evitavam os destaques individuais. Há muitos exemplos como esses nos esportes – em que os jogadores mais fracos ou times sem astros conseguem vencer por conta de um trabalho de equipe surpreendente. Eles jogam juntos como se fosse uma engrenagem bem lubrificada.

> O time com os melhores atletas não vence sempre. Quem vence é o time com os atletas que jogam melhor em equipe.
> Lisa Fernandez, arremessadora do time
> americano de softball, medalhista olímpica
> de ouro em 1996, 2000 e 2004

Um filho ou filha único quase sempre pratica esportes coletivos. Os esportes coletivos fornecem uma família de irmãos para o filho único. Os membros do time podem se tornar o principal grupo ou foco social para essas crianças. Dessa forma, o desejo emocional por conexão social pode ser satisfeito ao se praticar esportes coletivos. Entretanto, muitas outras crianças sentem-se bem confortáveis ao se engajarem em atividades individuais, sendo capazes de se divertir dessa forma. Um filho único com essas características pode preferir esportes individuais.

Se a criança for filho único, os membros do time quase sempre se tornam muito próximos, não apenas quando estão jogando. Eles vão para a escola juntos, socializam-se e confiam uns nos outros. Consideram os membros do time uma família. Alguns colegas de equipe acabam jogando juntos por anos.

> Jogamos porque adoramos o jogo, adoramos uns aos outros, e adoramos vencer.
>
> Mia Hamm, estrela americana de futebol aposentada, discutindo a ligação entre suas colegas de equipe e a seleção nacional

Se uma criança quer praticar um esporte coletivo, você provavelmente será capaz de encontrar um time na sua cidade. Normalmente os esportes coletivos são mais disponíveis do que os individuais. A maioria das escolas tem esportes coletivos e ligas ou divisões com competições. Os parques municipais e centros recreativos, centros comunitários, clubes cívicos, organizações religiosas e vários programas voltados aos jovens, como a ACM, têm ligas de esportes coletivos. Dessa forma, dependendo de onde você mora, pode haver mais oportunidades para praticar um esporte coletivo do que um individual.

O apelo dos esportes individuais

Observe um corredor: indo em direção à linha de chegada, os músculos das paturrilhas enrijecidos, trabalhando a respiração, as veias do pescoço inchadas, o suor voando do seu corpo. Veja o ginasta: saltando cada vez mais alto, desafiando a gravidade, suspenso no ar, retorcendo-se como um parafuso. Observe o lutador: os músculos inchados, as mandíbulas tensas, os olhos focados, lutando para manter o equilíbrio. Veja o esquiador: indo montanha abaixo, inclinado para a frente de forma a quase tocar o chão, correndo constante risco de cair. Veja o levantador de peso: sustentando no ar um peso maior que seu corpo, lábios serrados, gemendo alto, a milésimos de segundo de entrar em colapso.

Os esportes individuais têm pureza de forma e de esforço. São buscas solitárias. Ninguém está lá para ajudar. Você está por conta própria. Quando vence, está sozinho em sua vitória; quando perde, fica sozinho em sua derrota. Embora você possa ter um adversário que precise derrotar para vencer, o verdadeiro adversário é você mesmo. Você combate seus pensamentos negativos – "Isto está me matando.". Toma decisões em décimos de segundo – "Devo acelerar agora ou esperar até chegar mais perto do final?". Monitora constantemente seus esforços – "Preciso girar mais rapidamente ou prejudicarei este salto.". Cultiva pensamentos positivos quando está próximo de entrar em colapso – "Só um empurrãozinho aqui e eu consigo vencer.". Os esportes individuais exigem o triunfo do caráter – a vontade de encontrar o melhor que há em você.

> Não quero dar a ninguém uma vantagem por conta do meu estado de espírito. Cada vez que entro na quadra, tenho de sentir que sou a melhor, assim consigo competir bem. Muitas vezes, meu principal rival sou eu mesma.
>
> Venus Williams, estrela do tênis

O melhor que há em um atleta fica claro nos esportes individuais. Independentemente de você derrotar seu adversário, sempre está tentando melhorar seu tempo, distância, peso ou desempenho anteriores. Você pode perder a competição, mas estabelecer seu melhor tempo. Pode chegar em segundo lugar, mas talvez o vencedor tenha sido campeão estadual no ano passado. Você não pode contar com um colega de equipe para ajudá-lo a fazer uma grande jogada, ou para salvar o dia quando você não tem bom desempenho. Nos esportes individuais, você é o time.

Não é provável que uma criança pequena que escolhe um esporte individual esteja totalmente consciente de todos esses fatores. Dependendo da criança, pode haver diferentes motivos pelos quais ela prefira um esporte individual a um coletivo. As crianças minimamente atléticas podem ser levadas a praticar um esporte individual porque não precisam se preocupar com o fato de poderem desapontar o time ou expor seu mau desempenho a trinta colegas.

Outras crianças podem apreciar a ideia de contar consigo mesmas e de serem capazes de ver a melhora do seu desempenho de forma mais clara do que se estivessem jogando em um time.

Os pais devem compreender os diversos propósitos entre os esportes individuais e os coletivos. Para muitos desses esportes, a competição com os adversários não é necessária ou pode ser evitada, especialmente nos primeiros estágios ou níveis de aprendizado. As crianças podem aprender a jogar tênis ou golfe sem competir com ninguém ou sem contar os pontos. Elas podem conquistar a faixa preta em uma arte marcial sem nunca ter participado de uma competição. Dessa forma, muitos esportes individuais protegem a criança da competição imediata até que ela esteja pronta ou queira competir. Quando começam a competir, a maioria das crianças pequenas pode ver facilmente que estão competindo não só com seu adversário, mas também com seu último recorde ou desempenho.

Os esportes individuais ensinam responsabilidade. As crianças reconhecem que o que conta é seu próprio esforço de aprender, de praticar ou de competir. A autodisciplina é essencial. Quaisquer melhoras, mesmo que pequenas, podem ser emocionantes e podem trazer satisfação. As crianças aprendem mais sobre si mesmas quando praticam esportes individuais, mais até do que quando praticam esportes coletivos. O prazer e a realização pessoais são benefícios e valores dos esportes individuais.

As crianças aprendem e praticam diversos esportes individuais em um ambiente semelhante ao de equipe. Por exemplo, tênis, natação, luta livre, atletismo e golfe são esportes individuais, porém, muitas crianças os praticam como membros do time de uma escola, clube ou centro recreativo. Dessa forma, seus oponentes podem ser companheiros de equipe, bem como competidores de outro time. A prática desses esportes pode conferir às crianças os benefícios de um esporte individual e a camaradagem de um esporte coletivo. Deve-se também notar que, para alguns esportes individuais praticados em times, também há provas em equipe, como revezamento ou provas em que os pontos totais do time são registrados. Por exemplo, duas escolas competem em uma prova de natação e todos os pontos das provas individuais e de revezamento são somados, e o time com maior número de pontos vence a competição.

Há outros benefícios proporcionados pelos esportes individuais. As crianças que praticam um esporte individual tendem mais a continuar a praticá-lo ao longo de sua vida adulta do que se praticassem um esporte coletivo. Isso é especialmente verdadeiro no caso do tênis, do golfe, da natação e do esqui. Os adultos que praticaram esportes individuais quando eram mais jovens também tendem a ficar em melhor forma física em sua vida adulta do que seus contemporâneos que praticaram esportes coletivos quando eram mais jovens. Também há o fator lesão: alguns esportes coletivos, como o basquete e o futebol, são terríveis para as articulações e músculos de uma pessoa mais velha. Não se vê Joe Namath ou Dick Butkus jogando futebol americano hoje. Em vez disso, eles podem ser vistos no campo de golfe. Além disso, pode ser difícil conseguir jogadores para formar um time de veteranos.

Se a criança for mais velha, será mais fácil encontrar aulas ou instrução para esportes individuais do que para os coletivos. Por exemplo, se seu filho tiver quinze anos e quiser começar a jogar basquete, você irá encontrar poucos times para iniciantes adolescentes. Você pode conseguir acampamentos de verão de basquete que ensinam os básicos desse jogo às crianças de todas as idades, mas depois do acampamento elas terão poucas oportunidades de jogar em uma equipe. Em contraste, grande parte dos esportes individuais tem maior disponibilidade de instrução para crianças de todas as idades e há mais oportunidades para jogar e até para competir. Assim, se uma criança estiver começando tarde – na sua adolescência – é mais fácil iniciar-se em um esporte individual do que em um coletivo.

Algumas crianças parecem desabrochar quando praticam um esporte individual. Uma criança muito hiperativa acha mais fácil aprender e praticar certos esportes individuais do que a maioria dos esportes coletivos. Essas crianças se distraem com facilidade, especialmente quando há muitos estímulos. Os esportes coletivos são sobrecarregados de estímulos: a criança não tem apenas de se concentrar em suas próprias jogadas, ela também deve prestar atenção nos membros de sua equipe e também nos membros da equipe adversária. Essa criança pode se dar bem em um esporte individual que proporcione instrução direta ou a um pequeno grupo, um esporte que, ao praticá-lo, ela mantenha o foco apenas sobre si mesma.

Crianças que parecem gostar de ficar sozinhas podem se dar melhor nos esportes individuais do que nos coletivos.

É importante para os pais conhecerem e entenderem o temperamento, os pontos fortes e fracos de seus filhos, bem como o modo como preferem interagir com as pessoas. Com essas informações, será mais fácil orientá-los a praticar um esporte que será o melhor para eles.

Um dos aspectos negativos de muitos esportes individuais é o fato de que instrutores qualificados ou profissionais são, normalmente, necessários para ensiná-los. Assim, os esportes individuais são normalmente mais caros do que os esportes coletivos, uma vez que é necessário encontrar um treinador ou instrutor e pagar aulas individuais. Em seu livro, *Landing it*, Scott Hamilton conta que seus pais venderam sua casa e compraram uma menor para poder pagar suas aulas e treinadores de patinação artística. Na época que ele começou a participar de competições, os custos dos treinadores e do treinamento somavam, em média, 8 mil dólares por ano. É claro que aulas ou treinadores para esportes individuais nos níveis iniciantes ou de baixa competitividade não serão tão caros. Alguns clubes ou academias oferecem bolsas para essas modalidades esportivas.

Como você pode ver, a decisão sobre se o melhor para seu filo é um esporte individual ou um coletivo pode ser uma questão complicada. Não deixe de incluir seu filho nas conversas quando começar a considerar se um esporte coletivo ou individual é o melhor para ele. O ideal é que todas as crianças experimentem os dois. De fato, as crianças pequenas que são atletas medianos ou acima da média quase sempre preferem não se especializar em apenas um esporte e praticam diversos. No entanto, pode não ser realista esperar que crianças minimamente atléticas possam aprender e praticar mais de um esporte por vez.

A busca por um esporte que agrade seu filho pode demandar tentativa e erro. Uma vez que um esporte tenha sido identificado, procure estabelecer um período de experiência ou aulas introdutórias para ele. Quando o período de experiência ou as aulas introdutórias terminarem, não importa a aptidão atlética de seu filho, você e ele devem discutir como foi o aproveitamento e se ele quer continuar, agora que o período de experiência terminou. As perguntas mais importantes que você deve fazer são:

- Em geral, foi uma experiência positiva?
- Seu filho está se divertindo?
- Há evidências, mesmo pequenas, de que ele está melhorando ou aprendendo o esporte?

Uma resposta afirmativa a essas três perguntas é essencial ao seu processo de avaliação e se ele deve continuar a aprender ou a praticar o esporte. Mas, mesmo quando a resposta for positiva para essas três perguntas, seu filho pode resolver que não quer continuar com aquele esporte ou com qualquer outro. Não há problema. Ele também pode dizer que não gostou daquele esporte, mas que quer experimentar outro. Também não há problema. Volte ao primeiro passo na busca de outro esporte para ele!

Encontrar o treinador ou equipe certos é provavelmente uma das tarefas mais importantes que você tem a fazer antes de seu filho começar a aprender ou praticar um esporte. Quem procurar e que perguntas fazer? O próximo capítulo pode ajudá-lo nessa tarefa.

Encontrando o treinador e o time corretos

Só porque um treinador ganhou uma medalha de ouro em patinação artística nas Olimpíadas, isso não significa que ele seja um bom treinador para crianças pequenas ou iniciantes.

Uma vez que você e seu filho identificaram um esporte que ele queira praticar, você precisa encontrar um treinador, instrutor ou professor. Em cidades muito pequenas, sua busca e escolhas podem ser bem limitadas e você poderá ter de contratar qualquer um que esteja disponível. Nas cidades maiores, você provavelmente terá mais opções. Vamos analisar essa procura do ponto de vista dos esportes coletivos e individuais.

Encontrando um treinador para esportes coletivos

Sua preocupação principal é a qualidade da experiência que o seu filho adquire ao aprender e ao praticar um esporte. Faça uma lista com os nomes dos possíveis treinadores e times. Você deverá encontrar e conversar individualmente com o treinador. Pergunte a ele sobre sua formação, experiência e filosofia de treinamento. Algumas perguntas que você pode fazer são:

- Onde você aprendeu a jogar? Por quanto tempo jogou?
- Há quanto tempo você trabalha como treinador? Que níveis você treina? Você gosta de treinar ligas de baixa competitividade? Você frequentou *workshops* de treinamento?
- Qual é a sua filosofia de treinamento? Você enfatiza excelência mais do que vitória? Como você lida com crianças minimamente atléticas no seu time?
- Como você lida com os pais que pressionam seus filhos para jogar ou vencer?

Também é aconselhável que você observe o treinador durante um treino e um jogo. Aqui estão algumas coisas que devem ser observadas:

- A personalidade do treinador é importante. Procure um treinador que tenha personalidade, seja caloroso e estimule seus atletas (embora a firmeza seja, por vezes, necessária).
- Ele demonstra qualidades de liderança?

- O treinador trabalha no nível de desenvolvimento das crianças? As expectativas dele são adequadas aos níveis de desenvolvimento das crianças? Ele fala de uma forma que as crianças conseguem entendê-lo?
- Você deve procurar um treinador que conheça os elementos básicos do esporte. Em alguns casos, o treinador pode ser um pai que nunca praticou o esporte. Dessa forma, ele pode não ter conhecimento profundo sobre o esporte ou conhecer seus detalhes, mas deve compreender seus elementos básicos.
- Um treinador deve ser capaz de dirigir não só as práticas ou aulas, mas também de orientar os jogadores no treinamento e no condicionamento necessários para a prática do esporte.
- Ele exerce disciplina de forma a não punir, mas, ao contrário, ensinar? Exerce disciplina para estimular as crianças a desenvolverem autodisciplina?
- Ele deve demonstrar boas aptidões para ensinar, ou seja, capacidade de explicar e demonstrar os pontos fundamentais do esporte aos jogadores. Ele elaborou exercícios interessantes que ajudam a aprender tais fundamentos? Ele ensina novos lances de maneira divertida?
- Ele explica a lógica (o "porquê") de cada jogada ou lance?
- Verifique se ele corrige os jogadores de forma construtiva e positiva. Qualquer evidência de ofensa verbal — gritar, xingar, repreender os jogadores — não é aceitável.
- Ele é capaz de lidar e de tratar cada criança individualmente? Ele é paciente?
- Como ele age com jogadores que são minimamente atléticos? Ele os trata com respeito? Ele adota um ritmo de treino e de aprendizado mais lento para eles? Isso é muito importante se seu filho não for muito atlético.
- Ele estimula o jogo em equipe?
- Ele deve ser inclusivo e capaz de tratar todos os jogadores da mesma maneira, sem demonstrar favoritismo.
- Ele demonstra respeito e amor pelo esporte?

Phil Jackson, que foi treinador do Chicago Bulls e dos Los Angeles Lakers, não brinca quando se trata de vencer; ele liderou essas duas equipes na conquista de nove campeonatos de basquete da NBA. No entanto, ele escreveu sobre a importância do trabalho em equipe e do amor pelo esporte: "Vocês precisam se reunir e se lembrar o motivo pelo qual estão fazendo isso. Vocês não estão fazendo isso por dinheiro. Pode parecer que seja assim, mas essa é apenas a recompensa externa. Vocês estão fazendo isso pelas recompensas internas. Vocês estão fazendo isso um pelo outro e pelo amor ao esporte."[15]

Muitos ex-jogadores recordam a influência forte e duradoura que seus treinadores do Ensino Fundamental ou do Ensino Médio tiveram em suas vidas. Eles julgam ter aprendido muito sobre a vida com esses treinadores. Alguns até dizem que seus treinadores mudaram suas vidas. Você não está escolhendo um treinador para seu filho apenas pelo aspecto atlético; você também está escolhendo um adulto que será modelo para ele.

O próximo passo é analisar os treinadores assistentes. Certifique-se de que eles trabalham de forma cooperativa e harmônica com o treinador e que também tenham aptidão para ensinar. Verifique se suas interações com as crianças são positivas.

Se você puder, tente conversar com os pais de alguns jogadores:

- Descubra por quanto tempo o filho deles trabalha com aquele treinador.
- Pergunte a eles que impressões têm do treinador.
- Quais são, na visão deles, os pontos fracos e os fortes do treinador?
- Ele é um bom exemplo para as crianças? O treinador e seus assistentes são o tipo de pessoa com quem esses pais querem que os seus filhos passem de três a seis horas por semana?
- Os filhos deles ficam ansiosos para ir aos treinos?
- As crianças estão melhorando?
- Seus filhos estão se divertindo?
- As crianças são tratadas de maneira justa?

Quando você assistir a um treino e/ou jogo, observe o comportamento verbal e físico dos outros pais. Alguns dos pais são agressivos em suas manifestações verbais com os filhos, outros jogadores do time, treinador, jogadores adversários, com outros pais e os juízes? Eles dão apoio a todos os jogadores e ao(s) treinador(es)? Eles aceitam as decisões dos juízes? Observe o comportamento desses pais após uma vitória e após uma derrota. Pais que fazem pressão ou que se comportam mal podem transformar os jogos em ambientes tensos e acabar com toda a diversão.

Alguns estudos demonstram a importância de se divertir ao praticar esportes. A cada dez crianças, sete abandonam a prática dos esportes organizados ao redor dos treze anos. Um dos motivos é que os seus pais fazem tanta pressão sobre eles que a diversão do jogo acaba.[16] A National Alliance for Youth Sports [Aliança Nacional de Esportes para Jovens] relata que cerca de 15% dos esportes juvenis envolvem agressão verbal ou física por parte dos pais e treinadores. Quando o Youth Sports Institute [Instituto de Esportes Juvenis nos Estados Unidos] perguntou a crianças que haviam abandonado a prática de esportes aos dez anos o que poderia estimulá-los a voltar, as três principais respostas foram interessantes: elas voltariam se os treinos fossem mais divertidos, se pudessem jogar mais e se os treinadores compreendessem melhor os jogadores.[17]

Encontrando o time ou liga certo

Se seu filho for muito pequeno e estiver apenas começando, ou for minimamente atlético, o melhor é encontrar uma liga ou time sem competição ou de baixa competitividade. Para esse tipo de liga, verifique os programas de esportes oferecidos pelas escolas, parques, ligas recreativas, ACM e outros grupos ou organizações cívicos. Fique longe dos clubes particulares, clubes de viagem ou ligas de jogadores com aptidões avançadas. Como seu filho estará apenas explorando um esporte coletivo, é importante encontrar um time que tenha os seguintes valores e princípios:

- Aprendizado dos elementos básicos do esporte.
- Camaradagem.
- Trabalho em equipe.
- Espírito esportivo.
- Diversão.

Certifique-se de que o time aceita todas as crianças que se matriculam. Não deve haver nenhum teste para entrar no time.

Você e seu filho devem compreender que nos níveis iniciais da maioria dos esportes coletivos há mais crianças que desejam jogar na equipe do que o número de posições disponíveis. A maioria dos times infantis e dos bons treinadores abordam esse problema fazendo com que cada criança tenha uma chance de jogar. Conseguem isso com a regra do jogo mínimo. Por exemplo, no beisebol, cada criança deve jogar pelo menos dois ou três tempos (*inning*) do jogo. Por isso, os treinadores não colocam apenas seus melhores jogadores em campo, para que seu time vença. Consequentemente, embora algumas crianças sejam muito melhores do que outras no esporte, elas não jogarão necessariamente mais *innings* ou minutos do que as crianças minimamente atléticas. O propósito é dar a cada jogador uma chance para jogar. Esse valor deve ser cultivado em todos os ciclos escolares até o Ensino Médio.

Verifique se o time no qual você está considerando colocar seu filho adota a regra do jogo mínimo – e para certos esportes coletivos, a *regra de misericórdia*. (A regra de misericórdia evita que um time ganhe "de lavada" de outro. Por exemplo, uma liga juvenil de beisebol pode ter uma regra que determine que quando um time está vencendo por mais de quinze *runs*, o jogo é interrompido. Não há problema para as crianças pequenas serem derrotadas, mas perder "de lavada" não é uma experiência útil.) Não permita que o seu filho faça parte de um time ou liga que enfatize apenas a vitória.

Segurança

Conforme você avalia diferentes times ou ligas, você deve investigar a abordagem do time ou liga com relação à segurança. Certifique-se de que eles exigem exames médicos, equipamentos de segurança/proteção adequados, regras de segurança adequadas, condições de prática seguras e que tenham instalações seguras. Observe se o treinador não está conduzindo um treino de futebol puxado sob um sol de 40°C. (Se assim for, aquele não é o time, nem o treinador, para o seu filho.) Insolação pode matar adultos tanto quanto crianças pequenas. Certifique-se de que você, o treinador e seu filho saibam quais são os primeiros sinais de insolação e de exaustão provocada pelo calor, bem como as medidas que devem ser tomadas caso qualquer um desses sinais apareça. Da mesma forma, ao observar um treino, note se o time faz pausas e se os jogadores são estimulados a beber fluidos com frequência. Bebidas desenvolvidas para atletas, como isotônicos, hidratam melhor do que água, especialmente atletas que praticam esportes extenuantes ou de resistência.[18] Verifique se há banheiros nas proximidades. Em uma escola, os alunos praticavam lacrosse em um parque público próximo. Para ir ao banheiro os jogadores tinham de fazer uma "corrida maluca" de volta à escola.

Se a atividade esportiva for ao ar livre, verifique se os jogadores se protegem com bloqueadores solares. Não basta fazer isso antes do treino ou do jogo. Os jogadores devem passar bloqueador novamente a cada duas horas. Certifique-se de que seus filhos usam um bloqueador com fator de proteção solar 30 ou maior.

Também é importante que o treinador enfatize os movimentos básicos e regras de um esporte. Por exemplo, no beisebol, os iniciantes não devem aprender como dar um carrinho, ou mergulhar de cabeça nas bases. O jogador pode se machucar ao dar um carrinho para alcançar a base. Muitas das regras de um esporte são elaboradas para manter baixo o nível das contusões. Se você vir um treinador estimular os jogadores a fazer jogo sujo – jogadas como contato proibido no lacrosse, por exemplo – você não irá querer que seu filho jogue nesse time. Sim, o juiz pode não ver a falta e o time marcar um ponto, mas tais jogadas podem provocar machucados. Isso é ruim para os jogadores e não promove respeito pela integridade do esporte.

Lesões por esforço repetitivo são cada vez mais comuns nos esportes juvenis. Lesões que no passado eram apenas vistas em atletas adultos são hoje observadas em atletas de até sete anos. Elas acontecem por conta do excesso de treinamento e da prática sem pausas. Os machucados provocados pelo exagero na prática do esporte podem afetar músculos, tendões, cartilagens, ossos e nervos. Algumas dessas lesões podem provocar danos permanentes que determinam o fim da carreira esportiva de um atleta. Um bom treinador conhece os perigos das lesões provocadas pela prática exagerada e tem consciência dos métodos de treinamento apropriados para evitar o desenvolvimento delas.

Observe se os jogadores machucados são estimulados pelo treinador a "jogar com dor". Você vê jogadores machucados recusarem-se a avaliar suas contusões? Os jogadores reduzem a gravidade de seus machucados? Se for assim, pode ser que o treinador sinalize de forma sutil aos seus jogadores que eles devam encobrir seus machucados se quiserem jogar. Esse não é o tipo de treinador que você procura para um jogador iniciante. É verdade que alguns machucados menores podem esperar para serem tratados depois do jogo, mas sem a avaliação apropriada de todas as lesões, um jogador jovem, em fase de crescimento, corre o risco de adquirir um dano permanente – um dano que um tratamento tardio não poderá corrigir.

Antes de inscrever seu filho em um time, certifique-se de que os outros jogadores têm a mesma idade, tamanho e nível de aptidão de seu filho. Os machucados tendem a ocorrer mais quando há grande disparidade entre os jogadores.

Em resumo, os tipos de machucados mais sérios – aqueles que podem causar dano permanente e/ou ameaçar a vida – são os na cabeça, especialmente as contusões não detectadas ou não tratadas; os no pescoço, e doenças relacionadas ao calor e à desidratação. A maioria dos machucados raramente resulta em danos permanentes, e as crianças pequenas normalmente se recuperam rapidamente das lesões comuns nos esportes: torções, luxações e fraturas simples.

Tenha em mente que mesmo com todos esses itens de segurança, lesões podem ocorrer. Anualmente, cerca de 4 milhões de crianças entre de 6 e 16 anos acabam recebendo tratamento de emergência por conta de lesões relacionadas aos esportes. Somente os sedentários ou as pessoas que não se mexem estão livres das lesões que ocorrem durante a prática de esportes. Um bom treinador, equipamento adequado e o cumprimento das regras básicas de segurança podem ajudar a reduzir o número de machucados graves, mas não os eliminam por completo.

É claro que, em geral, o treinador e o time vêm em um só pacote. Certifique-se apenas de que cada um deles – treinador e time – seja apropriado ao seu filho, cujo principal objetivo é explorar o esporte.

Encontrando um treinador para um esporte individual

Obviamente, um treinador ou instrutor de um determinado esporte individual deve demonstrar algumas das mesmas qualidades de um treinador de esporte coletivo. A instrução tende a ser individual ou em pequenos grupos. Esses treinadores ou professores normalmente já praticaram o esporte ou atividade quando eram jovens. Em geral, não há instrutores de tênis que não praticaram esse esporte em um nível elevado, pelo menos no Ensino Médio e talvez até na faculdade e depois dela. Para alguns esportes, um instrutor deve ter atingido certo nível de competência naquela atividade. Em muitas academias de tae kwon do, por exemplo, o professor não pode lecionar se não tiver faixa preta de quarto grau ou mais. Tenha em mente, porém, que uma pessoa pode ser faixa preta de nono grau (a mais alta) e mesmo assim ser um péssimo instrutor. Só porque um treinador ganhou uma medalha de ouro em patinação artística nas Olimpíadas, isso não significa que ele seja um bom treinador para crianças pequenas ou iniciantes. Assim, não se impressione com os troféus ou medalhas do treinador que você contrata para trabalhar com seu filho, sem antes verificar se ele possui algumas das qualidades já mencionadas.

Procure um treinador que enfatize desenvolvimento pessoal e domínio de técnica acima do desempenho ou da vitória. Cal Ripken Jr. observou: "O beisebol juvenil se tornou muito sério, enfatizando a vitória a todo o custo e não ensinando as lições corretas... Eu gostaria de reduzir a pressão [sobre as crianças] e colocar mais ênfase no ensino."[19]

Algumas das mesmas regras de segurança citadas para os esportes coletivos devem ser enfatizadas pelo instrutor ou treinador de um esporte individual. Da mesma forma, algumas jogadas específicas de um determinado esporte, especialmente em alguns esportes individuais, podem provocar contusões. Muitos esportes individuais envolvem movimentos repetitivos que podem causar fraturas por esforço e outras lesões. Tenha certeza de que o treinador está consciente desse problema e que ele conhece e/ou insiste na prática regular de alongamentos diários, não só antes de um treino ou jogo (e sabe também que se deve alongar antes da prova atlética), bem como aplica exercícios adequados de aquecimento, faz intervalos durante o treino e utiliza outros métodos de treinamento que ajudam a reduzir a tendência de lesões.

Como os esportes individuais não têm a mesma diversão inerente aos esportes coletivos, o instrutor de um esporte individual deve ter um talento especial para tornar as aulas ou a prática divertidas. Converse com o instrutor e com os pais dos alunos do instrutor, e assista a um treino. Veja se o instrutor demonstra todas as qualidades importantes de um treinador esportivo e verifique também se ele consegue tornar a prática divertida. Sim, você quer que o seu filho aprenda, que demonstre melhoras e cresça na prática. Mas você também quer que a experiência seja agradável.

Procure, tanto quanto possível, envolver seu filho nesse processo. Pergunte a ele sobre suas impressões depois que ele encontrar o treinador ou professor. Tente descobrir o que ele achou sobre a prática, aula ou jogo do qual participou. Ao pesquisar os treinadores ou instrutores e avaliar os times ou instalações disponíveis, você e seu filho serão capazes de tomar uma boa decisão.

Nunca se esqueça de que todo esse processo é para seu filho, não para você! E que esse processo pode ter de ser repetido várias vezes. As crianças podem precisar ter vários treinadores ou times antes de encontrarem o melhor para elas.

Vamos aprender sobre as aulas iniciais e programas sem competição ou de baixa competitividade apropriados às crianças que estão começando a praticar um esporte. Vamos ver também os fatores de orientação citados neste capítulo que estão presentes em uma equipe de natação de baixa competitividade.

Procurando programas: para iniciantes, sem competição e de baixa competitividade

No segundo ou terceiro verão, eu já podia ver uma melhora significativa entre aqueles que mal conseguiam nadar quando começaram.

Para muitas crianças pequenas, os pais devem procurar programas esportivos descritos como programas para iniciantes ou de preparação aos esportes. Tais programas enfocam principalmente as jogadas básicas de um determinado esporte. Para o beisebol, as únicas jogadas ensinadas e praticadas são arremessar, pegar e rebater a bola. Um jogo de verdade pode jamais acontecer. Não há competição. Esses programas propiciam uma experiência de aprendizado divertida e uma atmosfera com pouco ou nenhum erro.

Uma vez que você já saiba qual esporte seu filho pequeno quer praticar, pesquise em sua comunidade se há alguma organização que ofereça esse tipo de programa introdutório.

Se nenhum programa Start Smart estiver disponível na sua comunidade, ou se seu filho estiver interessado em um esporte não abrangido pela Start Smart, use a lista telefônica, as páginas amarelas, converse com seus vizinhos ou telefone para os vários programas juvenis comunitários a fim de encontrar programas no nível para iniciantes no esporte que seu filho escolheu. Normalmente, a ACM, clubes de meninos e meninas e centros recreativos oferecem tais programas para vários esportes.

Se seu filho tiver seis anos ou mais e se você não puder encontrar programas para iniciantes, procure achar algum time ou programa sem competição ou de baixa competitividade que enfatize o ensino dos elementos básicos de um esporte com pouca ênfase na competição ou na busca pela vitória. Procure um programa ou time que tenha a maioria das características citadas no capítulo anterior.

Times de baixa competitividade

Como é um time de baixa competitividade? Para lhe dar uma ideia, vamos analisar um exemplo real.

Quando eu estava para me formar, fui treinadora da equipe de natação de um centro comunitário perto de onde morava. A equipe treinava apenas nos meses de verão, quando as crianças estavam de férias.

Começávamos em junho, e os treinos eram realizados em cinco manhãs ao longo da semana e duravam uma hora e meia. As crianças tinham de seis a dezoito anos. Qualquer uma podia participar. Os treinamentos envolviam ensino dos elementos básicos de cada um dos quatro estilos e trabalho de largadas e retornos. Os exercícios de aquecimento envolviam corridas de curta e longa distância. A partir de julho, uma vez por semana, havia encontros – ou provas de baixa competitividade – com outros centros comunitários. Os nadadores eram agrupados por idade (até seis anos, sete e oito anos, nove e dez anos etc.) e, claro, conforme os estilos e a distância que conseguiam nadar.

Durante os encontros, muitos pais assistiam às práticas e aquecimentos, atuando também como cronometristas e juízes. Esses pais ficaram amigos uns dos outros. Depois de um encontro, eu era jogada na piscina e todos íamos tomar sorvete ou comer uma pizza, dependendo do horário.

Todas as crianças nadavam porque queriam. A vitória não era enfatizada porque a equipe pertencia a uma liga minimamente competitiva. O que era enfatizado era o desenvolvimento de nadadores competentes, nadadores que aprenderam a nadar com facilidade, eficiência e por diversão. Esperava-se que todas as crianças continuassem a nadar até a idade adulta e que elas tivessem diversão e satisfação.

Muitas das crianças da equipe fizeram amizades duradouras. Algumas chegaram a participar das equipes de natação de suas escolas durante o Ensino Médio; outras, da equipe de suas faculdades. Umas poucas continuaram a nadar em um programa máster, um programa de natação para nadadores adultos competentes. Cerca de um quinto dos nadadores de programas máster vieram a nadar competitivamente.

Havia bons atletas na equipe de natação? Sim, havia. Mas a maioria era minimamente atlética ou atletas medianos que aprenderam a nadar muito bem e, ao mesmo tempo, se divertiam muito. Muitos deles ficaram tão bons que, ocasionalmente, chegavam em primeiro, segundo ou terceiro lugar nas competições. No segundo ou terceiro verão, eu já podia ver uma melhora significativa entre aqueles que mal conseguiam nadar quando começaram. Várias das crianças minimamente atléticas tornaram-se nadadores completos. Invariavelmente, os melhores nadadores ajudavam os outros. De vez em quando, ainda vejo alguns dos meus antigos alunos da equipe de natação. Eles me dizem que a equipe de natação foi a melhor coisa dos verões de suas infâncias.

Essa equipe tinha todas as características que determinam uma experiência positiva:

- Um treinador que conhecia os elementos básicos e que tinha capacidade de ensinar cada criança individualmente,
- Uma atmosfera de baixa competitividade,

- Provas/encontros de natação, pouco frequentes, com outras equipes de nível semelhante,
- Participação de todas as crianças,
- Envolvimento e apoio dos pais,
- Ênfase em aprender a nadar bem e a se divertir; pouca ênfase na obtenção de vitórias.

Muitos times, equipes e aulas destinam-se a promover o aprendizado e/ou participação inicial em um esporte ou aptidão atlética. Uma vez que você tenha começado a procurar aulas para iniciantes, o time ou liga certo, ou o instrutor para seu filho, você poderá ter o prazer de se surpreender com uma grande oferta de opções.

Alguns pais podem querer ensinar seus filhos dedicando-se aos elementos básicos de um determinado esporte. Os pais devem fazer isso? O próximo capítulo aborda essa importante questão.

"Devo ensinar o básico a meu filho?"

> *Quando eu era treinadora de uma equipe de natação, passava um tempo considerável corrigindo maus hábitos que não haviam sido corrigidos pelos pais ou por instrutores anteriores.*

Os pais devem ensinar aos filhos os lances básicos de um determinado esporte? Essa pergunta é, na verdade, complicada. Uma pergunta relacionada a essa é: "Posso ensinar a meu filho os movimentos básicos do esporte?". A questão de assumir a tarefa de ensinar a seu filho os elementos fundamentais do esporte que ele escolheu exige várias considerações.

Seu relacionamento com seu filho

Você e seu filho têm um relacionamento fácil? Ele recebe suas instruções de maneira tranquila, sem tensão ou disputa? Como ele responde quando você o corrige ou faz críticas construtivas?

Seu estilo de ensinar

Você consegue ensinar de um modo divertido? Consegue dividir ou segmentar as jogadas em lances mais simples? Você tem paciência? Você fica frustrado com facilidade? É capaz de ser positivo?

Quanto você conhece o esporte que irá ensinar

Em sua maioria, os pais não são atletas olímpicos, nem atletas que praticaram um esporte em nível universitário ou profissional. Contudo, muitos deles são capazes de ensinar ao filho os fundamentos de um esporte ou talvez até treiná-lo na prática desse esporte. Muitos pais ensinam seus filhos a nadar, a arremessar uma bola, a fazer um lance livre no basquete ou a andar de bicicleta sem nunca ter competido em qualquer um desses esportes.

Se as crianças tiverem certa aptidão atlética, podem, normalmente, aprender os lances e movimentos básicos de um esporte por si mesmas, ou aprendê-los rapidamente com a orientação dos pais, do instrutor ou do treinador. Nesse caso, mesmo que os pais conheçam pouco sobre o esporte, não há, provavelmente, problemas no fato de eles ensinarem seus fundamentos aos filhos. As crianças atléticas tendem a ter experiências positivas quando estão aprendendo um esporte.

Contudo, para as crianças pouco atléticas, os desafios são maiores; o potencial de frustração e fracasso é maior. Por esse motivo, acredito que os pais de crianças com pouca aptidão atlética devem conhecer um pouco mais sobre o esporte, se planejam ensinar o básico dele aos seus filhos.

Quando uma criança está aprendendo um esporte ou um novo movimento, ela se sente frustrada ao perceber que não está fazendo de forma correta. Por exemplo, eu vi uma criança que tentava nadar movendo seus braços de forma que fazia um esforço maior para avançar poucos metros e, como consequência, ficava exausta. Ao fazer uma pequena correção em suas braçadas, ela foi capaz de nadar com mais eficiência sem ficar cansada. Antes da correção, a natação não era uma experiência positiva; depois da correção, ela estava nadando mais rapidamente e com menos esforço, o que a fez se divertir mais. Quando eu era treinadora de uma equipe de natação, todas as crianças tinham aprendido a nadar antes de entrar para a equipe. No entanto, passava um tempo considerável corrigindo técnicas que haviam sido aprendidas de forma errada e outros maus hábitos que não haviam sido corrigidos pelos pais ou por instrutores anteriores.

Em resumo, não queremos que nenhuma criança desista de praticar um esporte antes de ter realmente começado, por conta de muita frustração e poucas recompensas. Por isso, sugiro que você ensine os fundamentos e movimentos básicos de um esporte apenas se você conhecer o suficiente sobre esse esporte para ensinar os lances fundamentais de maneira correta. Além dos fundamentos, seria útil se os pais também conhecessem algumas técnicas básicas de treinamento. Algumas organizações ensinam os pais a se tornarem treinadores voluntários. (Um desses programas oferece um curso *on-line*, informações sobre o curso podem ser encontradas em "Outras Fontes", no final deste livro.) Em resumo, desejamos que as crianças tenham experiências positivas de forma a se sentirem motivadas para continuar praticando ou participando de um determinado esporte.

Se seu relacionamento com seu filho for bom, se seu estilo de ensino for apropriado e se você conhecer o suficiente sobre as técnicas ou os movimentos básicos do esporte de forma a poder ensinar seu filho corretamente e com eficiência, então vá em frente e comece a ensiná-lo. Mas se você não tem essas três características, sugiro que procure um instrutor ou treinador.

Digamos que você ensinou os movimentos básicos para seu filho e ele está interessado em prosseguir até o nível seguinte e/ou participar de alguma equipe e/ou liga organizada. A essa altura, a não ser que você tenha alguma experiência como treinador, é melhor deixar seu filho aos cuidados de um instrutor ou treinador experiente ou profissional. Assumindo que você lhe proporcionou um bom começo, agora é hora de os profissionais, ou treinadores voluntários experientes, assumirem.

Agora que seu filho está pronto para entrar em um time ou começar a competir, você precisa ensinar-lhe o espírito esportivo e terá de ser um bom modelo do comportamento apropriado – seja na vitória, seja na derrota. Como os pais estão emocionalmente envolvidos ao assistirem aos treinos ou jogos de seus filhos, mostrar espírito esportivo pode ser, por vezes, difícil. O capítulo seguinte irá ajudá-lo com esse tema.

Pais e espírito esportivo

Você não quer que seu filho abandone o esporte que escolheu –
e que ele pode estar aproveitando – por sua causa.

O espírito esportivo é uma preocupação crescente nos Estados Unidos. Costumávamos associar a falta de espírito esportivo, especialmente a violência dos torcedores, ao futebol europeu e latino-americano. (Nos anos 1950, alguns estádios da América do Sul foram construídos com grades de proteção ao redor dos campos para evitar que torcedores os invadissem.) Lemos a respeito de centenas de torcedores que assumem um comportamento destrutivo, raivoso e violento – um comportamento que já resultou muitas mortes.

Aumento da violência nos esportes nos Estados Unidos

Recentemente, nos Estados Unidos, temos visto um aumento significativo não só no comportamento provocativo e violento dos torcedores, mas também no comportamento impróprio e violento dos jogadores. Considere os seguintes incidentes:

- Em um jogo de basquete entre Detroit Pistons e Indiana Pacers, de 2004, um torcedor que jogou uma lata de cerveja na quadra provocou uma cena violenta e fora do controle em que jogadores de proporções semelhantes às de Golias colocaram os torcedores para fora da quadra a socos.
- Em um jogo de futebol americano em Clemson, na Carolina do Sul, jogadores dos dois times universitários começaram uma briga. Tantos jogadores se envolveram, que foi preciso quase um batalhão inteiro da polícia estadual para pôr fim ao incidente. O *replay* do jogo entre Pistons e Pacers, repetido massivamente, foi citado por alguns como o fator que iniciou a briga em Clemson.
- O arremessador de beisebol Frank Francisco foi indiciado por agressão depois de arremessar uma cadeira em um adversário durante um jogo entre Oakland e Texas.
- Os torcedores de futebol e de basquete são estimulados a distraírem os jogadores oponentes em momentos fundamentais, quando a concentração se faz necessária. O aceno com toalhas ou o som de cornetas quando um jogador do time oposto arremessa um lance livre é um bom exemplo desse comportamento.

Alguns juízes e bandeirinhas expressaram preocupação com relação à sua própria segurança nesses jogos. Eles temem se machucar ao tentar interromper as brigas entre jogadores e torcedores. A crescente falta de civilidade parece estar centrada nos times profissionais e, até certo ponto, nos times universitários. Como muitas crianças têm os jogadores profissionais como exemplo, é importante que os esportes profissionais deixem de ter tais problemas.

Violência e falta de espírito esportivo nos esportes juvenis

A violência e a falta de espírito esportivo não estão limitadas aos esportes profissionais ou universitários. O problema também permeia os esportes juvenis. Pais ofensivos, violentos e que maltratam as crianças têm contribuído com a deterioração do espírito esportivo e com o aumento do número de crianças que abandonam a prática de seus esportes por causa do comportamento de seus pais durante os treinos ou jogos. Em 2000, o pai de uma criança que jogava hóquei agrediu outro pai até a morte no rinque. Pais nervosos, que dirigem sua raiva a outros pais, treinadores, juízes e, sim, seus próprios filhos, deixam muitas das crianças com medo.

O espírito esportivo deve imbuir inclusive torcedores (parentes e amigos dos jogadores), jogadores, treinadores, juízes, bandeirinhas e funcionários das ligas ou das organizações. Os treinadores não estão imunes à falta de espírito esportivo. Você pode achar que eles são capazes de se concentrar no jogo ou no treino sem ter mau comportamento. Contudo, em muitos casos, os treinadores perdem a paciência. Um treinador de um time de basquete do Ensino Médio de Illinois foi recentemente despedido depois de estabelecer uma jogada em que um jogador arremessava a bola em um jogador da defesa. O treinador do time masculino de basquete da Temple University mandou um dos seus jogadores jogar duro, o que resultou na fratura do braço de um jogador do time adversário. O treinador foi suspenso pelo resto da temporada pelo reitor da universidade. Sabe-se também de casos em que os treinadores invadiram o campo e brigaram com os juízes ou bandeirinhas. Como pai de um atleta juvenil, você tem um papel importante a exercer quando se trata de espírito esportivo. Você é responsabilizado pelo seu comportamento durante os jogos, pois influencia o comportamento de seu filho, bem como o dos treinadores e juízes.

Fique calmo quando seu filho estiver jogando

Ser pai de uma criança que está explorando a experiência de jogar em um time ou de praticar um esporte individual nem sempre é fácil. O enlevo da vitória, embora temporário, pode ser sedutor. A emoção de ver seu filho vencer ou ser o astro do time é sempre estimulante. Testemunhar a derrota de seu filho é difícil e ver o time dele perder jogo após jogo não é nem um pouco divertido. Observar o filho jogando mal pode ser uma experiência dolorosa para um pai. "É mais difícil, em termos emocionais, ver meus filhos praticando esportes do que foi jogar no World Series", declarou Jim Sundberg, ex-jogador do Kansas City Royals.

A observação de Sundberg traz à tona a pergunta "por quê?". Por que muitos torcedores, entre eles pais, agem como se fossem maníacos? Embora haja muitas razões e combinações de razões provavelmente corretas, os antropólogos fornecem um dado interessante que sugere que a ligação do torcedor com seu time remeta a tempos tribais. Naquela época, sempre se lutava pela tribo. Dessa forma, nossos atletas modernos, especialmente os olímpicos (que representam nosso país) e atletas profissionais (que representam nossa cidade) são vistos como nossos guerreiros tribais. Se eles vencem, nós vencemos. (É interessante notar que se espera que os atletas de elite tenham uma "mentalidade guerreira".)

Como isso se aplica aos pais dos atletas juvenis? Quem melhor representa a nossa tribo do que nossos filhos? Não é necessariamente o caso de querermos vê-los, ou a seus times, vencerem (apesar de que para alguns pais esse é o objetivo principal); isso tem mais a ver com o fato de que desejamos vê-los tendo um bom desempenho. Quando nosso filho joga com alma e ainda assim ele ou seu time perde, nós sentimos a sua dor. Se ele se machuca no campo, nós nos machucamos juntos. E se ele sofre uma contusão por causa de uma falta ou de uma jogada maliciosa de um adversário, até mesmo os pais mais calmos podem se alterar. O comportamento tribal é contagiante.

> Alunos de psicologia social da Universidade Estadual do Arizona resolveram estudar a identicação com o time depois de uma equipe de futebol da universidade perder e ganhar partidas. Eles descobriram que depois de vencer um jogo, o número de alunos que vestiam as cores da universidade aumentava de 30 para 40%.[20]

O comportamento dos pais tornou-se uma preocupação tão grande que várias ligas juvenis instituíram um treinamento ou aulas para os pais antes do começo da temporada. Os pais aprendem a respeito da importância do espírito esportivo e os prós e contras do comportamento apropriado durante os treinos e os jogos. Eles têm de assinar um código de conduta que inclui a penalidade de expulsão no caso de quebrarem as regras ao assistirem aos treinos ou jogos.

Os pais sempre começam com boas intenções e com a resolução de apoiarem os esforços de seus filhos, bem como dar suporte aos treinadores e juízes. Às vezes, porém, os pais se entusiasmam tanto com a vitória que se envolvem demais com os treinos e o desempenho de seus filhos. Da mesma forma, os pais que já foram atletas podem forçar seus filhos a realizar os mesmos feitos atléticos que eles próprios realizaram no passado. A alegria do sucesso de um filho nos esportes preenche, por vezes, as necessidades emocionais frustradas desde o fim das glórias do passado.

Alguns pais podem ter dificuldades em ser objetivos. Na verdade, isso é difícil para muitos deles. Eles podem se tornar críticos e fazer julgamentos; alguns se tornam ásperos com seus filhos, com outros jogadores, com os treinadores e com os juízes. Eles são agressivos e frequentemente envergonham seus filhos por causa do seu comportamento.

> Ao serem questionados se já haviam visto um pai ser verbalmente agressivo durante um jogo, 87,6% dos entrevistados responderam que sim.
> Ao serem questionados se já haviam visto um treinador ser verbalmente agressivo durante um jogo, 90,4% dos entrevistados responderam que sim.
> Ao serem questionados qual era a parte mais difícil do seu trabalho, 69% dos treinadores voluntários responderam que era lidar com os pais.[21]

Em 2004, o arremessador do Houston Astros, Roger Clemens, cuspiu sementes de girassol no bandeirinha. Era um jogo de beisebol da primeira divisão? Não. Nesse caso, Clemens não era o arremessador — ele era um pai, assistindo ao jogo de beisebol da liga infantil da qual seu filho participava. Ele discordou do bandeirinha com relação à observação deste sobre a segunda base. O filho de dez anos de Clemens era o segunda base. Por causa do seu comportamento, o juiz expulsou Clemens do jogo. Este é um exemplo sobre como um esportista pode ser bom quando está jogando, mas perde o controle quando o jogador é seu filho.

> Um repórter que acompanhava um time de hóquei de meninos de onze anos em viagem durante um fim de semana de jogos escreveu:
> "Mas se você viajar durante o fim de semana com um time tão bom quanto os Royals, o que você vê – além de boas jogadas de hóquei – são pais tentando equilibrar sua intenção de apoiar seus filhos, mas sempre correndo risco de cair no erro de impor seus próprios sonhos aos seus filhos. Como é compreensível que eles estejam entusiasmados com a habilidade e triunfos de seus filhos; ou muitos pais dos Royals admitiram abertamente que o entusiasmo poderia afetar seu julgamento e eles se esforçavam para manter o equilíbrio entre apoiar os Royals e não se exceder".[22]
> Um dos pais, que também era treinador assistente dos Royals, foi citado nesse artigo ao observar que, quando você vê esses garotos jogando, como eles são muito bons, você se vê tratando-os "como um time profissional em miniatura". Então, os pais precisam se lembrar de que os jogadores têm "apenas onze anos de idade".

Quando os pais agem mal, algumas crianças começam a jogar pelos pais e não por si mesmos. Cal Ripken Jr., interbase [o jogador que recebe a bola no beisebol], dos Baltimore Orioles, enfatizou como é importante para os pais deixar que seus filhos curtam o esporte e não enfatizem a vitória como único objetivo: "Espero que meus filhos, Rachel e Ryan, tenham a mesma abordagem. Para eles, não estou preocupado com a vitória. Quero que eles se desenvolvam com base no amor pelos seus esportes e pela autodescoberta".[23]

O espírito esportivo, antes, era baseado no comportamento dos jogadores frente à derrota. Hoje, porém, em ligas altamente competitivas e, principalmente, no nível esportivo profissional, frequentemente vemos os vencedores demonstrarem pouco espírito esportivo. É claro que os vencedores têm o direito de ficarem felizes e se rejubilar, mas temos visto jogadores de futebol americano profissionais marcharem e dançarem 20 a 30 m antes de chegar à zona final. Outras demonstrações como essa também acontecem em outros esportes. Infelizmente, as crianças às vezes imitam esse comportamento. O verdadeiro espírito esportivo significa comportar-se bem quando se vence, quando se perde ou quando se discorda do juiz.

Pais e espírito esportivo

Você provavelmente já leu a respeito dos pais de astros do esporte (bem como sobre atletas comuns) que pressionavam seus filhos e se envolviam demasiadamente com seu treinamento diário e desempenho nos jogos. Alguns astros do esporte tiveram pais que os apoiaram de maneira apropriada. Julie Foudy, uma jogadora de futebol e membro das seleções que conquistou a Copa do Mundo de Futebol Feminino de 1999 e as Olimpíadas de 2004, elogia seus pais. "Meus pais eram do tipo que não sabiam em que posição eu jogava. Se eles soubessem qual era o número da minha camisa, já era um bônus. Eles eram muito desligados, mas me davam todo o apoio de que eu precisava... Então, fico preocupada quando vejo [pressão por parte dos pais], às vezes porque as pobres crianças se consomem com tão pouca idade."[24]

Apesar de os pais não precisarem ser tão desligados quanto os de Foudy, eles precisam ter em mente o papel de apoio que exercem. Precisam demonstrar espírito esportivo; estar lá nos bons e nos maus momentos. Não devem perder de vista os objetivos: que seus filhos aprendam um esporte ou desenvolvam uma aptidão atlética, participem desse esporte e se divirtam.

Como os pais podem atingir essas metas? Eles devem apoiar e ajudar seus filhos. Aqui estão algumas orientações:

- Lembre seus filhos dos objetivos: explore o esporte, desenvolva as aptidões relacionadas à prática do esporte, treine esse esporte, melhore nele e divirta-se.

- Elogie os esforços deles.
- Comente as melhoras deles em termos de aptidão ou de desempenho.
- Procure enfocar os aspectos positivos; evite críticas e comentários negativos.

Durante os jogos, demonstre espírito esportivo e seja um torcedor bom e entusiasmado:

- Não grite criticando qualquer criança, inclusive seu filho. Nunca chame a atenção do seu filho em público e nem mesmo em particular.
- Não vaie os jogadores do time adversário.
- Não vaie uma decisão errada do juiz ou bandeirinha. Demonstre respeito pelos juízes. (Vários juízes de esportes juvenis se aposentaram ou desistiram de continuar atuando por causa dos maus tratos verbais e físicos por parte dos pais e treinadores.)
- Não diga ao treinador como ele deve agir.
- Aplauda boas jogadas e bom desempenho de qualquer jogador ou atleta. Uma boa defesa deve ser reconhecida, mesmo se tiver sido feita pelo goleiro do time adversário.
- Demonstre respeito a todos os jogadores ou participantes.
- É claro que os pais devem se abster de reações físicas ou emocionais como empurrar outras pessoas.

Depois dos jogos, preserve o espírito esportivo:

- Vencendo ou perdendo, elogie o esforço do time.
- Vencendo ou perdendo, diga a seu filho que você gostou de ver o jogo e gostou de vê-lo jogar.
- Se você não assistiu ao jogo, não pergunte "Quem ganhou?" logo de cara. Pergunte "Como foi? Você jogou? Você se divertiu?".
- Se seu filho, ou o time dele perder, ajude-o com a derrota – é uma das lições da vida. Lembre a ele de que é o esforço dele que conta, que todos os vencedores às vezes perdem, e que o sol ainda assim se ergue na manhã seguinte.
- Ensine a ele que há lições a serem tiradas da derrota – às vezes essas lições não podem ser aprendidas a não ser que ele experimente a derrota.
- Vencendo ou perdendo, diga a seu filho que você o ama e pergunte se ele quer comer um biscoito.

> Eu costumava lamentar demais a derrota, mas aprendi que esse tipo de atitude não deixa que você tire lições da derrota.
>
> *Hillary Wolf, duas vezes medalhista olímpica de judô*

É importante que você insista para que seu filho tenha espírito esportivo em todos os treinos, bem como antes, durante e depois das provas esportivas. Tenha certeza de que ele seja amável tanto na vitória como na derrota. É importante que ele demonstre respeito tanto pelos seus companheiros de equipe como pelos jogadores do time adversário. Ele também deve tratar seu treinador e os juízes de maneira respeitosa. Se você observar um comportamento inaceitável, deve estar preparado para tomar medidas para evitar que isso não aconteça novamente. Se suas intervenções não funcionarem, explique a ele que ele não está honrando o esporte com seu comportamento e que, por isso, você não irá permitir que ele continue praticando o esporte. Quando você fizer isto, estabeleça condições que ele terá de cumprir para voltar a praticar o esporte.

Algumas crianças reagem às ações do juiz das quais elas discordam ou a um desempenho ruim com um comportamento fora do controle e/ou acessos de raiva. Dependendo dos motivos por trás desse comportamento, pode ser o bastante dizer a elas que isso é inaceitável e que se elas quiserem continuar a jogar isso tem de parar. Entretanto, se incidentes como esse se repetirem ela pode precisar da ajuda de um psicólogo ou de um psicólogo de esportes. (Ver "O atleta com mau temperamento", na Terceira Parte.)

É importante demonstrar respeito por *todos* os jogadores. Pode ser que o time ou equipe atlética de seu filho tenha uma orientação de inclusão e permita que crianças com problemas físicos ou mentais participem dos jogos. É importante que você seja um modelo de bom comportamento quando uma criança com deficiência joga e que você deixe claro a seu filho que ele deve tratar de forma apropriada seus companheiros de equipe. Crianças com deficiências podem correr ou se mover mais lentamente, podem se comportar de uma forma não convencional ou podem contribuir para a derrota da equipe. Elas precisam de estímulo e paciência especiais e é essencial que elas não sejam colocadas de lado ou provocadas. Elogie-as pelos seus esforços e estimule seu filho, como companheiro de equipe, a apoiar todos os jogadores que apresentem qualquer tipo de deficiência.

Essas sugestões não devem ser taxativas. Os pais devem propiciar que seus filhos desenvolvam bom espírito esportivo. Se os pais desejam que a prática de um esporte seja uma experiência positiva para o filho, devem ter um comportamento positivo e estar prontos a ajudar. Você não quer que seu filho abandone o esporte que escolheu – e que ele pode estar aproveitando – por sua causa. Não custa muito demonstrar bom espírito esportivo. Procure lembrar todas as vezes que as necessidades do seu filho são mais importantes do que as suas.

Quando é hora de seu filho jogar em um nível mais elevado, ou desistir de um esporte, ou ainda dar um tempo? Trata-se de perguntas difíceis, mas eu lhe dou algumas orientações sobre essas questões no capítulo seguinte.

Hora de mudanças

Fazer uma pausa na prática de um esporte pode ser uma medida útil e necessária, que poderá eventualmente levar a criança a desistir completamente do esporte, ou voltar a praticá-lo ou ainda começar a praticar um novo esporte.

Depois de um tempo que seu filho está praticando um esporte ou atividade atlética pode ser necessário fazer mudanças. Seu filho pode continuar a jogar como tem feito, pode partir para um nível mais complexo ou mais competitivo, ou pode querer desistir ou dar um tempo.

Jogando em um nível mais alto

Depois de seu filho praticar um esporte por alguns anos, você pode descobrir que ele quer ir adiante, praticando o esporte em um nível mais elevado e de maior competitividade. Isso é bom ou mau? Depende do motivo ou dos motivos que o levam a desejar praticar o esporte em um nível superior. Os pais devem discutir esses motivos com a criança para se certificar de que é isso que ela realmente quer fazer. Muitas crianças chegam a esse ponto. Vamos dar uma olhada em alguns dos motivos aceitáveis que a criança pode dar a seus pais.

Motivos apropriados

1 - "Sou muito melhor do que era quando comecei."

Algumas crianças melhoram tanto que continuar a praticar o esporte no nível de iniciantes pode ser fácil demais para elas. Dessa forma, continuar no time ou liga atual pode representar pouco ou nenhum desafio.

2 - "Estou entediado. Preciso aprender jogadas mais complicadas."

Essa é uma variação do motivo anterior. Muitas crianças querem desafios. Uma vez que já aprenderam as jogadas básicas de um esporte, ficarão entediadas se não passarem para o próximo nível.

3 - "Acho que estou pronto para competir."

Talvez a fase inicial, exploratória, do aprendizado de um esporte ou aptidão atlética não tenha envolvido muita competição ou até mesmo não tenha havido qualquer competição. Às vezes, é difícil mensurar o progresso do seu filho a não ser que haja competição. Isso é especialmente verdadeiro nos esportes individuais, em que a competição é muito mais contra si mesmo do que contra os outros. Além disso, a maioria das crianças acha a competição divertida.

4 - *"Eu sou muito bom nisso."*

Uma criança atlética pode progredir rapidamente e precisar do desafio proporcionado pela competição para aproveitar o esporte e partir para um nível de desempenho mais elevado; ou, uma criança com aptidão atlética mínima pode descobrir que ela tem mais talento atlético do que você ou ela achavam, especialmente no esporte que ela está praticando. Da mesma forma, algumas crianças se tornam mais atléticas conforme ficam mais velhas. Às vezes, crianças que demoram a se desenvolver tornam-se muito atléticas.

> Durante toda a minha vida, meu desenvolvimento foi tardio. Mas o que conta é desenvolver-se.
>
> *Chip Beck, jogador de golfe da PGA*

Esses são os motivos mais comuns para que você possa avaliar a necessidade de mudança. A essa altura, os pais devem se certificar de que a criança entende completamente as implicações de passarem ao próximo nível. Para se fazer isso deve-se aprender as jogadas do esporte ou as aptidões atléticas em um nível mais complexo e isso aumentará o nível de competição. Talvez seu filho tenha de treinar e competir com mais frequência. A importância da vitória pode ser enfatizada. Depois de avaliar os motivos que seu filho deu para passar a um nível mais elevado, você deve enfatizar que concorda com essa decisão, mas que praticar o esporte no nível mais complexo deve continuar a ser prazeroso.

Motivos fracos

Seu filho pode dar a você motivos fracos para praticar o esporte em um nível de complexidade maior. Alguns desses motivos são:

1 - "O Mike vai jogar com os Falcons na próxima temporada."

É fácil ver o apelo contido nesse motivo. Talvez Mike seja um dos melhores amigos do seu filho. Talvez seu filho tenha jogado beisebol com o Mike nos últimos dois anos e não queria ser deixado para trás. Mas apesar de Mike estar pronto para passar ao nível seguinte, tanto em termos de aptidão como de maturidade, seu filho pode não estar.

2 - "Você iria querer me ver jogar com os Eagles na próxima temporada."

Esse motivo pode ser uma pista de que, apesar dos seus esforços, sua filha pode estar jogando mais para você do que para ela mesma. Você pode ter confundido o apoio que dá a ela com um envolvimento excessivo e, por causa disso, estar usufruindo mais da participação dela no esporte do que ela mesma. Você deve observar isso com cuidado e esclarecer as coisas tanto para você mesmo como para ela.

3 - "Este nível é para maricas."

Os níveis esportivos para iniciantes, especialmente aqueles com poucas ou nenhuma oportunidade de competição, podem não parecer agressivos o bastante para algumas crianças. Elas podem sentir que praticar esportes nos níveis para iniciantes ou minimamente competitivos não conta.

Tais motivos são fracos para passar para os níveis seguintes ou mais avançados de um esporte. Quando seu filho começa a praticar um esporte pela primeira vez, você pode ter feito um bom trabalho ao lhe explicar quais eram as metas daquela atividade. Com o tempo, outras ideias ou noções podem ter modificado o contexto do seu filho. Se ele lhe comunicar alguma dessas razões fracas, ou outras igualmente pouco convincentes, é hora de rever as metas originais.

Desistindo do esporte

Se seu filho for muito pequeno e acabou de começar a jogar em um time ou a fazer treinos esportivos individuais, ele pode querer desistir depois de alguns jogos ou treinos e mudar para outro esporte. Isso é perfeitamente aceitável, pois experimentar diversos esportes é uma tendência nas crianças de pouca idade. Procure fazê-lo completar o tempo que se comprometeu ou o número de aulas que você já pagou, mas, depois disso, deixe que ele desista desse esporte e procure outro.

Depois de praticar um esporte por um ano ou dois (ou mais), seu filho pode dizer que quer desistir completamente dessa prática. Ele pode ter bons motivos para tomar essa decisão. Os pais devem ouvir atentamente o desejo de seus filhos de abandonar um esporte. Tenha em mente que uma criança, especialmente uma criança muito pequena, pode, por vezes, não ser capaz de articular um bom motivo.

Alguns dos motivos mais comuns são:

1 - "Não estou mais interessado."

Seu filho começou a praticar um esporte porque estava interessado. Ele pode ter aproveitado e se divertido durante um ou dois anos. Agora, ele está em um nível de desenvolvimento diferente e pode ter perdido o interesse pelo esporte.

2 - "Há muitas outras coisas que gosto de fazer."

Pode ser que, por causa das aulas de piano e do grupo teatral, o interesse de sua filha por esportes tenha diminuído. Seu interesse por outras atividades pode ter aumentado mais do que seu interesse pelos esportes.

3 - "Tenho atividades demais; quero parar o futebol."
Seu filho pode sentir que tem muitas atividades e resolveu que precisa reduzi-las. A essa altura, ele pode preferir outras atividades a jogar futebol.

4 - "Não estou mais me divertindo."
Quando uma criança não está se divertindo, ela perdeu uma das principais motivações para praticar um esporte. No entanto, você deve conversar com ela para se certificar de que a falta de diversão não se deve a algo que pode ser mudado. Será que um treinador ou time diferentes fariam diferença na sua decisão?

5 - "Não quero mais competir."
Pode ser que, por diversos motivos, uma criança não queira mais praticar um esporte ou competir. Às vezes, a liga ou time do qual participa tornou-se competitivo demais e a pressão para a vitória se instilou nos jogos. Talvez a criança fique estressada. Ou talvez ela não queira competir contra os amigos. Converse com seu filho para compreender os motivos dele; às vezes, uma mudança de time ou de treinador pode ser necessária. Mas escute seu filho realmente. É possível que ele não ache mais divertido competir. Mudar de time, de treinador ou até mesmo de esporte não é a resposta e isso não fará com que ele mude de ideia.

Quanto mais velha a criança, mais complicado se torna entender o motivo da desistência. Se a criança estiver jogando em um time por alguns anos, ela provavelmente já aprendeu a importância do compromisso com o esporte e com a equipe. Nós queremos que ela honre seus compromissos. Mesmo que seus motivos sejam razoáveis, ela deve ser estimulada a continuar até o final do semestre ou da temporada ou até que um esporte substituto tenha sido encontrado para ela. Então, ela pode desistir da prática.

Você deve considerar a idade da criança, o tempo que ela tem praticado, o tipo de jogador que ela é, seus interesses atuais, quaisquer circunstâncias em sua vida que pesem na decisão de abandonar o esporte e seus motivos para desistir. Você também deve considerar seus motivos quando ela começou a praticar o esporte. Por exemplo, se ela começou por que queria explorar o esporte ou jogar durante um tempo, ela não se comprometeu para a vida inteira. Se você pressionar seu filho a continuar a jogar quando ele tem bons motivos para desistir, você está quebrando seu acordo inicial. Você também pode estar desrespeitando alguns dos motivos estabelecidos inicialmente para estimular a criança a praticar algum esporte.

Tendo dito isso, não há qualquer problema, dependendo de algum dos motivos dados, em verificar se seu filho pode estar interessado em algum outro esporte. Talvez ele esteja entediado no time de futebol ou cansado de praticar esse esporte depois de cinco anos, mas talvez agora ele esteja interessado em aprender outro esporte. Mike começou a praticar tae kwon do quando tinha cinco anos. Quando tinha nove, conquistou a faixa preta. Ao atingir esse nível, ele perdeu interesse pelo tae kwon do, e a maioria dos seus amigos estava praticando esportes coletivos. Ele avisou seus pais que queria parar de praticar tae kwon do e começou a jogar basquete. Ele era muito bom no basquete e continuou a jogar no Ensino Médio. Hoje, embora já tenha se formado na universidade, muitos dos seus melhores amigos continuam sendo os companheiros da sua equipe no Ensino Médio.

Dando um tempo

Às vezes, a criança não quer necessariamente parar de praticar um esporte, mas sim dar um tempo. Ou talvez ela não tenha certeza se quer continuar e quer dar um tempo para avaliar melhor essa questão. Infelizmente, ela pode não saber como comunicar seu desejo e essa vontade pode ser expressa como "quero parar". Assim, quando uma criança parece estar dizendo que quer desistir, os pais devem procurar compreender seus motivos e sentimentos sem fazer qualquer ameaça ou pressão. Pode ser que ela não tenha percebido que há outra possibilidade ou escolha – ela pode fazer uma pausa na prática do esporte. Um pai sábio irá sugerir e apoiar tal pausa. Uma vez mais, deve-se deixar claro que ela não precisará retomar a prática esportiva, se, após a pausa, ela decidir que quer realmente abandonar o esporte.

Eu já estimulei muitas crianças e os pais delas a pensar sobre dar um tempo quando senti que a criança parecia estar menos interessada no esporte ou que estava cansada dele. Dependendo do esporte, quase sempre os atletas profissionais fazem uma pausa de três a seis meses entre as temporadas. Algumas crianças praticam esportes ou fazem aulas o ano todo, com pausas ocasionais de uma ou duas semanas. Não é de se surpreender que depois de jogar alguns anos sem pausas suficientes, as crianças precisem parar para dar um tempo do esporte.

Essas pausas devem ser caracterizadas por ausência completa ou quase completa da participação no esporte. Durante a pausa, várias observações diferentes podem ser feitas:

- A criança pode sentir falta de jogar ou de praticar um esporte, nesse caso, ela pode resolver retomar o esporte.
- A criança pode perceber que não sente falta do esporte e que é hora de parar.
- A criança pode perceber que quer um treinador diferente, ou uma liga diferente etc., em outras palavras, não é que ela queira interromper a prática, mas deseja mudanças.
- A criança pode ter decidido que não quer continuar a praticar aquele esporte, mas sente falta da atividade física. Pode ser que ela queira explorar algum novo esporte ou atividade atlética.

Fazer uma pausa na prática de um esporte pode ser uma medida útil e necessária, que poderá eventualmente levar a criança a desistir completamente do esporte, ou voltar a praticá-lo, ou ainda começar a praticar um novo esporte. Sempre que uma criança começar a falar sobre abandonar a prática esportiva ela pode ter motivos válidos. Ela merece uma conversa, respeito e apoio. Durante as discussões sobre desistir ou fazer uma pausa, tenha em mente que você não está defendendo um caso diante da Corte Suprema dos Estados Unidos. Você está conversando com seu filho pequeno ou adolescente. Deve permanecer calmo e ser educado. Em sua conversa pode ser necessário ir além dos motivos que seu filho expôs. Mesmo que ele acabe abandonando completamente a prática esportiva, ao menos ele experimentou e aproveitou durante um tempo. A atividade cumpriu as metas originais e as expectativas que vocês dois colocaram no início. Ele pode crescer e praticar o esporte de forma recreativa, ou, se ele não praticar, pode se tornar um torcedor entusiasta e com conhecimento de causa.

A próxima seção deste livro contém Tabelas Informativas sobre 51 esportes e instruções sobre como usá-las. Boa sorte!

Segunda Parte

GUIA PARA OS ESPORTES

Conceituando os esportes

Antes de detalharmos os 51 esportes, é importante aprender algumas maneiras diferentes de conceituar os esportes. Pais e filhos precisam ter algum sistema ou método para classificar os esportes em categorias diferentes – algo um pouco mais sofisticado do que dividi-los em apenas esportes individuais e coletivos. Isso ajuda os dois a avaliarem vários esportes a fim de determinar qual ou quais pode(m) ser melhor(es) para o filho.

Diversos especialistas em esportes propuseram diferentes sistemas de classificação. Nenhum deles é correto ou incorreto. Aqui, são apresentados quatro.

Sistema de classificação 1:
Nível de envolvimento físico e de contato

Esse sistema de classificação foi proposto por William Strong, um cardiologista pediátrico. Ele ajuda você a compreender o nível de envolvimento físico e de contato dos esportes.

Vigoroso (contato)
Futebol americano, hóquei sobre gelo, lacrosse (especialmente masculino), rúgbi, luta livre, salto ornamental.

Vigoroso (contato limitado)
Basquete, hóquei sobre patins, lacrosse (feminino), futebol, vôlei.

Vigoroso (sem contato)
Corrida cross-country, ginástica, esqui, natação, tênis, atletismo.

Moderadamente vigoroso (sem contato)
Badminton, beisebol (contato limitado), golfe, tênis de mesa, equitação.

Não vigorosos (sem contato)
Tiro com arco, boliche, tiro esportivo.

Esse sistema permite que você considere se seu filho tem capacidade para praticar ou interesse por esportes que têm alto grau de envolvimento e contato físico. Algumas crianças podem não estar prontas em termos emocionais para a prática de um esporte vigoroso. Elas podem temer o contato físico ou ter medo de se machucar. Outras crianças podem ter algumas condições médicas ou limitações que tornam desaconselhável a prática de um esporte vigoroso. Uma criança que tenha asma deve consultar o médico antes de começar a praticar um esporte vigoroso. (Apesar de a nadadora Amy Van Dyken, uma atleta asmática competindo em um esporte vigoroso, ter conquistado a medalha de ouro nas Olimpíadas de 2000.) Uma criança franzina, com pouco peso, deve pensar duas vezes antes de começar a praticar um esporte vigoroso com muito contato. Uma criança obesa não deve começar a praticar um esporte muito vigoroso com muito contato. Tenha em mente, porém, que para jogadores infantis, as regras de muitos esportes quase sempre são adaptadas para limitar o contato. Da mesma forma, jogadores muito jovens frequentemente começam a praticar uma forma do esporte menos vigorosa ou com menor contato do que os níveis mais adiantados desse esporte exigem. Por exemplo, o salto ornamental é classificado como um esporte vigoroso com contato. Potencialmente, todos os saltadores podem cair no trampolim e se machucar. No entanto, a parte de contato realmente perigosa nesse esporte é o salto de praticantes adultos de uma plataforma de 10 m, quando penetram na água a velocidades próximas a 60 km/h. Se o saltador atingir a água um pouco fora de posição, pode luxar o pulso, torcer as juntas do ombro, quebrar os polegares, entortar as costas e ter dores de cabeça persistentes. As crianças pequenas raramente aprendem a saltar de uma plataforma (elas começam de um trampolim de 3 m), dessa maneira não sofrem as lesões de impacto que podem acontecer nos saltos feitos de plataforma.

Sistema de classificação 2:
Grau de contato

Os psicólogos esportivos Rainer Martens e Vern Seefeldt desenvolveram o que parece ser uma versão mais simples do primeiro sistema de classificação. Eles dividem os esportes em três categorias e recomendam uma idade mínima para cada um deles:

Colisão
Futebol americano, hóquei sobre gelo, lacrosse (especialmente masculino), rúgbi – dez anos.

Contato
Basquete, futebol, beisebol, luta livre – oito anos.

Sem contato
Natação, tênis, atletismo, badminton, golfe, ginástica, tiro com arco, boliche – seis anos.

Observe que nenhum desses dois sistemas de classificação considera se o esporte é coletivo ou individual. Como você pode ver, no segundo sistema, Martens e Seefeldt sugerem que o envolvimento com esportes de colisão não é apropriado para crianças com menos de dez anos. Os esportes de contato são adequados para crianças a partir dos oito anos. Eles recomendam que as crianças tenham pelo menos seis anos para praticarem esportes sem contato.

Sistema de classificação 3:
Esportes de sistemas aberto e fechado

Os pediatras Michael Nelson e Barry Goldberg propuseram um sistema de classificação baseado no nível de complexidade dos esportes – alguns esportes têm mais variáveis e exigem mais decisões do que outros.

Esportes de sistema fechado

Com os esportes de sistema fechado, as condições de atividade são relativamente estáveis ou constantes. Não há muitas decisões a tomar quando se pratica esportes de sistema fechado. Exemplos são caminhadas, corridas e natação. Vamos analisar a natação. Em uma prova de natação, o objetivo é atravessar a piscina o mais rapidamente possível. O nadador não tem de tomar decisões como avaliar a velocidade da bola (como o rebatedor de um time de beisebol tem de fazer) ou decidir para qual companheiro de time arremessar ou passar a bola (como no beisebol e no basquete), ou decidir se deve arremessar ou passar a bola (como no basquete). Outra forma de pensar sobre esportes de sistema fechado é considerar o número de variáveis – esportes de sistemas fechados são caracterizados por terem menos variáveis – para aprender, controlar ou considerar – do que os esportes de sistema aberto. Entre os esportes de sistema fechado estão a ginástica, o salto ornamental, o boliche, o tiro com arco e a maior parte das modalidades de atletismo. Em geral, os esportes de sistema fechado tendem a ser esportes individuais.

Esportes de sistema aberto

Esses esportes exigem tomar várias decisões. Além disso, as condições da atividade podem mudar constantemente. Esses esportes exigem maior complexidade, mais decisões e estratégia. Entre os esportes de sistema aberto estão o basquete, o beisebol, o lacrosse, o hóquei sobre gelo, o futebol e o voleibol. Em geral, são esportes coletivos.

Quais são as implicações desse último sistema na escolha do esporte certo para seu filho? De maneira geral, crianças menores têm melhor aproveitamento nos esportes de sistema fechado do que nos de sistema aberto. Até os dez anos, é difícil para a maior parte das crianças coordenar a relação entre seus olhos, braços e pernas e cérebro. Dessa forma, crianças com menos de dez anos têm melhor aproveitamento quando precisam se concentrar apenas nas aptidões básicas exigidas nos esportes fechados, como corrida e natação. Elas não têm que se preocupar com a execução das jogadas e movimentos básicos do esporte *e* tomar diversas decisões exigidas nos esportes de sistema aberto. Se uma criança tiver menos de dez anos e quiser praticar um esporte de sistema aberto, é melhor escolher esportes mais lentos como o beisebol e o futebol.

Além da idade, de que outras formas você pode aplicar o conceito de esportes de sistemas fechado e aberto para orientar seu filho? Uma criança com distúrbio de *deficit* de atenção tem melhor aproveitamento se começar a praticar um esporte de sistema fechado. Uma criança que não tem boa coordenação, provavelmente se dê melhor em um esporte de sistema fechado, pois ela poderá se concentrar em aprender as jogadas e movimentos básicos do esporte sem ter de também tomar as várias decisões necessárias na prática de um esporte de sistema aberto.

Sistema de classificação 4:
Esportes estéticos, de peso e de resistência

Esse sistema de classificação *aplica-se* principalmente aos esportes individuais.

Esportes estéticos

Normalmente são esportes cuja pontuação é julgada por meio de elementos fortemente subjetivos. Graça e leveza de movimentos fazem parte do esporte. Entre os esportes estéticos estão a ginástica artística, o salto ornamental e a patinação artística.

Esportes de pesos

Nesses esportes, as provas e as competições são divididas em diversas categorias de peso. Um atleta compete com base no seu peso. Por conta disso, crianças pequenas e leves ficam em pé de igualdade com seus oponentes. Entre esses esportes estão o remo, o boxe, a luta livre e algumas artes marciais.

Esportes de resistência

Os esportes de resistência normalmente exigem um esforço físico contínuo. Alguns exemplos de esportes de resistência são o esqui, o ciclismo, o tênis, as corridas de longa distância e algumas modalidades do atletismo.[25]

Esses quatro sistemas de classificação devem fornecer aos pais e às crianças perspectivas diferentes sobre os diversos esportes que seu filho queira conhecer e praticar. Você pode escolher o sistema que faz mais sentido para você ou pode usar elementos dos quatro. Você também pode incorporar algumas outras considerações ao(s) sistema(s) que escolher. Por exemplo, se seu filho nunca correu bem e não é particularmente rápido, você poderá desejar eliminar os esportes que exigem correr e ser rápido. Dessa forma, você elimina os esportes de corrida (alguns esportes do atletismo), tênis e futebol. Mas você considera esportes como golfe, tiro com arco e natação.

Eis alguns outros conceitos que você pode usar além desses sistemas de classificação.

Acho que alguns esportes são principalmente, mas não somente, *esportes de orientação técnica*. Nos níveis mais elevados de desempenho, todos os esportes exigem boa técnica. Mas alguns esportes exigem técnica razoavelmente boa em um estágio anterior para que se possa executar até lances, jogadas ou movimentos básicos desse esporte. Um nadador iniciante pode não ter uma boa técnica, mas é capaz de nadar, não irá se machucar e ocasionalmente pode até vencer uma prova. Em geral, um ginasta iniciante não é capaz de executar certas rotinas sem a técnica necessária e, sem esta, pode se machucar. O golfe é outro esporte que exige técnica. Ele demanda força e potência, mas apenas com força e potência e uma técnica pobre, muitas bolas acabarão no lago ou na areia. Salto ornamental também exige força e potência, mas sem uma boa técnica, o saltador dará muitas barrigadas. Uma criança impaciente pode não ter o temperamento certo para aprender um esporte que exige técnica precisa para executar de maneira satisfatória até mesmo seus movimentos ou rotinas mais elementares.

Embora tenha sido mencionado anteriormente, é importante lembrar que muitos esportes são caracterizados como *esportes de coordenação motora geral* ou *esportes de coordenação motora fina*. Os movimentos musculares de coordenação geral são os movimentos dos braços e das pernas. Assim, os esportes que dependem mais dos movimentos de braços e pernas ou da coordenação são esportes de coordenação motora geral. Como exemplos, podemos citar corrida, ciclismo, salto ornamental e esqui. Os movimentos musculares de coordenação fina são em geral movimentos dos olhos, mãos e dedos. Dessa forma, alguns esportes que dependem principalmente da coordenação ou movimentos entre olhos e mãos são esportes de coordenação motora fina. Podemos citar como exemplos tiro com arco, sinuca e tiro esportivo. Obviamente, há muito mais esportes de coordenação motora geral do que esportes de coordenação motora fina, apesar de alguns esportes exigirem as duas coisas. Lembre-se de considerar quais são as aptidões motoras de seu filho, se são gerais ou finas, ao escolher um esporte para ele praticar.

Uma vez que você tenha identificado um grupo de esportes nos quais seu filho se enquadra, pode ser útil usar ao mesmo tempo um sistema de classificação e outros conceitos. Por exemplo, ele pode mostrar um apreço especial por todos os esportes que envolvem bola. Ele provavelmente tem uma boa coordenação entre mãos e olhos. Mas há uma enorme diferença entre lacrosse e golfe. O lacrosse masculino é um esporte de contato muito extenuante, mas o golfe não é. Seja qual(is) for(em) o(s) sistema(s) que você escolher, não o(s) use de forma rígida. Eles devem ser pontos de partida úteis, formas de pensar sobre diferentes esportes e não regras absolutas que ditam qual esporte seu filho deve escolher.

Pesquisando esportes

É hora de dar uma olhada mais de perto em alguns esportes, aprender alguns dos elementos básicos de cada um deles e ver como esses elementos combinam com as aptidões, preferências e interesses naturais, constituição física e característica emocional de seu filho. Lembre-se, estas são apenas orientações que permitirão encontrar o esporte adequado ao seu filho. Não se trata de uma ciência exata, mas de observar alguns elementos básicos de cada esporte e considerar como eles correspondem a algumas das habilidades e inclinações de seu filho. Mesmo que você encontre uma boa combinação, não irá funcionar se a criança não estiver interessada.

Considere nessa pesquisa certas características de seu filho, como idade, nível de leitura e compreensão. Explique qualquer informação que ele não consiga acompanhar ou compreender. Por exemplo, uma criança de seis anos pode não ser capaz de ler um livro, mas você pode lhe contar a história. Em muitos casos, os materiais e recursos dos próximos dois capítulos são direcionados para as crianças. Estimule seu filho a fazer perguntas para ver se ele absorveu a informação sobre o esporte em particular que vocês estão explorando juntos.

Para cada esporte ou família de modalidades atléticas, você encontrará:

1 - Aptidões básicas

Irá ajudar se seu filho tiver algumas das aptidões ou traços físicos citados. Entretanto, algumas crianças que parecem não ter nenhuma dessas características ainda assim conseguem obter sucesso modesto no esporte. Algumas instruções ou treinamentos inerentes ao esporte irão desenvolver ou aumentar algumas dessas aptidões. Você irá notar que às vezes eu uso a palavra *força* e às vezes *potência*. Essas palavras não são usadas como sinônimos. Uma pessoa que consegue erguer uma caixa que pesa 50 kg é considerada mais forte (ela tem mais força muscular) do que uma pessoa que não consegue. Uma pessoa que consegue empurrar uma estante de 150 kg por uma distância de 5 cm é considerada mais forte (ela tem mais força muscular) do que uma pessoa que não consegue. Para o nosso propósito, potência é a combinação de força e velocidade ou aceleração (a velocidade com que as fibras musculares respondem), quase sempre considerando-se uma determinada distância (a distância que a pessoa pode alcançar ou a distância que uma pessoa consegue mover um objeto). Alguns esportes são principalmente de força, outros essencialmente de potência, e outros ainda exigem ambos. Um boxeador que tenha força, mas pouca ou nenhuma velocidade provavelmente será nocauteado se lutar com um boxeador tão forte quanto ele, mas que seja capaz de combinar sua força com velocidade (potência). A técnica pode influenciar a potência. Por exemplo um jogador de golfe que dá uma tacada com um balanço ruim (técnica ruim) pode não mandar a bola muito longe. O balanço ruim pode resultar em pouca ou nenhuma potência, e nesse esporte a potência é necessária para enviar a bola à distância maior. (É claro que alguns movimentos ruins podem ter potência, mas pouca precisão.) Nessa seção as palavras *vigor* e *resistência* são usadas como sinônimos. Vigor é a resistência à fadiga. É especialmente importante nos esportes extenuantes (lacrosse) e nas provas de longa distância (maratona).

2 - Outros elementos

Esse item engloba o tipo ou a necessidade de treinamento ou instrução e quanta prática é exigida do iniciante ou atleta nos níveis de pouca competitividade. Apesar de alguns pais serem capazes de ensinar as jogadas e os movimentos básicos de um esporte para seus filhos, para ir além do básico é importante para as crianças aprenderem com instrutores ou treinadores experientes, especialmente se a criança não for um atleta nato. Esses profissionais têm mais conhecimento sobre considerações de segurança e são mais capazes de identificar os maus hábitos ou técnicas de uma criança e corrigi-los antes que eles se tornem vícios. Eles também têm mais conhecimento sobre o tipo de treinamento e condicionamento correto que é exigido para a prática daquele esporte. (Os treinadores podem ser voluntários desde que tenham conhecimento e experiência.)

3 - Provas esportivas

Eu não mencionarei todas as provas esportivas. Observarei como as regras e a duração dos jogos para iniciantes podem diferir dos regulamentos dos jogos ou competições formais. As provas apresentadas para cada esporte envolvem competição em algum nível da prática. Lembre-se, porém, que as crianças podem aprender e praticar muitos esportes competitivos sem precisar competir. Para muitos desses esportes, serão assinaladas algumas das versões ou regras modificadas do esporte para sua prática infantil. Por exemplo, as ligas de beisebol juvenis normalmente jogam apenas seis *innings*, em vez de nove. No basquete juvenil, as cestas são quase sempre colocadas mais baixo do que para os adultos e os tempos são mais curtos. Quando crianças muito pequenas jogam futebol, algumas regras raramente são consideradas ou observadas.

4 - Segurança

Esse item inclui as lesões mais comuns e o equipamento de segurança necessário. Para alguns esportes, talvez o equipamento de segurança mais importante seja o capacete. Certifique-se de comprar o capacete certo — aquele específico para o esporte e que não seja grande demais. É claro que alguns esportes são mais seguros do que outros. Entretanto, não importa o esporte, tanto o pai como o filho devem entender que sempre há risco potencial de o atleta sofrer lesões.

5 - Diversos
Esse item aborda fatores como marcação de pontos ou julgamento do esporte e se ele é individual ou coletivo. Posso indicar que o esporte é individual, mas praticado principalmente em equipes ou dentro de um contexto de equipe. Os custos típicos também são listados. Os pais sempre devem investigar a possibilidade de alugar o equipamento para reduzir os custos iniciais. Isso é muito importante, especialmente se seu filho quiser aprender um esporte que exige equipamento caro. Da mesma forma, para os esportes mais caros, procure aulas especiais introdutórias, as quais quase sempre são mais baratas. Existem programas de esportes juvenis acessíveis para crianças que não podem pagar por eles.

6 - Esportes relacionados
Os esportes relacionados que também são abordados nestes dois capítulos do livro serão identificados em *itálico*.

7 - Seu filho e (nome do esporte)
Serão listadas as aptidões físicas e traços psicológicos comumente associados ao esporte em questão. É aqui que você poderá relacionar as características do seu filho com o esporte que melhor se adapta aos aspectos positivos e negativos dele, bem como interesses e características emocionais.

8 - Informação adicional
Os recursos podem incluir livros, filmes e web sites. Apesar de haver classificação para os filmes, assista-os antes para verificar a adequação ao seu filho. Os nomes dos autores e os dados de publicação dos livros aparecerão entre parênteses.

9 - Você sabia?
Esse item inclui fatos históricos interessantes e outras informações sobre o esporte.

O material de cada esporte não deve ser cansativo. Também não procurei abordar todos os esportes já praticados. Incluí muitos esportes bem conhecidos porque seu filho deve ter alguma familiaridade com eles e você poderá encontrar aulas introdutórias ou times para iniciantes com mais facilidade na sua cidade para esses esportes. No entanto, por diversos motivos, seu filho pode preferir um esporte que não seja tão comum ou que seja pouco conhecido. Assim, também incluí alguns desses esportes para vocês considerarem e explorarem. Entretanto, pode ser difícil encontrar lugares para se praticar tais esportes perto da sua casa ou para encontrar times e/ou instrutores. Esportes radicais – esportes que envolvem grandes riscos – estão cada vez mais populares, especialmente entre os adolescentes. Entre eles estão snowboarding, esqui estilo livre e alpinismo no gelo. Alguns desses esportes são apresentados nessa seção.

Tabelas informativas

Esportes individuais

ARREMESSO DE DISCO

Aptidões básicas
Bons arremessadores de disco têm músculos fortes, especialmente os dos braços, ombros e costas; boa concentração, bem como altura.

Outros elementos
Aprender a técnica correta é essencial, por isso, instrução e treinamento são necessários. Os arremessadores de disco devem praticar várias vezes por semana a fim de melhorar seu desempenho e condicionamento.

Provas esportivas
As provas de arremesso de disco consistem em um número de tentativas feitas pelo arremessador. O competidor que consegue arremessar mais longe vence.

Segurança
Distensões musculares, luxações e lesão por esforço repetitivo podem ocorrer.

Diversos
Os juízes determinam o sucesso do arremesso ou se uma falta é cometida. Eles medem a distância de cada arremesso. É um esporte individual, embora os competidores sejam quase sempre membros de uma equipe. Custos: taxas de treinamento, taxas de clube ou de equipe, disco, uniforme e tênis apropriados.

Esportes relacionados
Arremesso de martelo, arremesso de peso e decatlo.

Seu filho e o arremesso de disco
Uma vez que é necessário girar para arremessar o disco, seu filho consegue fazer isso sem ficar tonto ou desorientado? Ele tem força muscular? Ele gosta de arremessar coisas como pedras etc. a longas distâncias?

Informação adicional

Web site: Confederação Brasileira de Atletismo, www.cbat.org.br

Vídeo: *Run Faster, Jump Higher, Throw Farther: How to Win At Track and Field* (Sabin); *Track & Field, Part III* (Human Kinetics); *Discus Throw Drills* (Sports Nation Video)

Livro: *Atletismo: Lançamentos e Arremessos* (José Luís Fernandes)

Você sabia?

Muitos dos esportes atuais começaram como atividades utilitárias, como transporte ou caça. Às vezes os militares incorporavam a atividade aos seus propósitos ou ao treinamento. A fim de tornar a carga que transportavam mais leve, os antigos guerreiros arremessavam seus escudos até o outro lado dos rios antes de atravessá-los. Em algum momento do passado, os guerreiros transformaram essa ação em um jogo para ver "quem arremessava seu escudo mais longe".

ARREMESSO DE MARTELO

Aptidões básicas

O arremesso de martelo é um esporte que exige força e orientação técnica. Também demanda equilíbrio e coordenação.

Outros elementos

Instruções e treinamentos são necessários para aprender as técnicas desse esporte, bem como para orientar o condicionamento do arremessador. Práticas por diversas vezes na semana são comuns.

Provas esportivas

O arremesso de martelos acontece em uma área protegida. Normalmente cada jogador deve fazer alguns arremessos. O competidor que consegue arremessar mais longe vence.

Segurança

Torções e distensões musculares são comuns. Pode haver deslocamentos e machucados nas costas. O condicionamento apropriado é essencial, não só para o desempenho, mas também para a segurança.

Diversos

Os juízes fiscalizam cada arremesso e verificam se não houve faltas. Também se encarregam de medir cada arremesso. Embora seja frequentemente competido em equipes, o arremesso de martelo é um esporte individual. Custos:

taxas de equipe, as quais podem ou não incluir custos de treinamento; martelo, uniforme e tênis apropriados.

Esportes relacionados
Arremesso de disco, arremesso de peso, heptatlo e decatlo.

Seu filho e o arremesso de martelo
Da mesma forma que o arremesso de disco, o arremessador de martelo deve girar antes de soltar o martelo. Quando seu filho vai a um parque de diversões, ele consegue brincar no Chapéu Mexicano sem ficar tonto ou enjoado? Ele é forte? Gosta de praticar exercícios repetidamente? Como é o seu equilíbrio? Ajuda ser alto.

Informação adicional
Web site: Confederação Brasileira de Atletismo, www.cbat.org.br
Vídeo: *Run Faster, Jump Higher, Throw Farther: How to Win at Track and Field* (Sabin); *Track & Field, Part III – Throwing Events* (Human Kinetics)
Livro: *Atletismo: Lançamentos e Arremessos* (José Luís Fernandes)

Você sabia?
Esse esporte provavelmente começou com a prática de ingleses e escoceses arremessarem marretas. O nome do esporte é hoje uma falácia, pois ele consiste em arremessar uma bola pesando cerca de 8 kg presa a um cabo de 1,20 m.

ARREMESSO DE PESO

Aptidões básicas
O arremesso de peso exige força, especialmente dos músculos dos braços, costas e abdome, bom equilíbrio e coordenação.

Outros elementos
O treinamento é necessário para aprender técnicas e condicionamento adequados. A prática considerável, executando-se muitos arremessos por semana, é necessária. Os atletas que praticam arremesso de peso devem, portanto, praticar várias vezes por semana.

Provas esportivas
As provas acontecem em áreas específicas para o arremesso de peso, chamadas *fan*. Cada competidor faz um determinado número de arremessos. Aquele que arremessar mais longe é o vencedor.

Segurança
   Deslocamentos, distensões e torções musculares podem ocorrer.

Diversos
   Os juízes verificam se o arremesso foi executado de forma correta ou se houve falta, e se a posição do arremessador foi correta ou se ele queimou. Eles medem a distância de cada arremesso. Custos: mensalidades de times ou clubes, possivelmente taxas de treinamento, peso, uniforme e tênis.

Esportes relacionados
   Arremesso de martelo, arremesso de disco, heptatlo e decatlo.

Seu filho e o arremesso de peso
   Seu filho tem bom equilíbrio? É forte? Ajuda ser alto.

Informação adicional
   Web site: Confederação Brasileira de Atletismo, www.cbat.org.br
   Vídeo: *Run Faster, Jump Higher, Throw Farther: How to Win at Track and Field* (Sabin); *Track & Field, Part III – Throwing Events* (Human Kinetics); *Javelin Throw Drills* (Sports Nation Video)
   Livro: *Atletismo: Lançamentos de arremessos* (José Luís Fernandes)

Você sabia?
   Os antigos gregos lançavam pedras durante a guerra. Provavelmente, o arremesso de peso derivou do arremesso de pedras. No século XIV, as bolas de ferro substituíram as pedras, embora hoje as bolas sejam normalmente feitas de bronze. Na competição formal, as bolas pesam cerca de 8 kg para os homens e de 4,5 kg para as mulheres

BOLICHE

Aptidões básicas
   Equilíbrio, controle e força na parte superior do corpo são úteis para uma pessoa que quer praticar boliche.

Outros elementos
   Algumas aulas e prática são necessárias para obter excelência ou competir.

Provas esportivas
   Esse esporte é jogado casualmente no nível inicial. Os pontos são determi-

nados pelo número de pinos derrubados, e o jogador que marca mais pontos no final de dez jogadas (um jogo) vence a partida.

Segurança
O boliche é um esporte seguro. As crianças devem ser orientadas na escolha da bola com peso correto para seu tamanho e força. Escorregar e cair podem provocar pequenas lesões, e também é possível acontecer torções musculares.

Diversos
A vitória é determinada por pontuação. Apesar de o boliche ser um esporte individual, frequentemente é jogado em equipe. Custos: bola, sapatos de boliche, aulas iniciais e taxa de aluguel de pista de boliche, embora bolas e sapatos sejam sempre encontrados para alugar. Cada vez mais, novos centros de boliche para a família são construídos.

Esportes relacionados
Boliche na grama e bocha.

Seu filho e o boliche
Seu filho tem bom equilíbrio? Ele é relativamente calmo? Ele tem bom controle sobre o corpo? O boliche é um esporte social, jogado normalmente com outras pessoas. Seu filho gosta de situações casuais em grupo?

Informação adicional
Web site: Federação Paulista de Boliche, www.fpbol.org.br; www.boliche.com.br
Vídeo: *Teaching Kids Bowling* (Westcom Productions Incorporated)
Livros: *Boliche em 10 Lições* (Don Carter)

Você Sabia?
Artefatos datados de 3200 a.C. demonstram que uma forma primitiva desse jogo existia no Egito.

BOXE

Aptidões básicas
Velocidade, força, vigor e boa forma cardiovascular são fundamentais para os boxeadores.

Outros elementos
As aulas são importantes para aprender técnicas e movimentos de segurança. Treinos uma ou duas vezes por semana são comuns para os iniciantes.

Provas esportivas

As lutas de boxe entre dois oponentes consistem de um certo número de *rounds*. Um árbitro assegura que as regras sejam seguidas, e juízes marcam os pontos com base nos socos dados no oponente. O boxeador com maior número de pontos vence a luta. Apesar de ainda ser um esporte praticado principalmente por meninos e homens, meninas adolescentes e mulheres têm demonstrado interesse por esse esporte e têm participado de competições femininas de boxe.

Segurança

O boxe traz várias preocupações de segurança, tantas que algumas pessoas acreditam que o boxe não seja um esporte seguro para crianças ou adultos. A principal preocupação relaciona-se com a possibilidade de danos cerebrais por conta dos sucessivos golpes na cabeça. Também é possível quebrar o nariz e o maxilar. Esses riscos podem ser reduzidos se o boxe for praticado *apenas* como forma de condicionamento e se não houver *sparring* (lutar com um parceiro ou oponente). Se não houver *sparring* o risco de machucados na cabeça é eliminado. Procure um programa de boxe em que sejam ensinados os fundamentos e movimentos básicos do esporte e em que o contato físico seja evitado por meio do exercício com sacos de pancada e com a sombra. Para os jovens mais adiantados, alguns programas oferecem *sparring* leve com supervisão.

Diversos

Embora a marcação de ponto do boxe seja claramente definida, é um esporte em que o julgamento é determinante e, por isso, há elementos subjetivos envolvidos. Trata-se de um esporte individual, embora frequentemente os boxeadores façam parte de uma equipe. Custos: luvas, aulas e treinamento; a maioria dos ginásios de boxe fornecem outros equipamentos. Se houver *sparring*, protetor de cabeça é essencial.

Esportes relacionados

Kickboxing.

Seu filho e o boxe

Seu filho tem pés rápidos? Ele gosta de se exercitar, correr e pular corda? Se ele for aprender a lutar com parceiros ou oponentes, ele não terá medo de contato físico? (Em duas lutas recentes entre pesos leves juvenis, um total de 2.747 socos foram desferidos.)

Informação adicional

Web site: Confederação Brasileira de Boxe, www.cbboxe.com.br

Vídeo: *Boxerobics: The Ultimate Conditioning Program* (Advanced Fitness Education)

Livros: *O que é Boxe?* (Silvia Vieira)

Filmes: *Rocky* (recomendação: 12 anos); *Menina de Ouro* (recomendação: 12 anos); *Hurricane – O Furacão* (recomendação: 14 anos); *Touro Indomável* (recomendação: 16 anos)

Você sabia?

Os antigos gregos acreditavam que o boxe era um dos jogos praticados pelos deuses do Monte Olimpo. Há uma referência ao boxe no épico de Homero *Ilíada*. A maneira como era praticado na Grécia antiga tornava-o um esporte brutal que frequentemente levava à morte.

CANOAGEM

Aptidões básicas

A prática da canoagem exige saber nadar e ter força (especialmente na parte superior do corpo), potência e resistência.

Outros elementos

Instrutores de canoagem ensinam as técnicas necessárias. A prática e o condicionamento aeróbico são essenciais.

Provas esportivas

As competições de canoagem dividem-se em corridas em águas calmas e corridas em águas turbulentas. As corridas em águas calmas ocorrem em uma raia (um lago que se assemelha a uma piscina comprida). Diferentes provas têm diferentes distâncias. As competições em águas turbulentas podem ser realizadas em locais especialmente construídos para esse fim ou em corredeiras naturais. Esses percursos são marcados com balizas ao redor das quais o competidor tem de manobrar. Embora o vencedor seja determinado pelo tempo, a forma como o participante manobra nas balizas pode resultar em penalidades com descontos de segundos subtraídos do tempo total. Os juízes determinam as penalidades. É claro que nem todos os praticantes competem. Muitos preferem manobrar o caiaque em rios ou no mar apenas de forma recreativa.

Segurança

As batidas podem provocar contusões. Equipamento de segurança, especialmente capacetes e coletes salva-vidas, são obrigatórios. Provavelmente, a forma mais segura desse esporte seja a canoagem recreativa em águas calmas, pois não há corredeiras nas quais o iniciante tem de manobrar. Uma criança pode passar a praticar o esporte em corredeiras ao atingir o nível de habilidade exigido para esse tipo de modalidade. Mesmo com coletes salva-vidas, as crianças devem ter familiaridade com a água e serem capazes de cuidar de si mesmas no caso de virarem o caiaque em águas turbulentas. A não ser pelas batidas, a lesão mais comum – deslocamento de ombros – é causada pela falta de técnica; o segundo tipo mais comum de lesão é a de ombro, cotovelo e pulso provocada por esforço repetitivo – também decorrente da falta de técnica.

Diversos

Os juízes nas competições de canoagem em águas turbulentas determinam o cumprimento das regras e as penalidades. Os vencedores de cada modalidade de canoagem são aqueles que conseguem o melhor tempo. É um esporte individual, embora haja provas entre equipes. Seu filho pode começar a praticar esse esporte e decidir nunca participar de competições. Custos: aulas, caiaque, remo, capacete, colete salva-vidas e possivelmente aluguel de raia. Frequentemente as aulas para iniciantes têm lugar em piscinas, lagoas ou lagos, rios ou córregos calmos. Como um caiaque pode ser caro, caiaques para recreação por exemplo custam em torno de R$ 800 a R$ 1.000, procure programas que aluguem caiaques. Os programas que oferecem aulas de meio período e de período integral em geral são mais econômicos e proporcionam muita prática. Certifique-se de que o programa é direcionado para crianças e considera o fator segurança.

Esportes relacionados

Remo e iatismo.

Seu filho e a canoagem

Seu filho gosta de água (pois os caiaques podem virar)? Ele é forte (pois ele precisará ser capaz de desvirar o caiaque se ele virar)? Ele gosta de barcos? Sabe nadar (embora ele precise usar um colete salva-vidas, ele terá de saber nadar no caso de o caiaque virar ou de ele cair)?

Informação adicional

Web site: Confederação Brasileira de Canoagem, www.cbca.org.br

Vídeo: *Whitewater Kayaking* (Jeremy Evans); *Kayaking* (Julie Bach)

Livro: *O que é Canoagem, Remo e Esqui Aquático* (Silvia Vieira e Armando Freitas)

Você sabia?

As canoas e os caiaques foram inventados há mais de 6 mil anos e eram usados para transporte e para a caça. No século XIX, os caiaques foram usados em diferentes esportes.

CICLISMO

Aptidões básicas

Os bons ciclistas têm excelente aptidão aeróbica e anaeróbica, bem como ótimo condicionamento físico. São necessários músculos das pernas fortes e considerável resistência física.

Outros elementos

Quase todas as crianças aprendem sozinhas ou com seus pais a andar de bicicleta. Para participar de competições, porém, é necessário instrução e treinamento com relação às técnicas de ciclismo. O treinamento e o condicionamento em vários dias por semana são importantes.

Provas esportivas

Os diferentes tipos de ciclismo incluem corrida em estradas e em pistas. As provas variam, dependendo da modalidade. Todas as provas têm certas distâncias ou etapas e, em geral, o ciclista que faz o melhor tempo vence.

Segurança

As lesões menores oriundas de andar de bicicleta incluem torções musculares e distensões, problemas mais sérios podem ocorrer se houver queda ou choque. O Centers for Disease Control [Centros de Controle de Doenças] estima que 330 mil crianças entre 5 e 14 anos se machucam andando de bicicleta. Os prontos-socorros tratam anualmente de quase 140 mil crianças por conta de machucados na cabeça ocorridos em acidentes de bicicleta. Os capacetes evitam 85% das lesões na cabeça e, portanto, devem ser um equipamento obrigatório. Pode-se quebrar braços, pernas e ombros ao cair da bicicleta.

Diversos

O ciclismo é um esporte cronometrado com juízes ao longo de todo o percurso. É um esporte individual, embora muitos ciclistas compitam por equipes. Custos: instrução e/ou treinamento, bicicleta, roupas/uniformes, tênis apropriados, luvas e capacete. Em grande parte graças ao sucesso de Lance Armstrong no Tour de France, o interesse pelo ciclismo tem aumentado nos Estados Unidos. Consequentemente há mais oportunidades para se conseguir um bom treinamento e encontrar mais pistas do que no passado. O ciclismo não é um esporte de impacto (a não ser que ocorra choque) e pode ser praticado a vida inteira.

Esportes relacionados

Triatlo e Bicicross.

Seu filho e o ciclismo

Seu filho gosta de andar de bicicleta? Ele gosta de correr e de percorrer longas distâncias? Ele tem pernas fortes e compridas? Ele tem bom senso ao andar de bicicleta, isto é, ele corre somente até onde sua habilidade permite?

Informação adicional

Web site: Confederação Brasileira de Ciclismo, www.cbc.esp.br

Vídeo: *Cycling in Action* (Elliot Bay Film Company)

Livros: *Ciclismo* (Ricardo Torres Oliveira); *Lance Armstrong – Programa de Treinamento* (Lance Armstrong)

Filmes: *Competição de Destinos* (recomendação: 12 anos), *Correndo pela Vitória* (recomendação: 10 anos)

Você sabia?

Leonardo da Vinci desenhou o primeiro modelo de uma bicicleta com pedais, embora ela não tenha sido construída na época. A primeira bicicleta movida a pedal foi construída quatrocentos anos depois.

CORRIDA

Aptidões básicas

As aptidões básicas variam um pouco dependendo se o corredor atinge altas velocidades em uma curta distância ou se ele é um corredor de distâncias maiores. O corredor de velocidade tem de ser veloz e ter potência. Os corredores de distância devem ter músculos das pernas fortes, resistência, grande capacidade aeróbica e condicionamento e habilidade de tomar decisões táticas durante a corrida.

Outros elementos

Todas as crianças conseguem correr e algumas correm rapidamente com pouca ou nenhuma instrução formal. No entanto, para ser competitivo, o treinamento é necessário para aprender algumas técnicas, uma forma otimizada e métodos apropriados de condicionamento. A maioria das equipes treina diversas vezes por semana.

Provas esportivas

Algumas provas exclusivamente de corrida incluem corrida de 100 m (os vencedores dessas provas são considerados os corredores mais rápidos do mundo), 200 m, 400 m, cross-country e maratona (a corrida mais longa, com 42 km). As corridas de 100 e 200 m são consideradas corridas de velocidade;

as outras não podem ser disputadas a toda velocidade depois que é dada a largada.

Segurança

Torções nos calcanhares, traumas no joelho, distensões nos tendões, luxação de queixo e fraturas nas pernas e pés podem acontecer durante a prática desse esporte. Bons tênis de corrida são essenciais para o desempenho e segurança. A pista de corrida deve estar em boas condições.

Diversos

Apesar de os juízes monitorarem a pista e a corrida, os corredores disputam contra o relógio. A corrida é um esporte individual, embora haja equipes de corrida. As competições desse esporte normalmente são disputadas por uma equipe de atletismo. Custos: títulos de clube ou de equipe, sendo que não há custos se for uma equipe cívica ou de uma escola pública. Os custos adicionais incluem bons tênis de corrida.

Esportes relacionados

Corrida com barreiras, *corrida com obstáculo*, marcha atlética, heptatlo e decatlo.

Seu filho e a corrida

Seu filho gosta de correr? Tem muito vigor? Tem os pés rápidos? Ele aguenta bem quando sente dores ou fica sem fôlego?

Informação adicional

Web site: Confederação Brasileira de Atletismo, www.cbat.org.br
Vídeo: *Run Faster, Jump Higher, Throw Farther: How to Win at Track and Field* (Sabin); *Track & Field, Part I – Running Events* (Human Kinetics); *Becoming a Champion Hurdler* (Sports Nation Video)
Livro: *Atletismo: Corridas* (José Luís Fernandes)
Filme: *Carruagens de Fogo* (recomendação: livre)

Você sabia?

A corrida é um esporte que data da Antiguidade. Algumas provas de corridas eram realizadas no Egito há mais de quatro mil anos.

∗

A maratona é a mais longa prova de corrida. Originalmente tinha 40 km. Mas, em 1908, o Comitê Olímpico Britânico a estendeu porque desejavam que o percurso da corrida partisse do Castelo de Windsor e terminasse no Estádio Olímpico de Londres. Assim, a extensão da maratona moderna é de 42,195 km.

CORRIDA COM BARREIRAS

Aptidões básicas
Velocidade, rapidez, força muscular nas pernas e nas costas, vigor, concentração, bom ritmo e boa coordenação são aptidões importantes para o atleta que compete na corrida.

Outros elementos
A corrida com barreiras exige aptidão além da corrida – a habilidade de saltar sobre barreiras. É necessário instrução e treinamento para aprender as técnicas da corrida com barreiras. Os corredores treinam várias vezes por semana.

Provas esportivas
Da mesma forma que as provas de corrida, as corridas com barreiras incluem provas de distâncias curtas e longas. Algumas corridas com obstáculos têm 100, 400, 800 e 1.500 m.

Segurança
O aspecto de segurança é o mesmo que o da corrida: distensões de tornozelos, torções musculares, luxação do queixo e fraturas da perna e dos pés. Por conta da possibilidade de quedas, podem ocorrer fraturas de braços e pulsos. Bons tênis de corridas são importantes para a segurança, bem como para garantir melhor desempenho.

Diversos
Todos os atletas correm contra o relógio. Os juízes monitoram a pista e as corridas fiscalizando infrações, como saída dos corredores de suas pistas. A corrida com barreiras é um esporte individual, embora seja frequentemente disputada por uma equipe de atletismo. Custos: as taxas de equipe podem ser mínimas, se o esporte for parte de um programa de atletismo de uma escola, os custos adicionais incluem tênis e uniformes.

Esportes relacionados
Corrida, corrida com obstáculos, heptatlo e decatlo.

Seu filho e a corrida com barreiras
Seu filho consegue pular obstáculos de 30 cm de altura ou mais? Ele gosta de correr? Tem muito vigor? É útil se tiver pernas compridas.

Informação adicional
Web site: Confederação Brasileira de Atletismo, www.cbat.org.br
Vídeo: *Run Faster, Jump Higher, Throw Farther: How to Win at Track and Field* (Sabin); *Track & Field, Part I – Running Events* (Human Kinetics); *Becoming a*

Champion Hurdler (Sports Nation Video)

Livro: *Atletismo: Corridas* (José Luís Fernandes)

Você sabia?

Apesar de pensarmos que foram os gregos que desenvolveram a maioria das competições de corrida, eles não faziam corridas com barreiras. Competições com barreiras começaram na Grã-Bretanha no início do século XIX.

CORRIDA COM OBSTÁCULOS

Aptidões básicas

A corrida com obstáculos combina corrida, saltos com obstáculos e salto em distância. Velocidade, rapidez, força geral, bom ritmo e coordenação, resistência e boa forma cardiovascular são elementos necessários para a prática desse esporte.

Outros elementos

A instrução é necessária para aprender as técnicas apropriadas, estilo e métodos de condicionamento. Muita prática e condicionamento são essenciais. Os praticantes devem treinar várias vezes por semana.

Provas esportivas

As provas podem variar em termos de distância para os atletas iniciantes. Os corredores de nível mais avançado treinam para corridas de 3.000 m. As corridas com obstáculos consistem de várias voltas ao redor de uma pista com obstáculos e saltos sobre a água. As provas oficiais são apenas para homens, apesar de essa tradição tender a mudar no futuro.

Segurança

As lesões possíveis são distensões de tornozelo, luxações no queixo, torções musculares e fraturas de pernas, pés e braços. Tênis apropriados são importantes para a segurança dos pés, bem como para o desempenho.

Diversos

A prova de corrida com obstáculos é cronometrada. Os juízes supervisionam a pista, a corrida e marcam as infrações. Trata-se de um esporte individual, embora os competidores geralmente façam parte de uma equipe de atletismo. Custos: não há, se fizer parte de um programa de atletismo escolar; tênis e uniformes. Não é um esporte comum nos Estados Unidos, apesar de algumas escolas terem treinadores de atletismo que possam lecionar a corrida com obstáculos.

Esportes relacionados

Corrida, corrida com barreiras, heptatlo e decatlo.

Seu filho e a corrida com obstáculos

Seu filho gosta de correr e saltar obstáculos? Ele corre rapidamente? Tem muito vigor? Não se trata de um esporte comum.

Informação adicional

Web site: Confederação Brasileira de Atletismo, www.cbat.org.br
Livro: *Atletismo: Corridas* (José Luís Fernandes)

Você sabia?

Os alunos da Universidade de Oxford transformaram a corrida com obstáculos, que originalmente era a cavalo, em uma corrida a pé, com saltos sobre obstáculos e água.

ESGRIMA

Aptidões básicas

Bons esgrimistas normalmente têm movimentos físicos controlados, técnica precisa, graça, rapidez e vigor.

Outros elementos

A esgrima exige instrução técnica. É necessário muito treinamento e prática para se dominar até mesmo os elementos mais básicos.

Provas esportivas

As competições de esgrima consistem de dois adversários tocando certos alvos no corpo do adversário com um florete (o nome da espada usada na esgrima). Monitores elétricos marcam o toque no alvo. Os juízes observam o cumprimento das regras. Há diversas formas diferentes de esgrima, as quais dependem do tipo de espada usada, apesar de ser mais comum o uso do florete.

Segurança

Lesão por esforço repetitivo e distensões musculares são as contusões mais comuns na esgrima.

Diversos

Embora a esgrima seja uma prova cuja pontuação é feita por meio de julgamento, os pontos são marcados por sensores eletrônicos. É um esporte individual frequentemente praticado em equipe. Custos: instrução, florete (ou espada ou sabre) e uniformes de esgrima. Pode ser necessário o título de um clube de esgrima.

Esportes relacionados
Nenhum.

Seu filho e a esgrima
Como a esgrima não é um esporte comum, é pouco provável que alguns dos amigos de seu filho façam aulas de esgrima. Seu filho gosta de fazer movimentos físicos rápidos e controlados? Ele gosta de brincar de espada (apesar de a esgrima não consistir de movimentos livres usados na brincadeira com espadas)? Ele tem graça?

Informação adicional
Web site: Confederação Brasileira de Esgrima, www.brasilesgrima.com.br

Vídeo: *Fencing – vol. 1: Fundamentals – Basic Beginner Trainning* (Videoactive Company)

Livros: *A Begginer's Guide to Traditional and Sport Fencing* (Doug Werner); *The Art and Science of Fencing* (Nick Evangelista); *The Woman Fencer* (Nick e Anita Evangelista)

Você sabia?
A antiga arte egípcia mostra esgrimistas usando máscaras. No passado, a esgrima era uma forma de combate. Os alemães desenvolveram a esgrima como esporte no século XIV. Tornou-se popular por volta do século XVI. Na Europa, os duelos de esgrima aconteciam para resolver disputas de honra, mas a maioria dos países os tornou ilegais por volta do século XIX. A partir de então, a esgrima transformou-se em um esporte organizado.

ESQUI ALPINO

Aptidões básicas
O esqui exige, em geral, boa forma física, força, especialmente força nas pernas. Bom controle dos movimentos do corpo, equilíbrio e concentração são importantes.

Outros elementos
As aulas de esqui ajudam a introduzir as técnicas básicas, mas é necessário treinamento, se o esquiador quiser competir. A prática é necessária para melhorar. Muitas pessoas praticam o esqui e nunca competem, apesar de terem se tornado esquiadores muito competentes.

Provas esportivas

As principais provas do esqui alpino são *downhill*, *slalom* (o esquiador deve manobrar ao redor de balizas), e *super slalom* (com menos balizas e menor inclinação do que o *slalom*).

Segurança

Nos níveis iniciais, esse esporte é relativamente seguro porque os iniciantes não atingem grandes velocidades, não tendem a bater em árvores e, ao cair, não rolam demais. Mesmo assim, um esquiador de cinco anos de idade que não estava usando capacete morreu ao se chocar contra uma árvore em um resort de esqui no Colorado. Conforme os esquiadores aprendem a esquiar com mais velocidade, o risco de quedas mais sérias aumenta, assim como o de contusões. É possível quebrar ossos. Certifique-se de que os instrutores enfatizam técnicas e segurança, como controlar a velocidade.

Diversos

Nas provas, os juízes monitoram para verificar se o esquiador permaneceu na pista e dentro das balizas. O tempo estabelece o vencedor. O esqui é um esporte individual. No entanto, se se deseja competir, quase sempre os esquiadores entram em uma equipe. Custos: aulas, esquis e outros equipamentos (capacete, botas, bastões, óculos, roupa, luvas, roupas quentes e roupa interior térmica). Os tíquetes dos teleféricos para os esquiadores normalmente estão incluídos no custo das aulas ou da mensalidade do clube ou da equipe; se não estiverem, muitas pistas de esqui oferecem descontos para crianças. Da mesma forma, vários programas de esqui têm aulas infantis para iniciantes com uma taxa que cobre aluguel de esqui, aulas e almoço. Se as pistas de esqui forem muito distantes, os pais devem considerar despesas de viagem. Sem ofertas especiais, o esqui é considerado um esporte caro.

Esportes relacionados

Snowboarding, *esqui estilo livre*, salto com esqui, esqui de velocidade e esqui cross-country.

Seu filho e o esqui alpino

Seu filho tem reflexos rápidos? Ele gosta de velocidade? Tem boa coordenação? Aguenta temperaturas baixas?

Informação adicional

Web site: Confederação Brasileira de Desportos no Gelo, www.cbdg.org.br
Vídeo: *The Fundamentals of Downhill Skiing* (Best Film & Video Corp.)
Livros: *A Basic Guide To Skiing and Snowboarding* (Comitê Olímpico dos Estados Unidos); *The Basic Essentials of Alpine Skiing* (Carol Poster)

Você Sabia?

As representações mais antigas do esqui foram encontradas em desenhos nas cavernas da Rússia oriental datando de 7000 a 5000 a.C. Os homens nesses esquis eram, provavelmente, caçadores. A forma moderna desse esporte foi desenvolvida na Noruega

**

Em 1911, o explorador polar norueguês Roald Amundsen esquiou e usou trenós puxados por cães para chegar ao Polo Sul.

ESQUI ESTILO LIVRE

Aptidões básicas

Força nas pernas e no torso, resistência, concentração e bom controle físico, especialmente no ar, são aptidões necessárias para o esqui estilo livre. Algumas habilidades criativas são necessárias para coreografar movimentos acrobáticos.

Outros elementos

Em geral, os esquiadores aprendem esqui alpino antes de iniciarem o esqui estilo livre. As aulas são essenciais para se obter bons fundamentos técnicos no esporte. O treinamento com rampas de salto é um importante componente da prática do esqui estilo livre.

Provas esportivas

Há três tipos de esqui estilo livre – mogul, aéreo e balé.

Segurança

Os jovens iniciantes não executam os movimentos que podem levar a lesões graves. Conforme o esquiador progride e se torna capaz de executar rotinas mais difíceis, a possibilidade de ocorrer machucados mais sérios aumenta; entre eles, pode haver distensões, machucados na cabeça (embora os capacetes sejam usados), deslocamentos e quebra de ossos.

Diversos

É um esporte cujo desempenho é julgado e os pontos são atribuídos por juízes. Apesar de uma parte da pontuação ser baseada em certos critérios objetivos, outra se baseia em considerações sobre a forma e a criatividade. O esqui estilo livre é um esporte individual, embora frequentemente os esquiadores participem de equipes. Custos: esquis, capacetes, óculos, trajes de esqui, aulas e treinamento. As aulas são disponíveis em clubes de esqui e em muitos resorts de esqui.

Esportes relacionados
Esqui alpino e snowboarding.

Seu filho e o esqui estilo livre
Seu filho gosta de dar cambalhotas? Ele tem bom equilíbrio? É criativo? Tem pernas fortes? Tem nervos de aço?

Informação adicional
Web site: Confederação Brasileira de Desportos no Gelo, www.cbdg.org.br
Livros: *The Encyclopedia of the Winter Olympics* (John Wukovits); *A Basic Guide and Snowboarding* (Comitê Olímpico dos Estados Unidos); *The Winter Olympics* (Larry Dane Brimmer); *Sports: The Complete Visual Reference* (François Fortin)

Você sabia?
Esse esporte é uma mistura de esqui alpino e acrobacia. Começou nos anos 1960 e foi reconhecido como esporte em 1979. Hoje é um esporte olímpico.

GINÁSTICA ARTÍSTICA

Aptidões básicas
Para ser um ginasta é desejável que se tenha flexibilidade, coordenação, concentração, controle, graça, potência e vigor.

Outros elementos
A ginástica artística exige instrução e treinamento. Prática considerável é necessária para adquirir boa técnica.

Provas esportivas
Exercícios de solo, salto, barra horizontal, barras paralelas em diferentes alturas, cavalo, barras paralelas, argolas e barra de equilíbrio. Embora muitas provas sejam individuais também há competições em equipe nesse esporte.

Segurança
Pode ser um esporte com grande potencial para causar lesões, como torções nos tornozelos, distensões musculares e fraturas. Também é possível ocorrerem lesões na parte inferior das costas. Diversos desses machucados resultam da repetição dos exercícios. Nos níveis muito competitivos, a ênfase na manutenção de um corpo delgado pode levar a distúrbios alimentares como anorexia e bulimia. Para limitar as lesões, é essencial ser orientado por um bom treinador que enfatiza condicionamento e técnicas apropriadas. São

necessários equipamento de segurança e áreas de prática para que se tenha treinamento e segurança apropriados.

Diversos

Esse é um esporte de sistema de pontos e um grupo de juízes confere a pontuação. Assim, elementos subjetivos estão envolvidos. Mesmo apesar de ser um esporte individual, é normalmente ensinado e praticado em ambiente de grupo/equipe. Custos: uniformes, aulas e às vezes taxas de clubes.

Esporte relacionado

Trampolim.

Seu filho e a ginástica artística

Seu filho é flexível? Ele gosta de brincar de carrinho de mão, ficar de ponta-cabeça apoiado nas mãos e de caminhar sobre cercas estreitas? Ele é gracioso? Como é o seu equilíbrio? Ele é pequeno e leve? Demonstra interesse ao assistir provas de ginástica artística na TV e procura imitar as contorções dos atletas enquanto assiste? Uma vez que ele tenha passado do nível para iniciantes, ele precisará ser capaz de lidar com a pressão de executar rotinas cada vez mais difíceis e técnicas.

Informação adicional

Web site: Confederação Brasileira de Ginástica, www.cbgisnastica.org.br
Vídeos: *Kids of Degrassi Street* (WGBH Video); *Pad Drills* (TMW Media Group)
Livros: *O Que É Ginástica Artística* (Silvia Vieira a Armando Freitas); *Evolução – História da Ginástica Olímpica no Brasil* (Nestor Soares Publio); *Compreendendo a Ginástica Artística* (Myriam Nunomura e Vilma Leni Nista-Piccolo); *Georgete Vidor – Sem Limites* (Georgette Vidor)

Você sabia?

Antigos desenhos egípcios datando de 5000 a.C. mostram acrobatas se apresentando para os faraós e a nobreza egípcia.

GOLFE

Aptidões básicas

O golfe exige controle considerável, tanto físico como mental, técnica apropriada, coordenação, concentração e habilidade analítica.

Outros elementos

É necessário instrução para aprender os vários elementos envolvidos, bem como a parte analítica do jogo. Considerável prática e repetição de exercícios são necessárias para aprender as técnicas.

Provas esportivas

Jogadores de golfe jogam dezoito buracos, embora os iniciantes normalmente façam partidas de apenas alguns buracos. Os jogadores iniciantes raramente competem e mesmo os jogadores mais avançados podem não competir.

Segurança

Em geral, o golfe é considerado um esporte seguro, apesar de ser possível machucar-se com o taco, ser atingido pela bola de outro jogador e assim por diante. Problemas na parte inferior das costas e nos ombros podem ocorrer, mas não tendem a acontecer com jogadores iniciantes.

Diversos

Nas competições, os juízes fiscalizam o cumprimento das regras. Cada jogador marca seus próprios pontos. Apesar de ser um esporte individual, o golfe é frequentemente jogado em equipe. Às vezes, o golfe é jogado com dois jogadores (um time) contra outros dois jogadores (um segundo time), embora haja outras variações do jogo em equipe. Custos: título de clube para iniciantes, tacos e aulas. A não ser que estejam incluídas nos custos das aulas, pode haver taxa de aluguel do campo. Procure programas direcionados especificamente às crianças e campos que têm áreas reservadas para juniores. Os campos juniores destinam-se às crianças e são menores do que a maioria dos campos, normalmente com menos buracos. É considerado um esporte para ser praticado a vida inteira.

Esportes relacionados

Nenhum.

Seu filho e o golfe

Seu filho é relativamente calmo? Tem grande tolerância frente às frustrações? É paciente? Ele prefere uma atividade mais lenta do que uma que exige velocidade? Ele é analítico? Presta atenção nos detalhes? É capaz de prestar atenção quando está aprendendo? Gosta de andar? O golfe é um jogo mental e enfatiza movimentos executados com *finesse* em vez de força. Dessa forma, a precisão (colocação e localização da bola) é quase sempre mais importante do que a distância obtida na tacada.

Informação adicional

Web site: Confederação Brasileira de Golfe, www.cbg.com.br
Vídeo: *Play Better Golf. Vol. 1: The Basics*

Livros: *Golfe: Guia do Golfista* (Roger Hyder); *Golfe: Dicas e Segredos* (Bem Hogan); *Golfe – 100 anos no Brasil* (Roberto H. Seadon)

Você sabia?

Os romanos levaram um tipo de jogo com tacos e bolas para as ilhas britânicas. Mas foram os escoceses, em meados do século XV, que colocaram buracos no chão e tornaram o objetivo do jogo colocar a bola nos buracos.

LANÇAMENTO DE DARDO

Aptidões básicas

Aqueles que querem praticar lançamento de dardo devem ter músculos fortes (especialmente braços fortes), habilidade para correr e potência.

Outros elementos

Os antigos lançadores provavelmente não tinham treinadores, mas os atletas do lançamento de dardo devem receber instrução, pois é necessário técnica, bem como condicionamento, para arremessar o dardo a uma distância mínima para as competições. São necessários prática considerável e treinamento. Deve-se praticar muitas vezes por semana.

Provas esportivas

As competições de lançamento de dardo normalmente consistem de algumas tentativas (lançamentos). O atleta que lançar o dardo mais longe vence.

Segurança

Tendinite, deslocamento dos ombros, torções musculares, contusão do cotovelo e lesão por esforço repetitivo estão entre as lesões que o lançador de dardos pode sofrer.

Diversos

Os juízes monitoram a competição, determinam quando o arremesso é válido ou há faltas e medem as distâncias. O lançamento de dardo é um esporte individual de atletismo, embora normalmente a competição seja feita entre equipes. Custos: não há, se a pessoa fizer parte de uma equipe escolar de atletismo, embora às vezes haja taxas individuais de treinamento. Os custos possíveis incluem dardo, uniforme e tênis.

Esportes relacionados

Heptatlo e decatlo.

Seu filho e o lançamento de dardo
> Seu filho gosta de correr? Gosta de arremessar coisas (bolas, galhos etc.) no ar e ver se consegue arremessar cada vez mais longe? Ele tem boa coordenação? Tem senso de equilíbrio?

Informação adicional
> Web site: Confederação Brasileira de Atletismo, www.cbat.org.br
> Vídeo: *Run Faster, Jump Higher, Throw Farther: How to Win at Track and Field* (Sabin); *Track & Field, Part III – Throwing Events* (Human Kinetics); *Javelin Throw Drills* (Sports Nation Video)
> Livro: *Atletismo: Lançamentos e Arremessos* (José Luís Fernandes)

Você sabia?
> O primeiro tipo de dardo era a lança e era usado para caçar animais selvagens e matar soldados inimigos. Durante muitos anos, as competições de lançamento de dardo aconteciam nos mesmos locais que os outros esportes do atletismo. Nos anos 1980, os atletas desse esporte começaram a lançar os dardos tão longe que a segurança dos outros atletas competindo em provas de atletismo ficou comprometida. Por causa disso, o dardo foi redesenhado de forma que não pudesse ser arremessado a uma distância tão grande.

LEVANTAMENTO DE PESO

Aptidões básicas
> O levantamento de peso exige força muscular, especialmente dos braços, pernas e costas. Algumas modalidades também demandam potência.

Outros elementos
> A instrução é essencial para aprender as técnicas apropriadas de levantamento de peso. A prática por várias vezes na semana é necessária. É importante ter um condicionamento considerável.

Provas esportivas
> As provas são divididas pelo peso do atleta e consistem de certo número de levantamentos, de diferentes pesos e de diferentes tipos de levantamento.

Segurança
> Algumas pessoas questionam se esse esporte é seguro para as crianças. É melhor não começar a praticar o levantamento de peso antes dos doze ou treze anos. Mesmo assim, é importante que a criança tenha um bom instrutor

para supervisioná-la de perto e desenvolvê-la com cuidado. Peça a opinião do pediatra do seu filho. As lesões mais comuns são torções e distensões musculares, bem como deslocamento dos ombros.

Diversos
O juiz determina o sucesso do levantamento de peso. O vencedor é aquele que levanta o maior peso. É um esporte individual, embora com frequência seja disputado por equipes. Custos: treinador, taxas de academia, uniforme, tênis, cintos de suporte e equipamento relacionado.

Esportes relacionados
Levantamentos básicos (powerlifting).

Seu filho e o levantamento de peso
Seu filho é forte? Tem muita massa muscular? Gosta de se exercitar e de levantar pesos?

Informação adicional
Web site: International Weightlifting Federation, www.ifw.net

Livros: *Weightlifting* (Bob Knotts); *Sports: The Complete Visual Reference* (François Fortin)

Você sabia?
O homem levantava peso desde os primeiros tempos para testar sua força. Apesar de ter sido comum na Europa e em outros países durante anos, tornou-se cada vez mais popular nos Estados Unidos no século XX. Passou a fazer parte do programa olímpico em 1920 e acontece apenas quando os atletas mais fortes do mundo competem nessa prova.

LUGE

Aptidões básicas
O luge ou trenó rápido exige reflexos rápidos, potência e nervos de aço.

Outros Elementos
Treinamento e instruções são necessários para aprender as técnicas – largar, manobrar, frear e assim por diante. É necessária muita prática.

Provas esportivas
O luge é um tipo de trenó projetado para atingir altas velocidades. Existem provas simples e em duplas. Uma corrida consiste em descer uma pista de

luge por uma distância específica. O menor tempo de uma ou duas tentativas determina o vencedor.

Segurança

O luge pode ser muito perigoso por causa das altas velocidades. Embora os iniciantes em geral não atinjam as velocidades dos competidores mais avançados; ainda há a possibilidade de se desenvolver velocidades moderadas e choques por conta da perda de controle. O uso de capacete é obrigatório. Distensões musculares e fraturas de braços e pernas são possíveis, se houver choque.

Diversos

Embora os juízes monitorem a pista, os corredores que fizerem o melhor tempo vencem. Trata-se de um esporte individual, apesar de haver provas em duplas. Custos: se houver uma pista de luge perto de você, você deverá pagar pela instrução e talvez pelo título de um clube para usar a pista e o luge. Compra ou aluguel de seu próprio uniforme, capacete, tênis e luvas.

Esportes relacionados

Bobsledding e skeleton.

Seu filho e o luge

Seu filho gosta de descer morros de trenó? A corrida de luge é como andar de trenó, a não ser pelo fato de os corredores deitarem de costas com os pés voltados para frente. Ele é forte? Tem reflexos rápidos e controle físico? Ele gosta de velocidade?

Informação adicional

Web site: Confederação Brasileira de Desportos no Gelo, www.cbdg.org.br

Você sabia?

A história do trenó data dos anos 1480 na Noruega. A primeira competição internacional aconteceu na Suíça em 1883. Embora a maioria dos termos usados para designar esse esporte, suas manobras e características seja de origem alemã, *luge* é trenó em francês. Quando descem a pista, os atletas do luge tornam-se virtualmente máquinas de voar e podem atingir velocidades de até 150 km/h.

LUTA LIVRE

Aptidões básicas

A luta livre exige força, flexibilidade, coordenação e equilíbrio.

Outros elementos

A luta livre possui movimentos muito específicos. São necessárias aulas para aprender esses movimentos. Condicionamento e prática são necessários.

Provas esportivas

As lutas consistem de dois adversários lutando em uma área específica. O tempo da luta varia de dois a três minutos. Os pontos são marcados com base na derrubada do adversário. Hoje, a luta livre é um esporte praticado por meninas e mulheres, e a luta livre feminina foi um dos 32 esportes olímpicos das Olímpiadas de 2004 em Atenas.

Segurança

Como a luta livre é um esporte de combate controlado, não é permitida qualquer agressão inapropriada. Mesmo assim, é possível ocorrerem lesões como torções musculares, distensões e luxações.

Diversos

Os juízes controlam as lutas e marcam os pontos. É um esporte individual, embora em geral seja disputada em equipe. Custos: trata-se de um esporte barato, mas os custos podem incluir uniforme e taxas de treinamento, a não ser que o atleta faça parte de uma equipe escolar. Não há custos com equipamentos.

Esportes relacionados

Luta greco-romana.

Seu filho e a luta livre

Seu filho gosta de brincar de luta com os seus colegas ou amigos? Ele é flexível e tem boa coordenação? Tem bom equilíbrio? Gosta de rolar no chão?

Informação adicional

Web site: Confederação Brasileira de Lutas Associadas, www.cbla.com.br
Vídeo: *The Winning Edge. Vol. 1: Beginner Wrestling Video*
Livros: *Wrestling for Beginners* (Tom Jarman); *Sports: The Complete Visual Reference* (François Fortin)

Você sabia?

A luta livre é um dos esportes mais antigos que conhecemos, com evidências encontradas em pinturas rupestres descobertas na França que datam de 15 mil anos! Relevos (um tipo de escultura) encontrados no Egito e na antiga Babilônia retratam lutadores executando alguns dos golpes que observamos hoje na prática desse esporte.

NATAÇÃO

Aptidões básicas

Força nos músculos dos braços e das coxas, rapidez e resistência são aptidões importantes para os nadadores.

Outros elementos

Os técnicos de natação acompanham os treinos individuais de cada nadador e orientam o condicionamento apropriado. Os treinos duram de uma a duas horas por dia, três a cinco vezes por semana.

Provas esportivas

As provas vão de 50 a 1.500 m para cada uma das quatro modalidades, medley individual (todas as quatro modalidades) e provas de revezamento com equipes de quatro nadadores.

Segurança

A natação é um dos esportes mais seguros, embora possa haver distensões de pernas e ombros. Também é possível machucar-se ao se escorregar na borda da piscina, se os nadadores não tomarem cuidados ou se correrem na borda molhada. Se os treinos e as provas forem realizados ao ar livre, o uso de bloqueador solar é obrigatório (FPS 30 ou mais).

Diversos

A vitória é determinada pelo cronômetro ou por relógio eletrônico (dispositivo de toque). É um esporte individual, embora normalmente as crianças nadem em equipes e haja algumas provas de equipe (revezamento). Custos: traje de banho, touca, óculos de natação e aulas/treinamento; às vezes títulos de clube ou taxas de equipe. É considerado um esporte para a vida inteira e um ótimo exercício cardiovascular.

Esportes relacionados

Nado sincronizado.

Seu filho e a natação

Seu filho sente-se confortável na água? Ele gosta de nadar? Ele é resistente ao frio? Ele está pronto para se concentrar no treinamento em vez de ficar apenas brincando na água?

Informação adicional

Web site: Confederação Brasileira de Desportos Aquáticos, www.cbda.org.br
Vídeo: *Art of Swimming; Excellence in Stroke Technique* (1-800-352-7946)
Livros: *Natação* (Steve Tarpinian); *Natação – Guia Passo a Passo* (Paul Manson)

Você sabia?

Desenhos de seis mil anos de idade mostram homens nadando na região do deserto de Kebir.

*

Certa vez, o filósofo Platão afirmou que aqueles que não sabiam nadar não tinham uma educação adequada.

PATINAÇÃO ARTÍSTICA

Aptidões básicas

Esse esporte exige controle físico, técnica precisa, concentração, flexibilidade, força física e equilíbrio. Os patinadores artísticos devem gostar de se exibir, patinando para a plateia e para os juízes. Precisam também ser expressivos e criativos.

Outros elementos

Este é um esporte em que treinamento é essencial, demandando um relacionamento muito intenso e de confiança entre o treinador e o patinador. É necessária uma prática considerável para aprender as várias técnicas e, uma vez que elas tenham sido aprendidas, prática adicional e repetição dos exercícios são necessários para aperfeiçoar cada um dos movimentos.

Provas esportivas

A competição envolve um programa curto de alguns minutos com um número específico de elementos técnicos e um programa mais longo, frequentemente chamado de programa livre, em que não se exige elementos técnicos. Ambos os programas são realizados em sincronia com uma música selecionada pelo treinador e pelo patinador. É claro que as crianças podem aprender a patinação artística sem a intenção de competir.

Segurança

Um bom treinador e boas condições de gelo reduzem o risco de acidentes. Mas mesmo com um bom treinador e ótimas condições de gelo, é possível se machucar, distendendo músculos e fraturando braços, tornozelos e pernas, bem como sofrendo machucados na cabeça. Normalmente, os iniciantes usam joelheiras, cotoveleiras e munhequeiras, assim como capacete.

Diversos

Os juízes determinam o placar ou o número de pontos para cada esquiador. É um esporte em que o julgamento é fator determinante, e fatores externos à exibição às vezes influenciam alguns juízes. Um jovem patinador deve ter consciência disso e ser capaz de lidar com o elemento subjetivo contido no julgamento desse esporte. Trata-se de um esporte individual, apesar de frequentemente as competições serem feitas em equipe ou por um clube. Custos: patins, uniformes, aulas/treinamento, título de um clube de patinação.

Esportes relacionados
Patinação em velocidade, *patinação in-line*, patinação em pares e dança sobre gelo.

Seu filho e a patinação artística
Seu filho tem senso de equilíbrio? Ele sabe patinar? Consegue rodopiar sem ficar tonto? Tem flexibilidade física? Absorve bem instruções? Tem tolerância frente a frustrações? Ele lida bem com o estresse? Tem graça?

Informação adicional
Web sites: Confederação Brasileira de Hóquei e Patinação, www.cbhp.com.br; Confederação Brasileira de Desportos do Gelo, www.cbdg.org.br

Vídeo: *Easy Skating* (Donna Ashton-Good)

Livro: *Magic on Ice* (Patty Cranston); *The Young Ice Skater* (Peter Morrissey); *Ice Skating* (Peter Morrissey), *Born to Skate: the Michelle Kwan Story* (Edward Z. Epstein); *Sarah Hughes: Golden Girl* (Nancy Krulik); *Landing It: My Life On and Off the Ice* (Scott Hamilton)

Filmes: *Nutcraker on Ice* (para crianças); *Artistry on Ice* (sem classificação)

Você sabia?
Patins feitos de ossos de animais datam de 800 a.C.

※

Apesar de a patinação ter nascido na Europa, a patinação artística conforme a conhecemos hoje começou nos Estados Unidos.

PATINAÇÃO EM VELOCIDADE

Aptidões básicas
Os patinadores de velocidade de curta distância têm de ser rápidos na largada e ter fortes músculos nas pernas. Para as provas mais longas, os patinadores devem ter resistência, boa capacidade aeróbica, força física geral e pernas potentes.

Outros elementos

É recomendável que se façam aulas para aprender as técnicas mais eficientes e efetivas. Para competir, os treinadores são essenciais para orientar o atleta. Considerável prática e treinamento são necessários para competir nos níveis mais elevados desse esporte.

Provas esportivas

Algumas das provas são a de 500, 1.500, 5.000 e 10.000 m (somente masculino) e de revezamento. Há dois tipos diferentes de rinques: curto e longo.

Segurança

Os patinadores atingem grande velocidade no gelo. Podem ocorrer traumas por causa de queda ou colisões (as quais, por sua vez, provocam quedas). As lesões podem ser distensões e cortes menores ou outras mais sérias, como fratura de ossos e traumas cranianos.

Diversos

A patinação em velocidade é um esporte cronometrado, e o patinador mais veloz vence. Os juízes certificam-se de que as regras são cumpridas, observando especialmente se um competidor fecha ou obstrui um adversário. Isso pode resultar desqualificação. A não ser pelas provas de revezamento, a patinação em velocidade é um esporte individual. Custos: patins, capacetes, joelheiras, protetor de queixo e título de um clube de patinação.

Esportes relacionados

Patinação in-line, patinação artística e hóquei sobre gelo.

Seu filho e a patinação em velocidade

Seu filho sabe patinar? Ele gosta de patinar com velocidade? Tem pernas fortes? Gosta do frio?

Informação adicional

Web site: Confederação Brasileira de Desportos no Gelo, www.cbdg.org.br
Livros: *The Encyclopedia of the Winter Olympics* (John Wukovits); *Speed Skating* (Larring Dane Brimmer); *Bonnie Blair: Power on Ice* (Wendy Daly); *A Winning Edge* (Bonnie Blair); *Full Circle: An Autobiography* (Dan Jansen)

Você sabia?

A patinação em velocidade foi a primeira das três modalidades de patinação – patinação em velocidade, patinação artística e hóquei – a se tornar um esporte. Os primeiros patinadores de velocidade a competir foram os holandeses no século XVI. Por volta do século XVIII, a patinação em velocidade tinha se espalhado por toda a Europa. A primeira competição moderna de patinação em velocidade aconteceu na Noruega em 1863.

PATINAÇÃO IN-LINE

Aptidões básicas

O equilíbrio e a coordenação são aptidões importantes para a patinação in-line. Músculos da perna fortes, também.

Outros elementos

As crianças que aprenderam a patinar usando patins com rodas em dois eixos normalmente conseguem usar patins com rodas alinhadas com facilidade e sem precisar de instrução formal. Para melhorar ou para se preparar para a patinação in-line competitiva, os patinadores quase sempre treinam sob a orientação de um técnico. Como na maioria dos esportes, a prática é um elemento importante para a competição.

Provas esportivas

As várias formas de patinação in-line incluem patinação em velocidade, que consiste em se patinar ao redor de uma pista. Há competições para distâncias diferentes e provas individuais, bem como em equipe. O(s) patinador(es) com o tempo mais rápido vence(m). A patinação acrobática, por outro lado, é um esporte julgado. Os patinadores são analisados pelo seu desempenho técnico.

Segurança

Quedas e colisões são comuns nesse esporte, o que pode resultar em contusões. Além disso, torções e distensões musculares podem ocorrer, da mesma forma que fraturas de braços e de mãos. Os patinadores devem usar capacetes, munhequeiras, cotoveleiras e joelheiras.

Diversos

A patinação em velocidade é um esporte cronometrado. Como a patinação acrobática é um esporte que tem seu desempenho julgado, ela contém elementos subjetivos. A patinação in-line é um esporte individual, embora possa haver competições entre equipes. Custos: patins, capacetes, munhequeiras, cotoveleiras e joelheiras, uniformes e aulas, bem como possivelmente título de clubes de patinação.

Esportes relacionados

Skate.

Seu filho e a patinação in-line
   Seu filho gosta de patinar? Ele tem bom equilíbrio? Ele gosta de patinar com velocidade ou de fazer manobras acrobáticas quando está patinando?

Informação adicional
   Web site: Confederação Brasileira de Hóquei e Patinação, www.cbhp.com.br
   Vídeo: *Skating Fit: The Complete In-line Skating Workout* (ABA)
   Livro: *In-Line Skating Basics* (Jeff Savage); *In-Line Skating* (Dawn Irwin); *Get Rolling: The Beginner's Guide to In-line Skating* (Liz Miller)

Você sabia?
   A patinação in-line é um esporte mais recente, apesar de os patins com rodas terem sido desenvolvidos há mais de cem anos, os patins in-line (patins com as rodas dispostas em linha) foram desenvolvidos nos Estados Unidos nos anos 1980.

SALTO (HIPISMO)

Aptidões básicas
   Um cavaleiro deve ter paciência e firmeza, embora seja necessária gentileza com seu cavalo. É essencial ótima concentração.

Outros elementos
   É necessário instrução para aprender a cavalgar corretamente e habilidades técnicas para ensinar o cavalo a saltar. É necessário praticar consideravelmente, tanto o cavalo como o cavaleiro, mas especialmente nutrir um bom relacionamento os dois.

Provas esportivas
   A prova exige que o cavalo e o cavaleiro saltem sobre vários tipos de diferentes obstáculos. Os juízes avaliam o desempenho do cavalo no salto e consideram a aproximação, o salto e a maneira como ele toca o chão após o salto.

Segurança
   Os maiores problemas de segurança são cair ou ser arremessado do cavalo. É possível quebrar ossos e machucar seriamente a cabeça e a coluna vertebral.

Diversos
   Esse é um esporte julgado, por isso há certo grau de subjetividade na análise

dos juízes. Trata-se de um esporte individual. Custos: todos os esportes hípicos são um tanto caros. Muitos participantes têm seus próprios cavalos e devem manter e se responsabilizar pela saúde do animal. Instrução e trajes especiais são custos adicionais. O título de um clube de hipismo é comumente necessário e caro.

Esportes relacionados
Polo equestre e adestramento.

Seu filho e o salto (hipismo)
Seu filho ama os cavalos? Ele gosta de cavalgar? Ele tem paciência quando trabalha com cavalo? Ele consegue se concentrar?

Informação Adicional
Web site: Confederação Brasileira de Hipismo, www.cbh-hipismo.com.br
Vídeo: *Today's Horse for Today's Kids* (American Production Services)
Livros: *Hipismo Brasileiro* (Renildo Ferreira); *O que é Hipismo* (Armando Freitas e Silvia Vieira)

Você Sabia?
Muitos esportes hípicos, inclusive o salto, começaram como passatempos recreativos e caça. Os militares também usavam esses esportes como forma de treinamento.

SALTO COM VARA

Aptidões básicas
O desempenho dos atletas do salto com vara é otimizado pela rapidez, flexibilidade, velocidade, pernas, ombros e músculos abdominais fortes e bom equilíbrio.

Outros elementos
O salto com varas exige muita técnica. Os treinadores ensinam tais técnicas e supervisionam o condicionamento e a prática adequados. Normalmente, pratica-se muitas vezes por semana.

Provas esportivas
A barra é colocada a uma altura de forma que a maioria dos competidores consiga saltar. Depois de cada turno, a barra é erguida. O competidor que consegue saltar sobre a barra na altura mais elevada vence.

Segurança

Sem ótima técnica e treinamento, o competidor pode sofrer ferimentos graves. Capacetes e colchões apropriados para a aterrissagem devem ser utilizados. As lesões mais frequentes são distensões, deslocamento e fraturas.

Diversos

Os juízes estabelecem a altura, determinam o sucesso do salto e verificam as alturas da barra e qual o competidor vencedor. O salto com varas é uma prova de atletismo e um esporte individual, embora os competidores normalmente façam parte de uma equipe. Custos: taxas de clube ou de equipe, possíveis taxas de treinamento, uniformes, varas e tênis.

Esportes relacionados

Salto em altura e decatlo.

Seu filho e o salto com vara

Seu filho atinge alta velocidade em um curto percurso? Ele gosta de saltar do trampolim? Tem força na parte superior do corpo?

Informação adicional

Web site: Confederação Brasileira de Atletismo, www.cbat.org.br

Vídeo: *Run Faster, Jump Higher, Throw Father: How to Win at Track and Field* (Sabin); *Track & Field, Part II – Jumping Events* (Human Kinetics); *Becoming a Champion Pole Vaulter* (SportsNation)

Livro: *Atletismo: Saltos* (José Luís Fernandes)

Você sabia?

O salto com varas provavelmente começou na Europa como forma de cruzar canais de água. Ao longo do tempo, as varas têm sido feitas com diferentes materiais – madeira, bambu, alumínio e, finalmente, fibra de vidro.

∗∗∗

Nas Olimpíadas de Berlim de 1936, um norte-americano venceu a prova. Dois atletas japoneses tinham de competir para determinar quem iria ganhar a medalha de prata e quem iria receber a de bronze. No entanto, o treinador da equipe se recusou a deixar que eles competissem um contra o outro. Em vez disso, depois dos jogos, as medalhas de prata e de bronze foram cortadas em dois e soldadas novamente. Uma medalha metade de prata e metade de bronze foi então oferecida para cada um dos dois atletas japoneses.

SALTO EM ALTURA

Aptidões básicas

Músculos das pernas fortes, velocidade e flexibilidade são fatores importantes para os atletas de salto em altura.

Outros elementos

Os treinadores ensinam os elementos técnicos desse esporte. Um atleta dessa modalidade deve praticar várias vezes por semana. O trampolim faz parte do treinamento.

Provas esportivas

Em geral, uma barra é colocada a uma altura classificatória. Todos os atletas devem saltar àquela altura para continuarem. Em seguida, a barra é erguida pouco a pouco. O atleta que consegue saltar mais alto vence.

Segurança

Colchões protegem os atletas quando caem de costas após saltarem. No entanto, ainda assim é possível se machucar. Entre as contusões, pode-se torcer ou distender os músculos, quebrar braços, pulsos e pernas.

Diversos

Os juízes fiscalizam a competição e o cumprimento das regras. Monitoram as alturas da barra e determinam se o atleta fez o salto corretamente. O salto em altura é uma prova de atletismo frequentemente praticada em equipe, mas é um esporte individual. Custos: taxas de equipe, possíveis taxas de treinamento, uniformes e tênis.

Esportes relacionados

Salto em distância, salto triplo, salto com vara, heptatlo e decatlo.

Seu filho e o salto em altura

Seu filho gosta de balançar em um trampolim? Gosta de pular? Tem pernas fortes? Pode correr distâncias curtas com velocidade? Ajuda ser alto.

Informação adicional

Web site: Confederação Brasileira de Atletismo, www.cbat.org.br
Vídeo: *Run Faster, Jump Higher, Throw Farther: How to Win at Track and Field* (Sabin); *Track & Field, Part II – Jumping Events* (Human Kinetics)
Livro: *Atletismo: Saltos* (José Luís Fernandes)

Você sabia?

Sabemos que os primeiros registros do salto em altura apareceram na África.

Os celtas também faziam competições desse esporte que se tornou oficial na Grã-Bretanha.

**

O norte-americano Walt Davis teve poliomielite aos oito anos. Com onze anos ele mal conseguia andar. Nas Olimpíadas de 1952, em Helsinki, ele ganhou a medalha de ouro no salto em altura.

SALTO EM DISTÂNCIA

Aptidões básicas

Pernas fortes, flexibilidade, coordenação e capacidade de correr são elementos básicos para os participantes desse esporte.

Outros elementos

Como a maioria dos esportes de atletismo, o salto em distância exige o aprendizado de técnicas muito específicas, como a corrida de aproximação, o salto, o voo e a chegada ao solo. Os treinadores ensinam essas técnicas e orientam o treinamento e as práticas, que normalmente acontecem várias vezes por semana.

Provas esportivas

Os competidores normalmente fazem alguns saltos – quase sempre três. O atleta que consegue dar o salto a uma maior distância vence.

Segurança

Torções e distensões musculares, torção nos tornozelos e fraturas nos pés podem acontecer.

Diversos

Os juízes determinam as faltas na saída e chegada ao solo. Também verificam as distâncias de cada salto. O salto em distância é um esporte individual, embora normalmente os competidores participem de uma equipe de atletismo. Custos: taxas de time, possíveis taxas de treinamento, uniformes e tênis.

Esportes relacionados

Salto triplo, salto em altura, heptatlo e decatlo.

Seu filho e o salto em distância

Seu filho consegue correr distâncias curtas? Ele tem músculos das pernas fortes? Ele gosta de correr e pular? É útil se ele for alto.

Informação adicional

Vídeo: *Run Faster, Jump Higher, Throw Farther: How to Win at Track and Field* (Sabin); *Track & Field, Part II – Jumping Events* (Human Kinetics); *Champion Long Jumper* (Sport Nation Video)

Livro: *Atletismo: Saltos* (José Luís Fernandes)

Você sabia?

O salto em distância era um esporte praticado pelos celtas há mais de quatro mil anos. O primeiro salto em distância registrado aconteceu em 708 a.C. na Grécia antiga.

※

Um dos maiores atletas do salto em distância foi Jesse Owens. Nos Jogos Olímpicos de Berlim, em 1936, ele conquistou quatro medalhas de ouro, uma delas no salto em distância. Como Owens era afro-americano, Hitler se recusou a apertar sua mão. Owens estabeleceu o recorde mundial para o salto em distância nesses jogos, mantido por mais de 25 anos.

SALTO ORNAMENTAL

Aptidões básicas

Ajuda se o saltador tiver um bom controle sobre o seu corpo, força e potência, técnica excelente e graça.

Outros elementos

O salto ornamental requer muito treinamento. Para atingir competência técnica é necessário praticar consideravelmente, com uma grande dose de repetição dos exercícios.

Provas esportivas

Salto de plataforma (10 m) e de trampolim (3 m). Os saltos têm diferentes graus de dificuldade, e os iniciantes aprendem os saltos mais fáceis primeiro. Durante as competições o saltador executa de quatro a seis saltos diferentes.

Segurança

A piscina deve ser funda o bastante para evitar que o saltador bata no fundo; os machucados mais comuns acontecem quando o praticante atinge o trampolim ou a plataforma durante o salto, ou quando ele atinge a água com grande impacto e seu corpo não está corretamente alinhado. É possível machucar a cabeça. Normalmente, os saltadores iniciantes não aprendem a saltar da plataforma.

Diversos

Este é um esporte julgado por juízes. Eles determinam os pontos, que são multiplicados pelo grau de dificuldade de um salto em particular. O salto ornamental é um esporte individual, apesar de frequentemente ser praticado em equipe. Custos: trajes de banho, aulas/treinadores, título de clube ou de centro de natação.

Esportes relacionados

Salto sincronizado.

Seu filho e o salto ornamental

O salto ornamental é um esporte muito técnico e de alta precisão. Os iniciantes usam apenas trampolins de 3 m, de forma que um salto dura apenas dois segundos. Seu filho gosta de atividades repetidas sem demonstrar tédio? Ele gosta de saltar de um trampolim? (Isso é parte do treinamento de salto ornamental.) Seus movimentos físicos são graciosos? É importante que ele não fique tonto ou enjoado quando seu corpo estiver em movimento.

Informação adicional

Web site: Confederação Brasileira de Desportos Aquáticos, www.cbda.org.br
Livros: *O que é Natação Sincronizada e Saltos Ornamentais* (Armando Freitas e Silvia Vieira)
Fimes: *Mergulhando Fundo: A História de Greg Louganis*

Você sabia?

Temos evidências de que as pessoas mergulhavam já no século IV a.C. e que os vikings mergulharam doze séculos mais tarde.

SALTO TRIPLO

Aptidões básicas

Os atletas do salto triplo precisam ter músculos das pernas fortes, ser bons corredores, ter velocidade, potência e coordenação.

Outros elementos

O treinamento é necessário para aprender as técnicas desse esporte. O treinador desenvolve os exercícios de condicionamento, e o atleta deve praticar várias vezes por semana.

Provas esportivas

Cada competidor faz alguns saltos. O competidor que consegue fazer o salto mais distante vence.

Segurança

Torções musculares, distensões diversas, deslocamentos e fraturas nos pés podem ocorrer.

Diversos

Os juízes supervisionam cada salto e marcam as faltas. Medem e verificam as distâncias. O salto triplo é uma prova de atletismo disputada por um time, embora seja um esporte individual. Custos: taxas de time, possíveis taxas de treinamento, uniforme e tênis.

Esportes relacionados

Salto em altura e *salto em distância*.

Seu filho e o salto triplo

Seu filho gosta de correr e dar longos saltos? É um bom corredor em distâncias curtas? É rápido? Ajuda se ele for alto e magro.

Informação adicional

Web site: Confederação Brasileira de Atletismo, www.cbat.org.br
Livro: *Atletismo: Saltos* (José Luís Fernandes)

Você sabia?

Alguns historiadores acreditam que o salto triplo se desenvolveu a partir da brincadeira infantil Amarelinha.

SINUCA

Aptidões básicas

É útil ter boa coordenação entre olhos e mãos; movimentos coordenados de braços, mãos e dedos; e aptidão para analisar as tacadas.

Outros elementos

Apesar de a criança poder aprender a jogar sinuca sozinha, as aulas são necessárias para aprender as técnicas básicas e os detalhes do jogo. Muita prática é importante para que o jogador possa encontrar as várias combinações e permutações que ocorrem no jogo, embora o conhecimento de tais combinações seja virtualmente infinito. Trata-se de um esporte de coordenação motora fina.

Provas esportivas

Apesar de existirem variações na sinuca, as características básicas envolvem jogar em uma mesa com uma bola mestra (usada para encaçapar as outras) e quinze bolas numeradas. Isso se chama sinuca de bolso ou de mesa. Os jogadores jogam de 3 a 17 partidas dependendo da prova. O primeiro jogador a encaçapar todas as suas bolas é o vencedor.

Segurança

Embora a sinuca seja um esporte seguro, contusões nos dedos e lesões por esforço repetitivo são possíveis.

Diversos

Nas competições de alto nível, os juízes monitoram as faltas. Em geral, a sinuca é um esporte sem juízes e individual. Custos: mesa de sinuca, tacos, bolas e aulas. Títulos em clubes ou salões são normalmente necessários para competir. No passado, muitos pais não consideravam os salões de sinuca um ambiente aconselhável para crianças. Alguns clubes e salões têm áreas destinadas a todos os membros da família.

Esportes relacionados

Nenhum.

Seu filho e a sinuca

A sinuca é um esporte de precisão. Seu filho tem boas aptidões motoras finas? Seu filho tem bom raciocínio matemático e gosta de analisar situações? Ele é calmo? Tem grande tolerância à frustração?

Informação adicional

Web site: Confederação Brasileira de Bilhar e Sinuca, www.sinuca.com.br
Vídeo: *Billiards for All Age Groups*; *BCA's How to Play Right Pool*
Livros: *Snooker – Tudo sobre a Sinuca* (Sergio Faraco e Paulo Dirceu Dias); *Sinuca – Como Jogar e Vencer* (Luiz Andrade Ribeiro)

Você sabia?

Embora as origens desse esporte não sejam claras, ele pode ter surgido na China. Sabemos que uma mesa de bilhar foi construída pelo rei francês Luís XI no século XV.

∗∗

Willy Mosconi, ex-campeão mundial de sinuca, aprendeu a jogar na juventude usando batatas e um cabo de vassoura.

SKELETON

Aptidões básicas

Reflexos rápidos e pernas fortes são essenciais para os praticantes desse esporte.

Outros elementos

O treinamento é necessário para aprender as técnicas básicas do skeleton e a prática regular várias vezes por semana é importante.

Provas esportivas

As provas são realizadas em uma pista coberta de gelo; o skeleton usa as mesmas pistas do bobsledding e do luge. As pistas têm retas em alguns pontos, bem como curvas. Os corredores deitam-se no skeleton (um tipo especial de trenó), sobre suas barrigas, com a cabeça para baixo e com seus rostos a apenas alguns centímetros do gelo. Eles correm contra o relógio.

Segurança

Embora os iniciantes não atinjam velocidades tão altas como os corredores veteranos, ainda assim há risco de ferimento. As lesões vão de torções musculares a membros quebrados, contusões nos ombros e cortes faciais e na cabeça. O uso do capacete é obrigatório.

Diversos

O skeleton é uma corrida cronometrada, mas os juízes também monitoram a corrida e inspecionam a pista. É um esporte individual, apesar de os corredores poderem fazer parte de um time. Custos: treinamento e instruções, taxas de aluguel da pista, skeleton, capacete, tênis e luvas. Atualmente, não há muitas pistas de skeleton nos Estados Unidos.

Esportes relacionados

Luge e bobsledding.

Seu filho e o skeleton

Se seu filho gosta de velocidade quando anda de trenó, o skeleton pode ser o esporte ideal para ele. Ele tem pernas fortes e pés rápidos? Ele é destemido?

Informação adicional

Web site: Confederação Brasileira de Desportos no Gelo, www.cbdg.org.br
Livro: *Sports: The Complete Visual Reference* (François Fortin)

Você sabia?

Com seu queixo a apenas centímetros acima do gelo, os atletas desse esporte atingem velocidades de cerca de 135 km/h. A força gravitacional pode exceder 5g. O skeleton foi inventado por um inglês em 1992.

SNOWBOARDING

Aptidões básicas

Bom equilíbrio e coordenação ajudam na prática do snowboarding. Força em todo o corpo é importante.

Outros elementos

É mais rápido aprender o esporte se o atleta tiver aulas. É necessária muita prática para participar de competições. Muitas pessoas praticam o snowboarding apenas por diversão e nunca participam de competições.

Provas esportivas

Há dois tipos de snowboarding. *Half-pipe* é um exemplo de prova de snowboarding de estilo livre. O snowboarding alpino inclui provas de *slalom*. O snowboarding se tornou um esporte olímpico em 1998.

Segurança

Os jovens iniciantes tendem a não atingir velocidades altas, por isso há poucos acidentes e os ferimentos são menores. Distensões e torções do pulso são comuns. A colisão com outros praticantes ou com árvores pode causar traumas mais sérios.

Diversos

Algumas provas de snowboarding, como o *slalom*, são corridas contra o relógio. Outras, como a *half-pipe*, são provas com julgamento – os juízes conferem pontos com base no estilo, altura e dificuldade das manobras aéreas executadas. O snowboarding é um esporte individual. Custos: aulas, prancha de snowboarding, capacete, botas, munhequeiras, joelheiras, luvas, óculos de proteção e roupas quentes e à prova d'água. Em geral, as aulas são de meio período ou de período integral e estão disponíveis na maioria das pistas ou resorts de esqui. Alguns resorts oferecem uma série de quatro a oito aulas.

Esportes relacionados

Esqui alpino, *esqui estilo livre* e *patinação*.

Seu filho e o snowboarding

Seu filho tem boa coordenação e equilíbrio? Tem força muscular, concentração e reflexos rápidos? Ele não teme cair (até mesmo os bons praticantes de snowboarding caem com frequência)? Ele gosta de ficar ao ar livre quando está frio?

Informação adicional

Web site: Confederação Brasileira de Desportos no Gelo, www.cbdg.org.br

Livros: *The Young Snowboarder* (Bryan Iguchi); *Beginning Snowboarding* (Julie Jensen), *A Basic Guide to Skiing and Snowboarding* (Comitê Olímpico dos Estados Unidos); *To the Edge and Back* (Chris Klug); *Skills: The Back-To-Basics Essentials for All Levels* (Cindy Kleh)

Você sabia?

Esse é um dos esportes mais modernos. Suas raízes podem estar nas brincadeiras de criança. Elas fizeram algo semelhante às atuais pranchas de snowboarding usando tábuas de barris e com elas desceram colinas cobertas de neve. Uma forma inicial de snowboarding como o conhecemos hoje começou nos anos 1960 quando se amarrou dois esquis juntos para se criar uma prancha semelhante à usada no surf. As primeiras competições aconteceram em Vermont nos anos 1970.

∗∗∗

Chris Klug conquistou a medalha de bronze nas Olimpíadas de 2000, 18 meses depois de ter feito um transplante de fígado. Ele escreveu um livro sobre sua vida.

SQUASH

Aptidões básicas

Ajuda ser rápido, veloz, potente, ter vigor, boa coordenação entre olhos e mãos e boas aptidões táticas.

Outros elementos

É necessária instrução para aprender o jogo e suas técnicas. O jogador deve praticar várias vezes por semana para melhorar seu desempenho.

Provas esportivas

O squash pode ser praticado em uma quadra específica para esse esporte tanto como um jogo individual como contra um adversário. Nas competições, um juiz marca o placar.

Segurança

As distensões e torções musculares são comuns, bem como o aparecimento de dores nos ombros e nos cotovelos. Podem ocorrer lesões por esforço repetitivo.

Diversos

O squash é um esporte de raquete individual, que combina alguns traços do tênis, do raquetebol e do badminton. Também há provas em duplas e às vezes a competição é realizada por times. Os juízes marcam a pontuação. Custos: aulas, raquete, tênis e óculos de proteção. Um título em clube de atletismo que tenha quadra de squash é comumente necessário.

Esportes relacionados
Tênis, badminton e raquetebol.

Seu filho e o squash
Seu filho tem boa coordenação entre olhos e mãos? Tem os pés rápidos? Tem muito vigor?

Informação adicional
Web sites: Confederação Brasileira de Squash, www.squashbrasil.org.br; Squash Brasil, www.squashbrasil.com.br

Livros: *Learn Squash and Racquetball in a Weekend* (Jahangir Khan); *Sports: The Complete Visual Reference* (François Fortin); *Squash: A History of the Game* (James Zug)

Você sabia?
Aparentemente, esse esporte teve sua origem na Inglaterra. Chegou aos Estados Unidos no final do século XIX, e era jogado em muitas das faculdades e universidades da costa leste. Hoje tornou-se um esporte popular naquele país.

TAE KWON DO

Aptidões básicas
O tae kwon do (um termo coreano que pode ser traduzido como "caminho dos pés e das mãos") é uma arte marcial e exige que o praticante tenha reflexos excelentes, ótima técnica e forma, movimentos físicos controlados, porém rápidos, vigor e controle mental.

Outros elementos
Um iniciante não aprende o tae kwon do sozinho, mas com um instrutor que normalmente é faixa preta de quarto, quinto ou outro grau maior. A habilidade do instrutor para ensinar as crianças é mais importante do que seu título ou nível. Às vezes, o treinamento é formal, com relacionamento mestre-aluno, embora normalmente a instrução seja dada em aulas. Há diferentes escolas ou estilos de tae kwon do, mas no nível inicial, as aulas próximas de casa e com um bom instrutor são mais importantes do que o estilo particular que está sendo ensinado. Para atingir níveis mais elevados,

o aluno deve conquistar faixas de diferentes cores ou níveis que o levarão à faixa preta. Normalmente, as crianças têm de uma a três aulas por semana. Você verá nas aulas alunos com diferentes níveis de aprendizado treinando juntos. Isso permite aos alunos menos avançados verem o objetivo para o qual estão trabalhando e permite aos alunos que detêm faixas mais elevadas ajudarem os de níveis menores. Crianças de seis ou sete anos já podem começar a aprender tae kwon do. Como todas as artes marciais, o tae kwon do enfoca boa forma física, autodefesa, e autodisciplina.

Provas esportivas

O aluno de tae kwon do pode progredir sem participar de nenhuma competição ou torneio. Para todos os níveis, os alunos são testados principalmente com relação à modalidade, apesar de lutas controladas poderem ser necessárias conforme o aluno avança. Quebrar tijolos ou tábuas faz parte do teste para trocar de faixa. Os alunos com faixas mais avançadas podem participar de competições. Em algumas dessas competições o participante é julgado pela suas técnicas e modalidades. Outras competições envolvem lutas entre dois oponentes.

Segurança

Os instrutores monitoram o treino para conquista da técnica e da forma corretas, reduzindo assim o risco de lesões. As contusões são incomuns nos níveis para iniciantes. Mesmo assim, podem ocorrer lesões que vão de torções e distensões musculares até fraturas nos dedos dos pés e das mãos, braços e pernas. Os participantes usam equipamento de proteção ao lutarem uns contra os outros.

Diversos

Esse esporte só é aprendido por meio de aulas formais ou de treinamentos com instrutores especializados. É um esporte individual. Custos: instrução e uniforme; título ou mensalidade em uma academia ou clube de artes marciais. Procure aulas introdutórias que ofereçam um pacote de dez aulas ou menos. Tanto o tae kwon do como o caratê estão se tornando cada vez mais populares, dessa forma deve ser relativamente fácil encontrar aulas.

Esportes relacionados

Outras artes marciais praticadas são o caratê, o judô, o aikido, o kung fu, o jiu-jítsu e o kickboxing.

Seu filho e o tae kwon do

O tae kwon do é um esporte que exige muita disciplina e em que não há lugar para movimentos livres. Seu filho gosta de praticar movimentos controlados? Consegue tolerar muita repetição de movimentos, praticados diversas vezes? Ele gosta de se expressar por meio de movimentos físicos? Consegue aprender com adultos? Presta atenção no que ouve? Tem paciência? Certifique-se de que seu filho compreende que o tae kwon do, assim como outras artes marciais, não é ensinado com o propósito de ser agressivo.

Informação adicional
Web Site: Confederação Brasileira de Tae Kwon Do, www.cbtkd.com.br
Livros: *Parents' Guide to Martial Arts* (Ann Gaines); *Taekwondo* (Paul Collins); *The Young Martial Arts Enthusiast* (David Mitchell); *Martial Arts Training Diary for Kids* (Arts Brisacher)
Filmes: Karate Kid (Partes 1, 2 e 3).

Você sabia?
O tae kwon do é uma das muitas artes marciais. Pinturas murais de 50 a.C. sugerem que esse esporte tenha se iniciado na China ou no Japão. Em tempos mais recentes, o desenvolvimento desse esporte ocorreu na Coreia. O tae kwon do moderno foi influenciado por outras artes marciais, especialmente o caratê japonês. Os policiais e militares coreanos são treinados no tae kwon do. Esse esporte enfatiza firmeza mental e procura desenvolver o caráter instilando valores como lealdade e honra.

TÊNIS

Aptidões básicas
Para ser bom nesse esporte, o jogador tem de ter pés rápidos, excelente coordenação entre olhos e mãos, força e potência e boa concentração, bem como habilidade analítica e tática.

Outros elementos
As aulas de tênis são suficientes quando o atleta joga apenas por diversão. As aulas e o treinamento ajudarão no caso de o jogador desejar competir. Aulas e prática várias vezes por semana são necessárias para a competição.

Provas esportivas
O tênis normalmente é disputado em partidas individuais ou em duplas. Geralmente o melhor de três ou cinco sets determina o vencedor.

Segurança
Por causa do esforço repetitivo, é comum que surjam problemas no cotovelo ("cotovelo de tenista"). Distensão de tornozelos, torções musculares e lesões

nos ombros e nos joelhos podem ocorrer. Nos níveis iniciais, essas lesões tendem a ser menos frequentes.

Diversos

O vencedor da partida é determinado pela pontuação. O tênis é um esporte individual, embora seja frequentemente disputado por equipes. Custos: raquete, tênis, aulas e às vezes títulos de clube ou taxa de aluguel de quadra. Muitas quadras de tênis públicas são de graça. A participação no tênis caiu nos últimos dez anos ou mais. Por conta disso, várias organizações de tênis estão procurando estimular mais pessoas a adotarem o esporte disponibilizando aulas introdutórias para iniciantes. Tente encontrar esses programas na sua comunidade.

Esportes relacionados

Raquetebol, *squash* e badminton.

Seu filho e o tênis

Seu filho analisa as situações? Gosta de planejar? Atém-se aos detalhes visuais e é observador? Gosta de correr? É rápido? Tem boa coordenação entre olhos e mãos?

Informação Adicional

Web site: Confederação Brasileira de Tênis, www.cbtenis.com.br

Vídeo: *Melhore Seu Tênis* (tenisbr@sil)

Livros: *O Que É Tênis* (Silvia Vieira e Armando Freitas); *Tênis* (Suzana Silva); *O Tênis no Brasil* (Roberto Marcher)

Você sabia?

Evidências de várias formas de jogos disputados com bola foram encontradas no antigo Egito já em 1500 a.C. Na França no século XII, as pessoas jogavam com as mãos nuas uma forma semelhante ao jogo atual. Os monges cristãos jogavam tênis nos mosteiros; era tão popular entre eles, que a Igreja cristã considerou proibir o esporte.

TÊNIS DE MESA

Aptidões básicas

Os bons jogadores de tênis de mesa são normalmente rápidos, têm excelente coordenação entre olhos e mãos, vigor e ótima técnica.

Outros elementos

A maioria das pessoas é capaz de jogar tênis de mesa (também chamado de pingue-pongue) nos níveis iniciais, sem precisar de instrução profissional. Para atingir níveis maiores de técnica, a instrução e prática considerável são importantes.

Provas esportivas

Apesar de haver algumas variações, normalmente o primeiro jogador que faz 21 pontos ganha o set. Em geral, consideram-se os dois melhores de três sets de 21 pontos, ou os três melhores de cinco, e os jogadores competem sozinhos ou em duplas.

Segurança

Embora o tênis de mesa seja bem seguro, esforço muscular e lesão por esforço repetitivo podem ocorrer.

Diversos

Nas competições formais, um juiz marca os pontos, bem como as bolas fora. É um esporte individual, apesar de poder ser jogado em equipe. Custos: raquete, bolas, mesa e aulas.

Esportes relacionados

Tênis.

Seu filho e o tênis de mesa

Seu filho se move com rapidez? Tem boa coordenação entre olhos e mãos? Tem muito vigor?

Informação adicional

Web sites: Confederação Brasileira de Tênis de mesa, www.cbtm.org.br; Mesatenista.net, www.mesatenista.net

Livro: *Tênis de Mesa* (Welber Marinovic, Cristina Akiko Iizuka e Kelly Tiemi Nagaoka)

Você sabia?

O nome pingue-pongue vem do som que as bolas fazem ao bater na mesa.

※

O tênis de mesa parece ter se originado do jogo medieval tênis. Era popular na Inglaterra no século XIX. Com o tempo, ele se difundiu até o Japão, China e Coreia, onde se tornou muito popular. Muitos dos melhores jogadores do mundo vêm desses países. Mais de 30 milhões de pessoas competem nesse esporte.

TIRO COM ARCO

Aptidões básicas

O tiro com arco é um esporte que exige força na parte superior do corpo, excelente coordenação entre olhos e mãos, concentração, boa técnica e muita precisão.

Outros elementos

Aulas e treinamentos são importantes; a repetição é parte essencial do aprendizado do esporte. O tiro com arco é um esporte de precisão e de coordenação motora fina.

Provas esportivas

Os iniciantes procuram acertar os alvos colocados em diversas distâncias, e as competições normalmente exigem que se dispare um número específico de flechas nessas distâncias diferentes.

Segurança

É essencial se estabelecer uma área de tiro. É possível ocorrerem torções, estiramento muscular e lesões por esforço repetitivo.

Diversos

Os juízes monitoram o cumprimento das regras. Cada arqueiro preenche seu próprio cartão de pontuação, que é verificado pelos juízes. Apesar de o tiro com arco ser um esporte individual, algumas provas são disputadas em equipe, por exemplo, três arqueiros contra outros três arqueiros. Custos: aulas, arco, aldrava, flechas e título de clube.

Esportes relacionados

Tiro com arco ao ar livre (*field* e *outdoor*).

Seu filho e o tiro com arco

O tiro com arco é um esporte um tanto solitário, apesar de ser oferecido em acampamentos. Seu filho gosta de brincar sozinho? Ele consegue se concentrar em detalhes mínimos? Ele tem boa coordenação entre olhos e mãos? Ele mostrou interesse em outros esportes que envolvem alvo, como dardos?

Informação adicional

Web site: Confederação Brasileira de Tiro com Arco, www.cbtarco.org.br
Livros: *Archery: Know the Sport* (Donald W. Campbell); *Archery Is for Me* (Art Thomas); *Better Archery for Boys and Girls* (George Sullivan); *Archery: Steps to Success* (Kathleen M. Haywood e Catherine F. Lewis).

Você sabia?

O uso de arco e flecha para a caça data de milhares de anos. Nos séculos XII a XV, os reis ingleses e escoceses empregavam arqueiros como soldados. No entanto, eles precisaram proibir o golfe, o boliche e o futebol porque muitos dos seus arqueiros abandonavam a prática da arquearia para praticar esses esportes.

※

Nas Olimpíadas de 1992, Antonio Rebollo, da equipe espanhola de tiro com arco atirou uma flecha em chamas para acender a tocha olímpica durante a cerimônia de abertura.

※

Você se lembra da história de Guilherme Tell – a história do patriota e arqueiro suíço que acertou uma maçã colocada na cabeça de seu filho? Os historiadores duvidam que isso tenha acontecido e até mesmo questionam a existência de Guilherme Tell. A edição de agosto de 2004 do *Smithsonian Magazine* apresenta esse debate.

TIRO ESPORTIVO

Aptidões básicas

Boa coordenação entre olhos e mãos, excelente concentração, controle sobre os movimentos do corpo e força na parte superior do corpo são importantes para o sucesso nesse esporte.

Outros elementos

O iniciante acha que tudo o que tem que fazer é se preparar, apontar e disparar. Logo ele irá perceber que há mais no tiro esportivo do que os olhos percebem. A instrução e o treinamento são necessários para se adquirir competência. A prática, com repetição dos mesmos movimentos diversas vezes, é necessária. É um esporte de precisão e de coordenação motora fina.

Provas esportivas

As diferentes provas usam vários tipos de armas de fogo. Os diferentes tipos de tiro incluem tiro em alvos artificiais (ou *skeet*, quando se atira em um pombo de argila lançado no ar), tiro *trap* e assim por diante. É um esporte de alvo, por isso os pontos ou a vitória é determinada pelo acerto nos alvos. A competição envolve um determinado número de turnos e o total de pontos marcados.

Segurança

As áreas de tiro esportivo devem conter itens de segurança. Nesse esporte há alto risco de perda de audição ou de ferimento nos olhos se não forem usados protetores de ouvido e óculos de segurança. É possível também ocorrer lesão por esforço repetitivo.

Diversos

Os juízes supervisionam o cumprimento das regras. Eles determinam os vencedores de forma objetiva ao verificar os alvos e ao contar o número de pombos de argila atingidos. É um esporte individual. Custos: armas, protetores de ouvido, óculos de segurança, miras telescópicas, aulas e taxas de área de tiro.

Esportes relacionados

Biatlo.

Seu filho e o tiro esportivo

O tiro esportivo é um esporte de movimentos muito controlados. Se seu filho prefere estilo livre, amplos movimentos físicos, então provavelmente esse não é um esporte recomendado para ele. Ele tem boa coordenação entre olhos e mãos? Ele gosta de movimentos precisos e é atento aos detalhes? Não é um esporte que proporciona muita novidade. Se seu filho gosta de variedade, talvez o tiro esportivo não seja o esporte ideal para ele.

Informação adicional

Web site: Confederação Brasileira de Tiro Esportivo, www.cbte.org.br
Livros: *Sports: The Complete Visual Reference* (François Fortin)

Você sabia?

Os esportes originais de tiro ao alvo eram praticados com arcos, flechas e lanças, basicamente como práticas para a caça e a guerra. Com o desenvolvimento das armas de fogo, elas se tornaram um meio adicional de caçar e de guerrear. O tiro ao alvo com armas de fogo tornou-se um esporte no século XIX.

Tabelas informativas

Esportes coletivos

BASQUETE

Aptidões básicas

Os jogadores de basquete devem ter excelente coordenação, rapidez, potência e vigor, bem como boa aptidão para executar as jogadas fundamentais desse esporte. Todos os jogadores são ofensivos e defensivos.

Outros elementos

O treinamento e instrução para aprender as jogadas básicas são importantes. É necessário que se treine uma ou duas vezes por semana.

Provas esportivas

Os jogos geralmente têm quatro tempos. Com os jogadores mais jovens, a duração de cada tempo varia dependendo da liga. Ao contrário de muitos dos esportes aqui relacionados, o basquete foi inventado nos Estados Unidos nos anos 1890.

Segurança

Para os meninos e meninas entre dez e catorze anos, o basquete tem uma das taxas de lesão mais altas de todos os esportes. Entre as lesões menores que podem ocorrer estão torções nos tornozelos, distensões musculares e distensões de mãos e dedos. Uma colisão entre dois jogadores pode causar machucados sérios.

Diversos

Os juízes e juízes de linha controlam o jogo, marcam as faltas e outras infrações. Custos: treinamento, taxas menores para ligas de iniciantes e clubes, tênis e uniformes. O basquete é um esporte barato e há ligas juvenis para crianças a partir dos oito anos.

Esportes relacionados

Nenhum.

Seu filho e o basquete

Ser mais alto do que os colegas é uma vantagem. Seu filho gosta de arremessar e pegar bolas grandes? Tem pés rápidos? Gosta de correr? Gosta de jogar de forma cooperativa, (uma vez que o trabalho em equipe é muito importante no basquete)?

Informação adicional

Web site: Confederação Brasileira de Basquete, www.cbb.com.br

Vídeo: *The Basics: Basketball Fundamentals Training* (Gilbert Creative)

Livros: *O Que É Basquete* (Silvia Vieira e Armando Freitas); *Basquete – Guia Passo a Passo* (Jim Drewett)

Filmes: *Space Jam – O Jogo do Século* (recomendação: 10 anos); *Basquete Blues* (recomendação: 13 anos); *Momentos Decisivos* (recomendação: 13 anos); *Jogo Limpo* (recomendação: 13 anos); *Treino para a Vida* (recomendação: 13 anos)

Você sabia?

O basquete é um dos poucos esportes inventados na era moderna. Um canadense, James Naismith, desenvolveu o jogo em 1891 quando lecionava nos Estados Unidos. O primeiro jogo foi tão lento que o placar foi de 1 × 0. Originalmente, o esporte era jogado com uma bola de futebol, embora logo depois essa bola tenha sido substituída pela atual bola de basquete. O jogo popularizou-se rapidamente e por volta de 1.900 alunos de universidades e times profissionais já competiam.

BEISEBOL

Aptidões básicas

Entre as aptidões importantes para a prática desse esporte estão rapidez, velocidade, bons reflexos, boa coordenação geral, bem como boa coordenação entre olhos e mãos.

Outros elementos

O treinamento ajuda os iniciantes a aprenderem as técnicas básicas e os fundamentos do jogo. As práticas acontecem pelo menos uma vez por semana e, às vezes, duas ou três vezes.

Provas esportivas

O time que faz o maior número de *runs* vence o jogo. Os jogos consistem de seis a nove *innings* (tempos), dependendo do nível e da liga. Nas ligas para iniciantes, às vezes há um limite de tempo, de forma que, se esse tempo acaba antes de o número total de *innings*, o time com maior número de pontos vence.

Segurança

Se a bola acertar o jogador, seja ele um rebatedor ou um *jardineiro*, pode haver diversas lesões, inclusive sérias lesões cranianas. Podem ocorrer lesões por esforço repetitivo, principalmente nos cotovelos no caso dos arremessadores, distensões de pernas e de pés e torções dos tendões das pernas. Mesmo assim, o beisebol é um esporte relativamente seguro. Ao se mergulhar de cabeça na base, pode-se machucar a cabeça e essa jogada não deve ser estimulada pelo treinador. O uso de capacete é obrigatório para os rebatedores e para os corredores de base (*base runners*). Se seu filho pequeno está aprendendo a arremessar, certifique-se de que o seu treinador não permita que ele faça muitos arremessos, pois isso pode resultar em uma lesão por esforço repetitivo do cotovelo, nem que ele o estimule a arremessar bolas curvas ou *sliders* (um tipo de arremesso que mistura os lançamentos em curva e rápido). Do contrário, ele corre o risco de desenvolver sérias lesões no braço, uma vez que seus ossos ainda estão crescendo.

Diversos

Os juízes supervisionam o jogo – pontuação, bolas e faltas – e fazem com que as regras sejam cumpridas. O beisebol é um esporte coletivo. Custos: taxas de time ou de liga, uniformes e luvas. O clube ou time geralmente fornece os capacetes. O beisebol é um esporte barato, e há muitas ligas e times para crianças a partir dos oito anos de idade. Há muitos times de beisebol das ligas infantis em várias cidades. Mais de 2,5 milhões de crianças jogam beisebol em ligas infantis nos Estados Unidos.

Esportes relacionados

T-ball, softball e *críquete*.

Seu filho e o beisebol

Seu filho gosta de arremessar e de pegar bolas de beisebol? Como é a sua coordenação entre olhos e mãos? Ele gosta de correr? É paciente? O beisebol é um jogo vagaroso. É um dos poucos esportes em que não há falta para o jogador que atrasa o jogo e pode haver longos períodos de inatividade.

Informação adicional

Web site: Confederação Brasileira de Basebol e Softbol, www.cbbs.com.br
Vídeos: *Arthur Makes the Team* (Random House Home Video); *Little League's Official How-to-Play Baseball* (Master Vision); *Teaching Kids Baseball* (Westcom Products Incorporated)

Livro: *O Que É Beisebol, Softbol e Hóquei Sobre Grama* (Silvia Vieira e Armando Freitas)

Filmes: *Uma Equipe Muito Especial* (recomendação: 10 anos); *Os Anjos Entram em Campo* (recomendação: 10 anos); *Sonho de Campeão* (recomendação: 10 anos); *Fora da Jogada* (recomendação: 10 anos); *Se Brinca o Bicho Morde* (recomendação: 10 anos)

Você sabia?

Há evidências de que uma forma primitiva de beisebol era jogada na Antiguidade. Tal evidência foi encontrada em inscrições nas pirâmides egípcias e em relevos nos templos retratando os faraós rebatendo bolas e sacerdotes praticando um jogo que envolvia pegar bolas. A versão moderna do beisebol foi desenvolvida no nordeste dos Estados Unidos no início do século XIX incorporando, acredita-se, elementos de outros jogos com bolas, como rounders e críquete.

⁂

Você já viu os receptores com toda a sua proteção, procurando pegar bolas ruins? Nos primeiros anos do beisebol, havia dois receptores – um para pegar as bolas arremessadas pelo arremessador e outro para pegar as bolas fora.

⁂

A maioria dos esportes coletivos têm as mesmas especificações para seus campos. Por exemplo, todos os campos de futebol têm o mesmo tamanho. No entanto, o beisebol permite variações na distância do ponto de arremesso até o final do campo.

BOBSLEDDING

Aptidões básicas

O bobsledding exige que os praticantes tenham força (especialmente músculos das pernas fortes), reflexos rápidos e vigor.

Outros elementos

Os aspectos técnicos desse esporte são ensinados por instrutores ou treinadores e é necessário treinamento e prática considerável para desenvolver as técnicas e para que haja entrosamento da equipe.

Provas esportivas

As provas podem ser entre equipes de duas e de quatro atletas. As equipes descem uma pista que consiste de retas e curvas. Dependendo do nível, a vitória é determinada pelos melhores tempos feitos em uma ou mais voltas. Os tempos mais rápidos são medidos pelo cronômetro.

Segurança

Batidas podem provocar lesões graves, inclusive no rosto e na cabeça. Pode-se distender os músculos da perna.

Diversos

Em geral, é um esporte que exige um treinador. Custos: o bobsledding é um esporte caro, e os custos em geral se referem ao título de um clube ou de pistas de bobsledding. Outros custos incluem o bobsled, uniforme, capacete e tênis.

Esportes relacionados

Luge e *skeleton*.

Seu filho e o bobsledding

Seu filho tem os pés rápidos? Tem bons reflexos? É destemido? Andar de trenó em alta velocidade em uma pista de gelo não é para as pessoas com coração fraco.

Informação adicional

Web site: Confederação Brasileira de Desportos no Gelo, www.cbdg.org.br

Livros: *Bobsledding and the Luge* (Larry Dane Brimmer); *Sports: The Complete Visual Reference* (François Fortin)

Filme: *Jamaica Abaixo de Zero* (recomendação: livre)

Você sabia?

Esse esporte derivou do tobogã e foi desenvolvido por turistas norte-americanos e ingleses que passavam férias em St. Moritz, Suíça, no final do século XIX. Originalmente, amarravam-se diversos trenós de madeira. Como muitos outros esportes, o bobsledding emprega alta tecnologia. Atualmente, os bobsleds são feitos de fibra de vidro e de metal.

✻

Os primeiros praticantes desse esporte balançavam suas cabeças para frente e para trás acreditando que isso ajudava a aumentar sua velocidade. Isso pode não ser verdade, mas o nome do esporte derivou dessa ideia – *bob* em inglês significa inclinar-se, assim o nome bobsledding, que pode ser traduzido ao pé da letra como "inclinar-se e andar de trenó", pegou.

CRÍQUETE

Aptidões básicas

Velocidade, rapidez e vigor são características importantes para o jogador de críquete.

Outros elementos

Os treinadores ensinam e treinam os jogadores nas técnicas básicas do esporte. É necessária prática considerável e muito treinamento para dominar o jogo. Deve-se esperar praticar pelo menos uma ou duas vezes por semana.

Provas esportivas

Os jogos de críquete são disputados ao longo de certo número de tempos, dependendo da liga ou do nível. Algumas partidas de críquete podem levar até cinco dias! No entanto, os jogos de críquete no nível para iniciantes são muito mais curtos. O time que faz o maior número de *runs* vence.

Segurança

É possível distender-se e estirar os músculos.

Diversos

O críquete é um esporte coletivo, com um técnico ou treinador. O críquete não é um esporte comum nos Estados Unidos, por isso encontrar uma liga e um treinador de críquete pode não ser fácil, dependendo de onde você more. Custos: pode haver taxa de time ou de liga; uniforme, tênis, capacete e bastões.

Esportes relacionados

Beisebol.

Seu filho e o críquete

Seu filho corre rapidamente? Ele consegue pegar e arremessar bolas? A ideia de praticar um esporte que não é muito popular no país o incomoda?

Informação adicional

Web site: Associação Brasileira de Cricket, www.brasilcricket.org
Livros: *Sports: The Complete Visual Reference* (François Fortin)
Filmes: *Playing Away*; *Lagaan*

Você sabia?

O críquete é um esporte inglês que se espalhou para diversos países do Commonwealth [Comunidade das Nações]. Os primeiros clubes de críquete nos Estados Unidos foram fundados no século XVII. E muitos dos fundadores daquele país haviam sido praticantes desse esporte, entre eles John Adams. Embora ainda seja jogado nos Estados Unidos, sua difusão é muito lenta por causa da popularidade do beisebol e dos recursos limitados para a prática do críquete naquele país.

***

Em inglês, há uma frase comum, "sticky wicket", que pode ser traduzida como "gol grudento". Ela se refere a uma situação delicada ou difícil. A frase é derivada do críquete – quando chove, o terreno entre os dois *wickets* (gols) do campo de críquete, fica grudento e a bola se move de uma forma imprevisível, tornando o jogo mais difícil.

CURLING

Aptidões básicas

O curling exige força no torso e nos braços, bom equilíbrio, coordenação precisa entre olhos e mãos e aptidões táticas e estratégicas.

Outros elementos

O curling é disputado por equipes treinadas por um técnico. A prática é necessária para desenvolver as aptidões individuais e também para aprender a jogar em equipe. É comum que as práticas ocorram várias vezes por semana.

Provas esportivas

Os times procuram deslizar discos (objetos pesados arredondados com menos de 30 cm de diâmetro) sobre o gelo em direção a um *tee* (área de gol). Os discos que ficam na área do *tee* ou parcialmente dentro dela são contados como pontos. O time com maior número de pontos vence o set. Quando certo número de sets são disputados, o time com maior número de pontos vence. Embora o curling seja jogado sobre gelo, os jogadores usam um tipo especial de calçado, mas não usam patins. O curling se tornou uma prova das Olimpíadas de Inverno em 1998.

Segurança

Nesse esporte é possível que ocorram quedas, bem como estiramento dos músculos do braço.

Diversos

Os juízes monitoram o jogo certificando-se de que os jogadores estão cumprindo as regras; o juiz principal mede onde estão os discos com relação aos *tees* e marcam os pontos. Custos: título ou mensalidade em um clube ou liga de curling, uniformes, calçados e equipamentos. Embora a popularidade do curling tenha aumentado nos Estados Unidos, não há muitos locais onde esse esporte é praticado nesse país.

Esportes relacionados

O curling é um pouco semelhante ao jogo de marelas (um jogo que lembra a bocha e é jogado especialmente na coberta dos navios).

Seu filho e o curling

Seu filho tem bom equilíbrio, especialmente no gelo? Ele tem disposição para aprender um esporte muito incomum? É cooperativo? É paciente? É analítico, uma vez que a estratégia e a tática são muito importantes no curling?

Informação adicional

Web site: Confederação Brasileira de Desportos no Gelo, www.cbdg.org.br

Livros: *Curling: The History, the Players, the Game* (Warren Hansen); *Sports: The Complete Visual Reference* (François Fortin); *The Encyclopedia of the Winter Olympics* (John Wukovits)

Você sabia?

Uma forma primitiva do curling data, provavelmente, da Pré-História. Achamos que os escoceses praticavam esse jogo no século XV e por volta do século XVI eles formalizaram uma forma mais moderna desse esporte. Também era jogado em outras partes da Europa, e uma forma semelhante à moderna pode ser vista em uma pintura do mestre flamengo Pieter Bruegel, o Velho, *Caçadores na Neve* (1565). Esse jogo é muito popular no Canadá.

FUTEBOL

Aptidões básicas

O futebol exige rapidez, pernas fortes, reflexos rápidos e vigor.

Outros elementos

As instruções do técnico ajudam o jogador a aprender as jogadas básicas e os fundamentos desse esporte. É necessário praticar várias vezes por semana.

Provas esportivas

Os jogos de futebol consistem de dois tempos. A duração desses tempos varia, dependendo da liga ou clube. As ligas de iniciantes normalmente têm tempos de vinte ou de trinta minutos.

Segurança

Como o contato é comum no futebol, frequentemente ocorrem distensões de tornozelos, estiramento muscular e traumas nos joelhos. Podem ocorrer também fraturas e deslocamentos. O machucado mais sério no futebol é a contusão que ocorre quando dois jogadores tentam cabecear simultaneamente a bola. Os iniciantes não devem ser estimulados a cabecearem a bola. Protetores de cabeça e joelheiras ajudam a reduzir os machucados.

Diversos

O juiz e os bandeirinhas apontam as faltas e infrações. Custos: taxas do treinador e/ou de liga ou associação; normalmente não há custo para os níveis iniciais. Uniformes e chuteiras são custos adicionais, embora algumas ligas forneçam o uniforme de graça. O futebol é um esporte relativamente barato em termos de equipamento e há várias ligas e times para jogadores infantis e juvenis. Cerca de 18 milhões de crianças jogam nas ligas de futebol dos Estados Unidos; 12 milhões dessas crianças têm menos de treze anos, e 5,5 milhões de jogadores de futebol com menos de dezoito anos são meninas.

Esportes relacionados

Rúgbi e *futebol americano*.

Seu filho e o futebol

Seu filho tem os pés rápidos? Gosta de correr? Gosta de fazer corridas curtas e de ziguezaguear quando corre? Tem muito vigor? Gosta de jogar em equipe?

Informação adicional

Web site: Confederação Brasileira de Futebol, www.cbf.com.br

Vídeos: *Soccer Learning System*, www.soccervideos.com; *Beginner: Soccer Games for Player Development*, 1-800-856-2638 ou www.onlinesports.com

Livros: *Futebol – Guia Passo a Passo* (Jim Drewett); *O Futebol Explica o Brasil*

Filmes: *FIFA Futebol: O Melhor do Século* (recomendação: livre); *A História do Futebol – Um Jogo Mágico* (classificação: livre); *Ginga, A Alma do Futebol Brasileiro* (classificação: livre)

Você sabia?

Uma forma primitiva de futebol era praticada pelos antigos gregos e romanos. Os militares chineses praticavam um esporte em que precisavam chutar uma bola em uma rede, por volta de 200 a.C. Os ingleses desenvolveram a forma mais moderna desse jogo por volta dos anos 1830. O esporte se chama futebol em todos os países europeus e íbero-americanos. Nos Estados Unidos, porém, é chamado *soccer*.

FUTEBOL AMERICANO

Aptidões básicas

Força, velocidade, rapidez e vigor são elementos necessários e, dependendo da posição na qual o atleta jogue, também é necessário ter talento para arremessar e pegar bolas.

Outros elementos

Os jogadores se desenvolvem com treinamento e a instrução de um técnico que ensina os fundamentos e estabelece o plano e a estratégia de jogo. Nos níveis iniciais, é comum que os treinos aconteçam uma ou duas vezes por semana.

Provas esportivas

Em geral, cada jogo dura uma hora, com quatro tempos, embora os tempos sejam normalmente menores no futebol americano para iniciantes.

Segurança

Para os meninos entre dez e catorze anos, o futebol americano é o esporte com maior índice de traumas nos Estados Unidos. É possível que ocorram traumas menores e graves. O futebol é um esporte agressivo de contato e agarrar o adversário faz parte do jogo. É possível ocorrerem estiramento muscular, fratura de joelhos, pernas, braços e pulsos e traumas nos ombros. Os traumas na cabeça e no pescoço podem ser bem graves, às vezes afetando a coluna vertebral e resultando em paralisia. Capacetes e aparatos de proteção são obrigatórios. É importante que as crianças compitam contra outras do mesmo tamanho e peso.

Diversos

Juízes e bandeirinhas monitoram o jogo e garantem o cumprimento das regras. Custos: taxas de liga de futebol americano ou de associação, uniformes, capacete e tênis. Há ligas e times para meninos a partir dos oito anos.

Esportes relacionados

Rúgbi e *futebol*.

Seu filho e o futebol americano

Seu filho gosta de correr, arremessar e pegar uma bola? Ele tem resistência ao contato físico agressivo?

Informação adicional

Web site: Associação Brasileira de Futebol Americano, www.afabonline.com.br
Livros: *My Football Book* (Gail Gibbons); *Football in Action* (John Crossingham); *Mom, Can I Play Football?* (Jerry Norton); *Catch That Pass* (Matt Christopher); *Peyton Manning: Precision Passer* (Jeff Savage)
Filmes: *O Rei da Água* (recomendação: 13 anos); *Rudy* (recomendação: 10 anos); *Desafiando Gigantes* (recomendação: livre)

Você sabia?

Há evidência de que um esporte semelhante ao futebol americano era praticado pelos antigos gregos. O futebol americano conforme conhecemos hoje foi desenvolvido nos Estados Unidos em meados do século XIX e era, então, exclusivamente praticado nas universidades e faculdades.

HÓQUEI DE CAMPO

Aptidões básicas

Os bons jogadores de hóquei de campo são rápidos, têm bons reflexos, excelente coordenação entre olhos e mãos e vigor.

Outros elementos

Os treinadores ensinam o jogo e orientam as práticas, as quais ocorrem de uma a três vezes por semana, dependendo do nível.

Provas esportivas

Os jogos têm dois períodos de tempo variável, dependendo do nível e da liga.

Segurança

Os jogadores podem sofrer diversos tipos de trauma, entre eles, distensão dos tornozelos, estiramento muscular e fraturas. Embora o contato não seja permitido, ocorre com frequência.

Diversos

Os juízes monitoram o jogo e marcam as faltas e os pontos. Custos: de clubes, títulos e taxas. Entre os outros custos estão os de uniformes, bastões e tênis.

Esportes relacionados

Hóquei sobre gelo.

Seu filho e o hóquei de campo

Seu filho tem muito vigor? É veloz? Gosta de correr rapidamente? Tem boa coordenação entre olhos e mãos? Ele se relaciona bem com os outros?

Informação adicional

Web site: Confederação Brasileira de Hóquei sobre Grama e Indoor, www.hoqueisobregrama.com.br

Livro: *O Que É Beisebol, Softbol e Hóquei Sobre Grama* (Silvia Vieira e Armando Freitas)

Você sabia?

Os antigos persas e egípcios praticavam um jogo semelhante ao atual hóquei de campo. A forma mais moderna desse esporte foi desenvolvida na Inglaterra e na Escócia no século XIX. Em seguida, espalhou-se pelos países do Commonweath [Comunidade das Nações], e hoje o esporte é dominado por times ingleses, indianos e paquistaneses.

HÓQUEI SOBRE GELO

Aptidões básicas

Excelente condição física, vigor, potência e velocidade são aptidões importantes para praticar o hóquei sobre gelo. Esse é um dos esportes que mais exigem em termos físicos.

Outros elementos

Embora muitas crianças consigam aprender a patinar sozinhas, para aprender as jogadas básicas e as técnicas do hóquei são necessários instrução e treinamento. As práticas acontecem pelo menos uma vez por semana. O hóquei sobre gelo é um esporte popular entre meninos e meninas norte-americanos. O hóquei feminino é um dos esportes que mais cresce no Ensino Médio nos Estados Unidos.

Provas esportivas

Normalmente, o jogo é disputado em três tempos, cuja duração varia de acordo com o nível ou a liga.

Segurança

Nos níveis iniciais para crianças, o contato é, em geral, proibido, apesar de poder haver colisões. Depois dessa fase, nas ligas que permitem, o hóquei sobre gelo é um esporte de contato forte. Os jogadores são bem protegidos e usam capacete. Mesmo assim, distensões, deslocamentos, estiramentos musculares, cortes faciais e fraturas podem acontecer, especialmente se o contato for permitido.

Diversos

Os juízes monitoram o jogo, observam o cumprimento das regras e marcam as faltas. Custos: taxas de instrução e/ou time ou liga, uniforme, patins, capacete, máscara facial e bastões.

Esportes relacionados

Hóquei de campo.

Seu filho e o hóquei sobre gelo
Seu filho é agressivo? Gosta de contato físico? Não se importa em cair? Sabe patinar bem?

Informação adicional
Web site: Confederação Brasileira de Desportos no Gelo, www.cbdg.org.br
Livros: *Hockey: The Book for Kids* (Brian McFarlane); *Hockey in Action* (Nick Walter); *How Hockey Works* (Keltie Thomas); *Hockey for Kids* (Brian McFarlane); *For the Love of Hockey* (Chris McDonnell); *Mystery at Lake Placid* (Roy MacGregor); *Face-off* (Matt Christopher); *Cool As Ice* (Paul Mantell); *On the Ice With... Wayne Gretzky* (Matt Christopher)
Filme: *Desafio no Gelo* (recomendação: 12 anos)

Você sabia?
O hóquei sobre gelo se originou no Canadá nos anos 1870. Foi difundido nos Estados Unidos com a fundação da Liga Nacional de Hóquei, em 1917. Como a exigência física é grande nesse esporte, são permitidas substituições ilimitadas durante o jogo.

LACROSSE

Aptidões básicas
Velocidade e rapidez, vigor e boa coordenação entre olhos e mãos são aptidões necessárias ao jogador de lacrosse.

Outros elementos
Lacrosse é um esporte com muitos aspectos técnicos e por isso exige um treinador. É necessária prática considerável para aprender os fundamentos do jogo e jogar em equipe. As práticas acontecem pelo menos uma ou duas vezes por semana.

Provas esportivas
Os jogos são disputados em dois ou quatro tempos de duração variável, dependendo da liga ou idade.

Segurança
É comum que o jogador possa distender pernas, pés e ombros; fraturas de pés e de pernas também podem ocorrer. Por causa da diferença entre as regras, há menos contato físico no lacrosse feminino no que do masculino.

Diversos
Juízes ou bandeirinhas apitam o jogo, marcam as faltas e os gols. O lacrosse or-

ganizado em geral é oferecido apenas no Ensino Médio. O lacrosse costumava ser um esporte praticado na escola preparatória no Leste dos Estados Unidos. Hoje, não é mais. É o esporte de crescimento mais rápido nos Estados Unidos e está se tornando popular para os alunos do Ensino Médio também no meio-oeste e oeste norte-americanos. Em todo o país, mais de 300 mil pessoas jogam lacrosse, (há aproximadamente 11 anos eram 150 mil). Custos: taxas de liga de lacrosse ou de associação, uniforme, bastão e capacete. Adicionalmente, roupas estofadas para os meninos; óculos de proteção para as meninas.

Esportes relacionados
Hóquei sobre gelo, hóquei de campo e futebol.

Seu filho e o lacrosse
Seu filho é rápido? Consegue correr continuamente sem se cansar demais? É capaz de jogar em cooperação com outros jogadores.

Informação adicional
Web site: USLacrosse, www.uslacrosse.org, organização de lacrosse dos Estados Unidos. Esse web site trás informações sobre o jogo, treinadores, livros, vídeos e panfletos.
Vídeo: *Mark Millon's Offensive Wizardy* (Brainbox: Warrior)
Livros: *Guide to Lacrosse* (Lois Nicholson); *Sports: The Complete Visual Reference* (François Fortin)

Você sabia?
Os povos nativos da América do Norte praticavam um esporte chamado baggattaway. Os primeiros padres e missionários franceses provavelmente viram esse jogo e o adaptaram. Eles o chamaram de "la crosse", pois os bastões lembraram a eles o bastão episcopal (um bastão em forma de cruz) usado pelos bispos. Esse esporte é uma combinação de basquete, futebol americano, beisebol, futebol e hóquei.

POLO AQUÁTICO

Aptidões básicas
Como os jogadores nadam constantemente durante todo o jogo, é importante que o atleta tenha resistência e considerável força muscular. Os praticantes devem ser bons nadadores.

Outros elementos
O polo aquático é um esporte treinado por um técnico, e as equipes praticam pelo menos uma ou duas vezes por semana.

Provas esportivas

Em geral, o jogo tem quatro tempos e a duração de cada tempo é normalmente menor para os iniciantes. O time que marca o maior número de gols no final dos quatro tempos vence.

Segurança

Pode haver distensões musculares e traumas nos ombros. Outras lesões, como ser atingido pela bola ou por outro jogador, podem ocorrer e ser graves.

Diversos

O juiz monitora o jogo, faz que as regras sejam cumpridas e marca os gols. Custos: título de clube ou de associação, roupa de banho e touca.

Esportes relacionados

Nenhum.

Seu filho e o polo aquático

Seu filho gosta de água? Gosta de nadar? Ele consegue ficar bastante tempo movimentando-se na água sem se cansar?

Informação adicional

Web site: Confederação Brasileira de Desportos Aquáticos, www.cbda.org.br
Livro: *Sports: The Complete Visual Reference* (François Fortin)

Você sabia?

O polo aquático foi desenvolvido na Inglaterra nos anos 1870 e por volta do início do século XX já era popular nos Estados Unidos. É disputado principalmente por times de clubes e de universidades. Nenhum jogador pode tocar o fundo da piscina, a não ser o goleiro.

REMO

Aptidões básicas

Os remadores devem ter resistência física, fortes músculos das pernas, costas e ombros, bem como boa concentração.

Outros elementos

As técnicas do remo são ensinadas por instrutores e treinadores. A não ser pela modalidade de remo individual, a maioria das provas de remo é entre equipes que variam de dois a oito remadores, dependendo do tipo e do tamanho do barco. Não basta ser um bom remador individual. É necessário treino considerável para uma equipe aprender a trabalhar em conjunto e a responder às ordens do timoneiro.

Provas esportivas

Várias provas têm distâncias diferentes, dependendo do tipo e do tamanho do barco. O tipo e o tamanho do barco determinam o número de remadores.

Segurança

O remo é um esporte relativamente seguro, embora seja comum haver distensões e estiramento musculares. Pode haver lesões nos remadores caso dois barcos colidam.

Diversos

Os juízes supervisionam as regatas e determinam que as regras sejam cumpridas. A equipe que cruza a linha de chegada em primeiro lugar vence a competição. A não ser pelas provas individuais, a maior parte das regatas envolve equipes de remadores, por isso o remo é considerado um esporte coletivo. Custos: título de um clube de remo ou matrícula em uma faculdade ou universidade que ofereça esse esporte. Os custos com o treinador podem ou não estar incluídos. Pode ser necessário ter de comprar uniformes e barcos.

Esportes relacionados

Canoagem.

Seu filho e o remo

Seu filho se sente bem e seguro na água? Seu filho sabe nadar? Ele gostou de remar, nas vezes em que vocês andaram em um barco a remo?

Informação adicional

Web site: Confederação Brasileira de Remo, www.cbr-remo.com.br
Livro: *O Que É Canoagem, Remo e Esqui Aquático* (Silvia Vieira e Armando Freitas)

Você sabia?

Estudantes de História antiga sabem que os antigos fenícios e egípcios usavam navios a remo para fazer comércio e guerra. As competições de remo entre os alunos das universidades de Oxford e Cambridge são famosas, e faculdades da região nordeste dos Estados Unidos, especialmente Harvard e Yale, são famosas pelas rivalidades entre os remadores das suas equipes.

VÔLEI

Aptidões básicas
O jogador de vôlei deve ter reflexos rápidos, boa coordenação, braços fortes e pés velozes.

Outros elementos
O vôlei exige técnica considerável. É importante receber instrução para aprender as jogadas básicas, os fundamentos do jogo e suas estratégias. Os times de vôlei praticam uma ou duas vezes por semana nos anos finais do Ensino Fundamental II e, mais frequentemente, no Ensino Médio.

Provas esportivas
O primeiro time a marcar 21 pontos vence o set. Os jogos disputados no nível para iniciantes podem ter uma pontuação menor. Dependendo do nível e/ou liga, o time pode ter de vencer dois de três ou três de cinco sets para vencer a partida. O vôlei de praia, outra forma de vôlei, tem se tornado cada vez mais popular, sendo frequentemente transmitido pela TV. Cada time tem dois jogadores.

Segurança
Raramente crianças pequenas se machucam ao treinar vôlei, embora possam ocorrer luxações ou fraturas de dedos e estiramento muscular. As crianças do Ensino Médio e mais velhas costumam sofrer mais contusões.

Diversos
O juiz apita o jogo, determina as bolas que saíram da quadra e garante o cumprimento das regras. Custos: instrução com taxas ou título de clube ou associação, uniforme e tênis. O vôlei é ume esporte de custo baixo em termos de equipamento. Um número cada vez maior de escolas tem times de vôlei, especialmente femininos nos Estados Unidos. Os centros recreativos normalmente oferecem partidas de vôlei.

Esportes relacionados
Vôlei de praia.

Seu filho e o vôlei
Seu filho tem os pés rápidos? Tem coordenação? Ajuda se ele for alto.

Informação adicional
Web site: Confederação Brasileira de Vôlei, www.volei.org.br
Vídeo: *Volleyball* (Karol Video)

Livro: *O Que É Vôlei* (Silvia Vieira e Armando Freitas); *Vôlei no Brasil* (Oscar Valporto); *Vôlei* (Jorge Dorfman Knijinik)

Você sabia?

Esse esporte foi inventado pelo americano William G. Morgan em 1895. Morgan era instrutor da ACM em Massachusetts. Ele chamou o jogo de "mintonette", mas o nome do jogo mudou para voleibol depois que observaram que os jogadores pareciam estar lançando a bola para frente e para trás sobre a rede (um dos significados da palavra inglesa *volley* é o voo que a bola faz antes de cair no chão). Morgan misturou elementos do basquete, beisebol, tênis e handebol.

Terceira Parte

TEMAS E SITUAÇÕES ESPECIAIS

Temas especiais

Nesta seção abordo três áreas que exigem consideração e atenção especiais: crianças acima do peso, crianças com distúrbios emocionais ou de desenvolvimento e crianças com condições médicas especiais ou deficiência física ou intelectual.

Crianças acima do peso e esportes

Atualmente, um terço dos norte-americanos estão acima do peso ou são obesos. As mortes relacionadas ao hábito de fumar é a maior causa das mortes evitáveis nos Estados Unidos. A obesidade fica em segundo lugar. Cerca de 15% das crianças estão acima do peso. Encontrar o esporte certo para uma criança acima do peso envolve algumas considerações especiais, tanto para a criança como para os pais.

Primeiro, e se você não sabe ao certo se seu filho está acima do peso? Os médicos usam uma medida – chamada índice de massa corpórea (IMC) – para determinar se uma pessoa está acima do peso. Seu calculo é simples:

$$\frac{\text{Peso (kg)}}{\text{Altura}^2 \text{ (m)}} = \text{IMC}$$

Os adultos são considerados acima do peso se seu IMC estiver entre 25,0 e 29,9. Se o IMC for 30 ou mais, são considerados obesos. Entretanto, para pessoas entre dois e vinte anos, o cálculo é um pouco diferente. São usadas tabelas de crescimento que consideram idade e sexo. Como o pediatra do seu filho tem essas tabelas, ele pode facilmente lhe dizer se seu filho está acima do peso, ou você pode calcular o IMC do seu filho e depois obter o IMC por idade utilizando a tabela de crescimento apropriada disponível no web site do Ministério da Saúde, (http://portal.saude.gov.br/saude). A criança é considerada acima do peso se o seu IMC por idade for igual ou maior do que o percentil 95. Se o IMC por idade estiver entre os percentis 85 e 95, seu filho é considerado com risco de ficar acima do peso. Qualquer criança que esteja em risco de ficar acima do peso ou que esteja acima do peso deve estar sob cuidados de um médico que possa orientar quanto a nutrição, dieta e exercício. O objetivo é promover saúde, boa forma física e perda de peso.

Por que há tantas crianças acima do peso atualmente? A maioria das crianças nessa situação come muito *fast-food* e não se exercita. Seu estilo de vida sedentário deve-se em grande parte ao triunvirato composto por televisão, video-games e computador em demasia. Vinte e cinco por cento das crianças não praticam qualquer tipo de exercício. Por causa disso, elas queimam menos calorias do que consomem (comem).

Os esportes podem exercer um papel significativo no sentido de ajudar as crianças que estão acima do peso a se tornarem saudáveis e adquirirem boa forma física. Uma das primeiras coisas que queremos é que as crianças nessa condição comecem a se movimentar. A prática de um esporte pode ser um passo importante. Mas o esporte escolhido pela criança faz grande diferença. Alguns esportes queimam mais calorias do que outros. Os pais e os filhos devem estar conscientes disso para que possam ter expectativas realistas sobre como certos esportes podem ou não ajudar na perda de peso e aquisição de boa forma física.

Não posso enfatizar suficientemente o quanto é importante que a criança se movimente e faça exercícios. Quando entrevistei a mãe de uma criança com a qual eu estava trabalhando, ela me disse que ela perdeu 25 kg nos últimos seis meses. Uma curiosidade levou-me a perguntar como ela tinha conseguido esse feito. Eu esperava ouvir que ela havia se submetido a um regime de fome durante esse período – uma realização quase impossível. No entanto, ela não mudara seus hábitos alimentares, nem seguira qualquer programa de exercícios em uma academia. Em vez disso, segundo contou, seis meses antes, ela e o marido compraram uma casa em mau estado com a intenção de reformá-la eles mesmos. Ela costumava ser muito sedentária, mas desde que se mudou para a nova casa, começou a passar o tempo arrancando papel de parede, colocando revestimentos, pintando, subindo em escadas, lixando, arrancando carpetes velhos e instalando assoalhos de madeira. Ela estimou que esteve em movimento quase constante durante cinco ou seis horas por dia. Assim, apenas por ter estado ativa, ela perdeu os 25 kg!

Quando crianças pequenas começam a se movimentar, elas também perdem peso. Relatos de programas de atividade instituídos nas escolas do Ensino Fundamental dos Estados Unidos mostram que as crianças perdem peso depois de apenas um ou dois meses.

Se seu filho estiver acima do peso, você deve consultar o médico da família ou o pediatra antes de ele começar a praticar um esporte. O mesmo médico pode ou não conhecer o suficiente a respeito de esportes para recomendar um que seja apropriado ao seu filho. Se você já identificou um ou mais esportes que seu filho deseja praticar, conte ao médico sobre esse interesse para que ele possa avaliar e recomendar.

E se seu filho quiser praticar um esporte, mas não tem nenhuma ideia em qual está interessado ou qual seria recomendado a ele? Há certos esportes que ele não deve praticar? Há esportes que são melhores para o seu filho acima do peso?

Antes de procurar o esporte correto, tenha em mente que situações inconvenientes podem surgir quando uma criança acima do peso pratica esportes. Eu já trabalhei com vários jovens cujo peso os levou a enfrentar situações desconfortáveis e embaraçosas. Os pais não conseguem prever sempre essas complicações, porém, precisam estar atentos a elas e estar prontos para discuti-las com seus filhos.

Sally

Sally estava nos últimos anos do Ensino Fundamental. Ela jogava no time de vôlei da sua escola. Embora estivesse acima do peso, era alta para sua idade e, ao usar roupas largas, conseguia ocultar seu peso. No entanto, o time de vôlei começou a usar uniformes apertados – top e shorts justos. Sempre que ela jogava vôlei, Sally tinha de usar esse uniforme e seus quilos a mais ficavam visíveis a todos. Ela se sentia desconfortável e tinha certeza de que todo mundo reparava nela. Felizmente, ela não abandonou o time, apesar de estar consciente da sua situação. Isso custou muito esforço mental de sua parte. Ela demonstrou força de uma forma diferente. Na semana anterior aos jogos do Campeonato Estadual, todas as jogadoras do time decidiram ir para a escola com o top e um agasalho de moletom para que os outros alunos pudessem identificar rapidamente os membros do time de vôlei nas aulas e no refeitório. Sally se recusou a fazer isso. Ela já tinha de usar o uniforme na quadra, mas colocou um limite quando sugeriram que ela o usasse também fora dela.

Bill

Bill, onze anos, corria como um pato quando rebatia e partia para a primeira base. A maioria das crianças do seu time não ria dele, mas outras crianças que assistiam ao jogo riam. Bill conseguia ouvir os risos vindos das arquibancadas. Ele me contou que uma parte dele quase queria errar as rebatidas para que não tivesse que mostrar sua "barriga cheia de gelatina" para os outros. Passamos muito tempo analisando seus sentimentos. Também conversamos sobre o fato de não querermos que algumas crianças controlassem sua prática de um esporte do qual ele gostava e no qual era muito bom. Com o tempo, ele começou a ser capaz de ignorar os risos que vinham da arquibancada. Sua técnica no beisebol melhorou, e ele começou a ser respeitado pelo seu modo de jogar.

Tom

Tom, dez anos, era um nadador razoável que também estava cerca de 10 kg acima do peso. Quando nadava, usava uma camiseta larga sobre seu calção de banho. Ele se sentia menos visível desse jeito. (Na verdade, acho que ele ficava *mais* visível assim.) Ele estava interessado em entrar para uma equipe de natação, mas sabia que teria de se livrar da camiseta. Comecei a atendê-lo pouco depois que ele decidiu não entrar para a equipe de natação. Conversamos sobre outros esportes, porém, ele achava que a natação era o melhor esporte para ele. Perguntei-lhe quantos quilos ele teria de perder para se sentir menos mal ao usar o calção de banho. Surpreendentemente, ele respondeu 2,5 kg. Eu lhe disse que perder 2,5 kg parecia muito fácil comparado a perder 10 kg. Também disse a ele que eu era uma ex-nadadora de competição e treinadora de uma equipe de natação e que tinha conhecido vários nadadores que estavam acima do peso. Como ele estava realmente motivado a entrar na equipe de natação, concordou em trabalhar para perder os 2,5 kg. Ele perdeu esse peso em dois meses e entrou para a equipe. Seis meses depois, ele havia perdido os 7,5 kg restantes – ele achava que era por causa do treinamento, pois tinha de nadar mais de cem piscinas a cada vez que treinava. Ele continuou nadando e, na faculdade, fez parte da equipe de natação. Tive sucesso no trabalho com o Tom porque ele não achava que tinha de perder 10 kg. Quando percebeu que precisava perder apenas 2,5 kg para se sentir melhor, foi capaz de se motivar para perder esse peso e para praticar o esporte no qual ele sabia que poderia se desenvolver.

Essas são algumas das dificuldades mais comuns que uma criança acima do peso pode ter de superar a fim de praticar esportes. Pais compreensivos que conseguem prever algumas dessas situações podem conversar com seu filho sobre elas e abordá-las quando elas surgirem. Os pais podem dizer que todas as crianças passam por provocações vez ou outra. (Eu já vi crianças serem provocadas por serem muito gordas, muito magras, altas demais, baixas demais, por ter cabelo crespo, por ter cabelo liso, por ter cabelo fino, pés pequenos, pés grandes e assim por diante.) Os pais podem ajudar seus filhos a superar essas situações. Encontrar um treinador ou instrutor que tenha experiência em trabalhar com crianças acima do peso é importante. Às vezes um terapeuta pode ajudar.

Uma vez que você tenha conversado sobre algumas dessas dificuldades com seu filho e que ele tenha consultado um médico e recebido sua aprovação, quais esportes podem ser os melhores para ele?

Quanto mais acima do peso seu filho estiver, mais ele deve evitar praticar esportes extenuantes logo de cara, especialmente aqueles que envolvem correr demais, como futebol e lacrosse. Há algumas exceções. Por exemplo, se um esporte extenuante for escolhido, mas os treinos ou o time enfocar principalmente o aprendizado das jogadas fundamentais do esporte, com pouca competição e sem qualquer esforço excessivo, então a prática de um esporte extenuante não apresentará problema. A natação e o basquete são exemplos. Se seu filho estiver apenas aprendendo a nadar e o treinador estiver enfatizando o estilo e não a velocidade, esse esporte pode ser apropriado para uma criança que está acima do peso. O basquete não é contraindicado se seu filho estiver aprendendo apenas as jogadas básicas como arremessar, driblar e passar a bola, em vez de ficar correndo para um lado e outro da quadra.

Se seu filho tiver escolhido um esporte extenuante que claramente não é apropriado, você pode sugerir começar com um menos extenuante. Se com o tempo ele ficar mais saudável e perder peso, talvez então ele possa passar a praticar o esporte extenuante que havia escolhido. É importante ter essas conversas com ele e ser capaz de assumir um compromisso.

Se seu filho estiver determinado a praticar um esporte extenuante e você não conseguir encontrar aulas ou times para iniciantes, é melhor estimulá-lo a começar com algo menos extenuante, como golfe, boliche e o tiro com arco.

Seu médico pode não aprovar nenhuma prática esportiva, especialmente de esportes extenuantes, se seu filho estiver muito acima do peso. Se ele insistir em praticar um esporte extenuante, converse com o médico para descobrir quantos quilos ele terá de perder para poder praticar o esporte. Seu filho pode estar muito motivado para trabalhar sua saúde e seu peso, se estiver realmente determinado a jogar. Essa pode ser a primeira abertura que os pais têm com um filho que anteriormente havia resistido em perder peso. É melhor quando a motivação para perder peso parte da criança, e não dos pais preocupados. Os pais devem se concentrar na saúde e nas qualidades positivas da criança e não apenas no peso. É importante que os pais digam ao filho que ele é amado, não importa qual seja seu peso. Você deve enfatizar boa alimentação, hábitos alimentares saudáveis e exercícios regulares. Uma vez que um programa geral de exercícios e de dieta seja estabelecido, a perda de peso virá normalmente.

Ajude a estabelecer metas pequenas e razoáveis. Uma criança com hábitos pouco saudável que está acima do peso não entrará em forma da noite para o dia. Elogie seu filho quando ele atingir essas metas.

O esforço para fazer mudanças no estilo de vida não deve ser dirigido apenas à criança que está acima do peso. É melhor que toda a família estabeleça como meta o cultivo de hábitos saudáveis. Os pais devem dar o exemplo sendo fisicamente ativos e tendo alimentação saudável. (Estudos indicam se apenas um dos pais estiver acima do peso, há uma forte tendência de que o filho o siga.) Os pais devem ser modelos para a prática de exercícios e alimentação saudável. É importante não ter em casa comidas pouco saudáveis e ricas em calorias. Também é importante que os pais limitem o tempo de seus filhos em atividades sedentárias – estipular horários para TV, *videogame* e computador. Apoie as iniciativas de adotar padrões nutricionais de melhor qualidade na lanchonete da escola do seu filho, ou então faça o lanche ou almoço dele.

Se seu filho não se sentir bem, ele pode preferir esportes individuais com aulas particulares ou em pequenos grupos, em vez de esportes coletivos em que muitos colegas o observam. No entanto, nem todos os esportes individuais são adequados para aqueles que estão acima do peso. Para a ginástica artística, é bom que o atleta seja pequeno e magro. É muito difícil suspender o próprio corpo no ar, conforme exigem certas rotinas desse esporte. É quase impossível fazer isso quando se está acima do peso.

Uma vez que você e seu filho já decidiram qual esporte praticar e seu médico aprovou, certifique-se de acompanhar de perto o desempenho de seu filho. Se você puder, vá às aulas ou treinos para se certificar de que ele não está fazendo esforço físico em excesso ou que o treinador ou instrutor não esteja exigindo demais. Observe se os outros jogadores ou observadores o estão ridicularizando. Se isso estiver acontecendo, depois do treino ou da aula, procure descobrir como ele está se sentindo com isso. Algumas crianças são resistentes e parecem imunes às provocações e aos comentários que visam ridicularizá-lo. Outras são muito sensíveis e levam isso para o lado pessoal. Também é uma boa ideia conversar com o instrutor ou treinador, se outros membros do time o estiverem provocando. Um bom treinador não permite que isso aconteça. Você terá de avaliar o impacto desse tal comportamento em seu filho. Em termos realistas, algumas crianças sempre provocam uma criança acima do peso. Ajudar seu filho a lidar com os apelidos é mais construtivo do que deixar que ele abandone o time imediatamente. Estimule-o a se concentrar nas suas realizações e na diversão que ele tem ao praticar o esporte. Diga-lhe que seria uma pena que ele deixasse que algumas crianças interrompessem aquilo que constitui uma experiência boa e saudável para ele.

Uma vez que a criança começa a praticar um esporte, especialmente um que seja aeróbico, ela deve começar a se firmar e a perder um pouco de peso apenas com o treinamento ou as práticas. Conforme ela se torna mais proficiente, percebe que se perder mais peso seu progresso será mais rápido. A essa altura, ela poderá pedir ajuda para perder mais peso. Os pais devem procurar responder de forma a lhe ajudar e consultar o médico da família ou um nutricionista para estabelecer um regime visando boa forma física que inclua programa de perda de peso.

Claramente, as crianças acima do peso podem ter experiências positivas ao praticar esportes. Discussões bem pensadas e sensíveis devem abordar temas como a vergonha e a saúde. Seu filho deve compreender que a saúde e o peso dele podem limitar algumas escolhas do esporte que ele pode praticar. Com discussões abertas, médico e boas pesquisas sobre os esportes que podem ser os melhores para ele, há boas chances de seu filho ter uma experiência positiva com a prática esportiva.

Crianças com distúrbios emocionais ou de desenvolvimento

Há anos, entrei em um elevador lotado em um edifício médico. Percebi que a maioria das pessoas no elevador espremia-se em um canto. Achei aquilo estranho. Então, uma pessoa que estava do outro lado do elevador começou a falar alto com ninguém em particular e de uma forma agitada. Ficou óbvio para mim que ele era psicótico e que provavelmente estava voltando de uma consulta com seu médico. Como sou psicóloga e já trabalhei com muitos pacientes psicóticos, fiquei perfeitamente confortável ao conversar com ele e até fui capaz de acalmá-lo. Pude ouvir um suspiro coletivo de alívio, conforme as outras pessoas no elevador começaram a se espalhar em vez de ficarem espremidas em um dos cantos. O incidente me entristeceu, pois confirmou aquilo que eu já sabia — muitas pessoas sentem-se desconfortáveis com a proximidade de uma pessoa com doença mental.

Muitas crianças com distúrbio emocional querem praticar esportes e, de fato, em muitos casos a prática de esportes pode ter um efeito terapêutico para elas. Encontrar o esporte, o time e o treinador corretos pode exigir um esforço especial, uma vez que queremos que essas crianças não sejam estigmatizadas e nem enfrentem reações semelhantes às das pessoas no elevador.

Em termos de desenvolvimento, as crianças especiais também podem beneficiar-se da prática esportiva. Alguns anos atrás, fui consultada sobre o caso de uma criança do Camboja. Sua mãe havia tentado abortá-la muitas vezes. Como consequência, Saren nasceu com diversos problemas de desenvolvimento — os quais tornavam o aprendizado difícil para ele. O menino chegou aos Estados Unidos ainda bebê, e quando eu o vi pela primeira vez, ele ainda estava nos anos iniciais do Ensino Fundamental, embora tivesse doze anos. Saren não conseguia realizar sozinho nenhuma tarefa, como se vestir ou amarrar os cadarços de seu sapato. Seu nível de leitura era semelhante ao de uma criança da primeira série e ele não conseguia fazer adições e subtrações simples. Por sentir-se culpada, a mãe dele não o forçava demais e isso contribuiu para aumentar ainda mais as limitações de desenvolvimento que ele tinha. Os professores especializados de Saren haviam ouvido falar de um programa de esqui destinado a crianças com problemas de desenvolvimento. Com a permissão de sua mãe, ele foi matriculado e se saiu extremamente bem. O seu sucesso no esqui estimulou sua autoestima e a partir de então ele começou a progredir na escola. A última vez que encontrei sua mãe, ela me contou que Saren tinha se formado no Ensino Médio, estava trabalhando em um restaurante e queria se tornar cozinheiro.

O time ou academia corretos

O ideal é que você encontre um time ou academia que tenha um histórico de inclusão — isto é, uma política que afirme a participação de todas as crianças e que tenha alguma experiência ao lidar com aquelas que tenham problemas emocionais sérios. Crianças com problemas emocionais podem demonstrar um comportamento que parece estranho a outras crianças e pais, ter mudanças súbitas de humor e diminuir o ritmo ou prejudicar o resultado do esporte ou do jogo do qual participam. Outros jogadores frequentemente demonstram irritação ao serem afetados por esse comportamento, se não forem orientados por adultos no sentido de desenvolver compaixão e compreensão por essas crianças.

O treinador correto

Converse com o treinador sobre seu filho antes de inscrevê-lo no time ou de matriculá-lo nas aulas em grupo. Explique os detalhes das dificuldades emocionais ou de desenvolvimento dele. Informe o treinador se seu filho está sendo tratado e se está tomando medicamentos. Pergunte ao treinador ou ao instrutor se ele já trabalhou com crianças com problemas semelhantes. Ele acha que seu filho será aceito no time? Avalie as respostas do treinador. Deve-se esperar que o treinador faça um esforço para lidar com seu filho ou explicar claramente porque ele acha que a participação de seu filho não será positiva. No entanto, não se deve esperar que o treinador tenha sensibilidade, conhecimento ou habilidade de um psicoterapeuta. Se os sintomas de seu filho não estiverem sob razoável controle e ele vier a ser destrutivo ou prejudicar o time ou o ambiente da academia, pode não ser recomendável que ele participe.

Vamos conhecer alguns dos problemas emocionais mais comuns e considerar quais esportes podem ser os melhores para crianças com esses problemas. (Observação: Os pais não devem usar essas descrições breves para diagnosticar seus filhos. Consulte um profissional qualificado.)

Distúrbios de Humor

Depressão

A depressão é um distúrbio de humor. Uma criança deprimida pode sentir-se triste, demonstrar pouco interesse pela maioria das atividades diárias, ter fadiga, problemas de sono e de apetite e dificuldade para se concentrar. Em vez de tristeza ou infelicidade, algumas crianças deprimidas demonstram irritação e tédio. Às vezes adolescentes deprimidos demonstram mais sintomas comportamentais, como fingimento, do que sintomas de humor. Se seus sintomas forem graves, muitas crianças e adolescentes deprimidos serão tratados com medicação antidepressiva.

Quais são as implicações de uma criança com alguns desses sintomas? Um forte componente de exercício associado ao treinamento ou prática de um esporte pode ser terapêutico. Os sintomas da depressão frequentemente diminuem com a prática de exercícios. Crianças deprimidas certamente conseguem aprender um esporte. No entanto, se um dos principais sintomas do seu filho for falta de concentração, isso pode ter um impacto na sua capacidade de prestar atenção e de aprender os fundamentos e as estratégias esportivas.

Se seu filho tiver mudanças drásticas de humor e se sentir "para baixo" na maior parte do tempo, a prática de um esporte com outras crianças pode ajudá-lo a sentir-se melhor. Quase sempre as crianças tristes tendem a se retirar e a se isolar. É útil, portanto, que elas façam atividades com outras crianças e se sintam ligadas a elas. Tenha em mente que outras crianças do time ou da aula podem ter dificuldade de ser relacionar com alguém que esteja, ou que pareça estar, sempre deprimida e isolada.

Verifique se seu filho deprimido consegue lidar com um desempenho ruim ou com uma derrota individual ou do time. Uma criança triste pode ter seu quadro agravado com as derrotas do time ou com um desempenho pessoal ruim. Da mesma forma, pessoas deprimidas tendem a ver certas provações sob uma ótica mais negativa do que as pessoas não deprimidas. Depois de um desempenho que possa ser avaliado como não sendo o melhor, mas que tenha sido razoavelmente bom, seu filho deprimido pode ver o mesmo desempenho como "um lixo" ou "o pior de toda a minha vida". Isso pode soar dramático ou exagerado para você, mas pode ser bem real para ele. Dessa forma, você não deve tomar as afirmações que ele venha a fazer sobre seu desempenho de modo literal.

Se você puder assistir aos treinos ou aos jogos, isso será bom porque você será capaz de monitorar o aproveitamento de seu filho. Se não, talvez possa perguntar a outro pai como foi o desempenho de seu filho. Ou, se você não puder encontrar nenhum adulto que tenha assistido ao jogo ou ao treino, tente perguntar ao treinador. Em todos os casos, sempre pergunte a seu filho como ele acha que foi o treino ou jogo. Esteja preparado para ajudar com observações realistas, caso você sinta que a opinião dele seja por demais negativa.

Quais são os melhores esportes para as crianças seriamente deprimidas? Não creio que seja possível dizer que certos esportes são melhores ou piores para elas. Ambiente, treinador, time ou outros jogadores podem ser considerações mais importantes do que o esporte especificamente. Faça com que seu filho escolha um esporte que realmente queira praticar. Uma vez que crianças deprimidas quase sempre têm pouco interesse pelas coisas, o fato de ele estar interessado em praticar um esporte específico é um bom sinal e pode melhorar seu humor. Para as crianças deprimidas, prefiro esportes que tenham interação com outras crianças ou que exijam sua participação. Um esporte com aulas individuais apenas entre instrutor e criança não é desejável. Para a criança com um quadro de depressão sério, é recomendável um time ou liga em que não haja muita pressão para conquistar a vitória ou muitas oportunidades para se sentir desapontado ou triste. Um treinador ou instrutor que seja sensível e que ensine de uma maneira positiva, elogiando as crianças, é um fator importante. Uma criança deprimida não irá querer um treinador exigente, crítico e que está sempre apontando seus erros.

Transtorno bipolar

As pessoas que sofrem dessa doença têm mudanças de humor significativas; eles podem ir do sentimento de depressão ao de mania (humor anormalmente positivo), às vezes em questão de minutos – embora normalmente essas mudanças de humor ocorram em questão de horas ou dias. Cerca de 15% das pessoas que sofrem de transtorno bipolar irão por vezes enfrentar pensamentos ou comportamentos psicóticos.

A maioria das pessoas que sofrem dessa doença, inclusive as crianças, toma medicamentos que ajudam a estabilizar – e até mesmo interromper – as mudanças de humor, de forma que elas não apresentem tantos altos e baixos.

Considerando que as crianças que sofrem dessa doença estão sendo medicadas e/ou que suas flutuações de humor estejam sob controle, elas podem praticar qualquer esporte que desejarem. Entretanto, nos primeiros estágios da medicação e da terapia, podem experimentar mudanças de humor extremas. Nesse caso, seu humor e comportamento podem ser imprevisíveis. Elas podem não frequentar as aulas ou treinos com regularidade, pois às vezes sentem-se deprimidas demais para irem aos treinos ou jogos. Os colegas do time e o treinador não devem depender delas. Se elas estiverem praticando um esporte coletivo no qual sua participação é essencial – se forem um dos dois receptores do time de beisebol, por exemplo – pode ser necessário que o time tome medidas para se adaptar à doença desse jogador. Essas crianças podem ser relegadas a segundo plano, ou o treinador pode querer ter um receptor disponível no caso de a criança com problemas não poder jogar.

É importante discutir tudo isso com o treinador de modo claro para que ele compreenda os problemas que a criança bipolar tem de enfrentar e como as possíveis variações de humor podem afetar o desempenho dela.

Distúrbios de ansiedade

Diversos distúrbios emocionais têm seu maior sintoma na ansiedade. Entre esses distúrbios estão o de ansiedade infantil, ataques de pânico, fobias, distúrbio obsessivo-compulsivo e transtorno de estresse pós-traumático. Os distúrbios de ansiedade são os distúrbios mentais mais comuns. A depressão é o segundo.

Distúrbio de ansiedade infantil

O nome desse distúrbio já sugere seus sintomas principais. A criança fica ansiosa a maior parte do tempo ou então fica ansiosa facilmente com diversas situações diferentes. Ela demonstra ansiedade excessiva e preocupação. Essas crianças às vezes são chamadas de "esquentadas". Ficam frequentemente tensas, têm dificuldade de se concentrar em situações estressantes ou então têm um "branco" mental e demonstram irritabilidade. Às vezes experimentam tensão muscular e distúrbios do sono.

Quando uma criança superansiosa pratica esportes ela pode demonstrar sinais de ansiedade tanto físicos como mentais. Antes de um jogo, essas crianças podem apresentar irritações cutâneas, dores de cabeça ou enjoos. Podem parecer agitadas. Antes do treino ou do jogo, podem se preocupar com o seu desempenho ou com o desempenho do seu time. Algumas crianças superansiosas aprendem a esconder alguns desses sinais. Outras não, e demonstram claramente estarem estressadas e ansiosas.

Você deve contar ao treinador ou ao instrutor que seu filho é superansioso. Dessa forma, ele irá procurar não colocar muita pressão sobre essa criança e passará a observar situações nos treinos ou jogos para identificar aquelas que causam ansiedade. Procure um treinador ou professor que tenha temperamento calmo e tranquilizador, que seja paciente e positivo. Lembre-se: os treinadores não são terapeutas! Não se pode esperar que eles mudem completamente seu estilo de treinamento por causa de uma única criança.

Até você constatar sinais de que o seu filho pode lidar com a situação, é melhor procurar esportes coletivos ou individuais com pouca ou nenhuma competição ou pressão. Se um time for muito competitivo e sempre jogar para ganhar, isso pode criar muito estresse em uma criança superansiosa. O melhor é selecionar um esporte ou um time com baixa competitividade. O treinador ou instrutor deve enfatizar o aprendizado dos fundamentos do esporte e a diversão.

Ataques de pânico

Os ataques de pânico frequentemente surgem do nada. São caracterizados pelos seguintes sintomas: respiração curta, palpitação do coração, tontura, suor, tremores, náusea, medo de perder o controle e medo de morrer. Essas sensações são intensas, embora tendam a ter curta duração – na maioria dos casos duram menos de dez minutos. Algumas pessoas têm ataques de pânico associados à agorafobia, isto é, temem sair das suas casas. Crianças que têm ataque de pânico associado à agorafobia às vezes não conseguem ir para a escola e são caseiras.

Muitas crianças que foram diagnosticadas com ataques de pânico tomam medicamentos prescritos que as ajudam a se controlar. Outras fazem terapia para aprenderem a relaxar e a enfrentar um ataque, caso ocorra.

A não ser que os ataques de pânico da criança demonstrem um padrão de surgir em um ambiente esportivo específico, acredito que ela possa praticar qualquer esporte que a interesse. O treinador precisa saber que há uma possibilidade de ela ter um ataque de pânico quando estiver jogando ou durante um treino ou aula. Você deve informar ao treinador como ele deve agir no caso de haver um ataque.

Se, porém, você observar um padrão e os ataques de pânico do seu filho tenderem a ocorrer quando ele está praticando um esporte específico, talvez seja melhor interromper a prática esportiva até que a sua condição seja tratada e seu terapeuta julgue que seja hora de retornar.

Dê ao treinador permissão para contar aos membros do time sobre a possibilidade de seu filho ter um ataque de pânico. Dessa forma, eles não ficarão muito alarmados se isso realmente acontecer. Mesmo apesar de seu filho poder sentir que está morrendo, de fato, ele não está, e não é bom que as outras crianças pensem que ele está morrendo. Encontrei outros jogadores muito compreensivos com relação a crianças que tinham ataques de pânico, pois haviam compreendido sua condição.

As crianças que têm ataques de pânico associados à agorafobia serão provavelmente incapazes de sair de casa para praticar um esporte (e podem não conseguir ir para a escola) até que essa condição seja tratada e haja melhora considerável. No entanto, essas crianças podem praticar certos esportes ou atividades em casa – trampolim, levantamento de peso e dança aeróbica.

Fobias

A fobia é o medo irracional de alguma coisa – animais ou insetos, altura, sangue, germes, voar. Ao sofrer um ataque de fobia, especialmente quando a criança está perto ou acha que está perto da fonte de sua fobia, ela reage com medo e ansiedade excessivos. Seu comportamento é caracterizado pela busca de evitar o objeto ou situação temidos. Por exemplo, uma pessoa com medo de entrar em elevadores evita andar de elevador. Pessoas que têm fobia social ficam ansiosas em situações sociais ou com contato social.

Dependendo da fobia, a criança pode, provavelmente, praticar qualquer esporte que desejar. Por exemplo, se a criança tem medo de voar, ela pode praticar qualquer esporte (exceto paraquedismo!). Entretanto, digamos que a criança tinha medo de insetos. Até que essa condição seja tratada e a criança apresente melhoras, ela pode não ser capaz de praticar um esporte ao ar livre ou em uma área onde haja insetos. Uma criança que tem medo de cobras pode não querer jogar beisebol em um campo cuja grama esteja alta ou em um lugar onde ela julgue que possa haver cobras.

Distúrbio obsessivo-compulsivo

Uma pessoa obsessiva tem pensamentos recorrentes, impulsos ou imagens que causam ansiedade e angústia consideráveis. Tais pensamentos normalmente não são apenas uma preocupação excessiva com relação aos problemas reais da vida. Pessoas com compulsões demonstram comportamentos repetitivos como lavar as mãos excessivamente, contar, repetir palavras ou tocar objetos de maneira compulsiva.

Dependendo das obsessões e/ou do(s) comportamento(s) obsessivo(s) esse pode ser um dos distúrbios de ansiedade que mais incapacitam uma pessoa. As crianças que têm esse distúrbio quase sempre tomam medicamentos que ajudam a controlar os sintomas. Os pais devem informar o treinador sobre essa condição, especialmente se os sintomas tendem a ocorrer durante os treinos ou jogos.

A não ser que um esporte em particular seja relacionado a uma obsessão ou compulsão, as crianças que apresentam essa desordem normalmente podem praticar qualquer esporte que escolherem. No entanto, pode ser que, apesar de as obsessões ou compulsões não estarem relacionadas a qualquer esporte em particular, elas possam interferir na prática desse esporte. Por exemplo: vi uma criança com a compulsão de tocar maçanetas repetidamente — até 25 vezes — antes de entrar pela porta. Se uma criança como essa praticar caratê em uma academia que tenha uma porta com maçaneta nos vestiários, ela pode sentir-se compelida a tocar a maçaneta repetidamente. As outras crianças podem ver esse comportamento e julgá-lo estranho. Seus pais terão de conversar com ela sobre como lidar com isso. (Uma solução seria ir às aulas já de uniforme, se o instrutor permitir.) Se essa situação deixar a criança muito embaraçada ou ansiosa, ela pode ter de mudar o esporte que pratica para um que não tenha maçanetas na área de treinamento ou no local das aulas. Felizmente, hoje há tratamentos melhores para esse distúrbio do que havia no passado, e medicações e terapias podem ajudar a reduzir o comportamento compulsivo.

Transtorno de estresse pós-traumático (TEPT)

As pessoas que sofrem desse distúrbio foram expostas a um evento traumático durante o qual elas experimentaram, testemunharam ou confrontaram incidentes que ameaçaram seriamente a vida ou que causaram ferimentos graves a elas ou a outras pessoas. Eu já tratei muitas crianças que sofreram acidentes de carro nos quais se machucaram seriamente ou nos quais outra pessoa se feriu gravemente ou morreu. Algumas das pessoas que sobreviveram ao atentado terrorista de 11 de setembro em Nova York hoje sofrem de transtorno de estresse pós-traumático grave.

Os sintomas desse distúrbio são memórias recorrentes e intrusivas ou lembranças do evento traumático, pesadelos (para as crianças, brincadeiras repetitivas nas quais as situações do evento são expressas), *flashbacks*, intensa angústia quando expostas a situações que as lembrem do evento traumatizante, atitude de evitar estímulos associados ao evento e dificuldade de dormir ou de se concentrar.

As crianças que sofrem de transtorno de estresse pós-traumático podem ser incapazes de agir e se comportar como as outras. Uma criança que perdeu um dos pais em um acidente de carro pode se recusar a andar de carro novamente. Uma criança que testemunhou um assalto em que houve tiros pode não querer fazer compras de novo. Uma criança que sobreviveu a um acidente aéreo pode não querer voar novamente. Diferentemente de alguns outros distúrbios de ansiedade, muitos dos sintomas do transtorno de estresse pós-traumático parecem ser reações lógicas e compreensíveis ao evento traumático.

Os elementos específicos dos eventos traumáticos terão de ser avaliados para se assegurar que não haja qualquer relação com o que aconteceu ao se praticar o esporte. Por exemplo, eu já tratei muitas crianças que sofreram abuso sexual. A natureza do abuso foi a de que elas foram tocadas de forma inapropriada e contra sua vontade ou controle, normalmente por um adulto que exercia poder sobre elas. Algumas dessas crianças desenvolveram TEPT. Um dos eventos que às vezes provoca os sintomas é o contato físico, mesmo que isso seja feito de forma apropriada e por vezes até mesmo com a permissão da criança. Consequentemente, essas crianças podem ter problemas em um esporte de contato no qual os jogadores têm contato frequentemente uns com os outros. Mesmo apesar de algum contato ser esperado e ser uma característica do esporte, elas podem se recolher e reagir com medo e ansiedade. Igualmente, para alguns esportes, não é incomum que o treinador tenha contato físico com a criança. Um treinador de beisebol pode ficar de pé atrás da criança com o taco nas mãos e orientar a tacada. Um instrutor de golfe pode fazer a mesma coisa. É comum que os treinadores de natação fiquem próximos da criança e movam seus braços para lhes ensinar a forma correta da braçada. No caso de uma criança que sofreu abuso sexual, os pais têm de ser muito cuidadosos antes de submetê-la a essas situações. Assim, pais e filho devem evitar escolher um esporte de contato, se a criança tiver sintomas graves de TEPT relacionados com toque ou contato indesejado e inapropriado. Qualquer que seja o esporte escolhido, o treinador deve estar consciente de quaisquer situações que possam alarmar a criança, de forma que ele possa estar preparado no caso de a criança apresentar esses sintomas.

Outros distúrbios

Distúrbios alimentares

Os distúrbios alimentares mais comuns são anorexia nervosa e bulimia nervosa. As adolescentes tendem a ser mais vulneráveis, embora estejamos testemunhando um aumento no número de homens e meninos diagnosticados com distúrbios alimentares. As pessoas que sofrem de anorexia acham que estão gordas, apesar de muitas delas serem magras, ou temem ficar gordas. Elas comem pouco e perdem peso. Algumas perdem tanto peso que morrem. As pessoas com bulimia às vezes purgam o que comeram (induzem vômito após comerem, principalmente depois de comerem demais). Se elas não purgam, usam meios inapropriados para perder peso, como exercícios em excesso ou jejuns. Algumas pessoas são anoréxicas e bulímicas. Esses dois distúrbios alimentares são muito graves e exigem tratamento com especialistas em distúrbios alimentares. Outros distúrbios alimentares envolvem comer demais e orgias alimentares sem purgar.

Obviamente, deve-se dar muita atenção antes de permitir que crianças anoréxicas e bulímicas pratiquem qualquer esporte em que ser magro é uma necessidade ou uma vantagem. Isso apenas daria a elas uma desculpa para continuarem com seu distúrbio alimentar. (Vários jóqueis famosos desenvolveram distúrbios alimentares porque procuravam manter seu peso baixo.) Isso significa que uma criança com distúrbio alimentar sério, como anorexia ou bulimia, não deve ser estimulada a participar de competições de ginástica ou hípicas e, em menor grau, patinação artística.

Outro problema com crianças anoréxicas ou bulímicas que praticam esportes, especialmente se elas praticarem esportes coletivos ou individuais altamente competitivos, é que a nutrição apropriada e o consumo de alimentos é um dado importante do treinamento e da preparação para a competição em muitos esportes. Os atletas devem frequentemente aumentar o consumo de carboidratos antes das provas para terem mais energia. Para uma criança que sofra de anorexia ou de bulimia pode ser quase impossível alimentar-se de maneira apropriada.

As crianças com distúrbios de superalimentação são normalmente obesas e podem precisar de tratamento médico e/ou psicológico especial.

Distúrbios de deficit de atenção/hiperatividade

Há três tipos desse distúrbio: o tipo predominantemente de desatenção (às vezes chamado de DDA); o predominantemente hiperativo-impulsivo (às vezes chamado de ADHD, conforme sigla em inglês); e o combinado (também às vezes chamado de ADHD, conforme sigla em inglês). Às vezes é mais fácil chamar todos esses distúrbios de "distúrbios de deficit de atenção". Os que sofrem do primeiro tipo têm dificuldade de se concentrar pois têm curtos períodos de atenção. Assim, quase sempre têm dificuldade de aprender. As crianças que sofrem dos dois tipos de ADHD também são hiperativas e impulsivas. Não importa qual seja o tipo, algumas crianças parecem ser imaturas. Muitas crianças com esse distúrbio tomam medicamentos que as ajudam a se concentrar melhor e os medicamentos também podem ajudar as que são hiperativas e impulsivas. A psicoterapia pode ser um tratamento eficiente. Entre os atletas famosos que apresentavam esse distúrbio estão o rei do home run, Babe Ruth; o medalhista de ouro do decatlo na Olimpíada de 1976, Bruce Jenner; o fenômeno da natação e medalhista de ouro nas Olimpíadas de 2004, Michael Phelps; e o corredor Jeremy Wariner.

Os esportes coletivos podem ser extenuantes para crianças com distúrbios de deficit de atenção. Vá a um jogo de basquete e observe a movimentação na quadra. Os jogadores têm muito a fazer: estar prontos para receber um passe, ser capazes de limpar a área para fazer um arremesso, driblar os adversários e estar atentos aos jogadores que estão tentando bloquear os arremessos. Tudo isso acontece em questão de segundos, não de minutos. Em geral, os esportes individuais oferecem um ambiente mais calmo, mais estruturado e menos caótico para as crianças que apresentam qualquer um dos tipos desse distúrbio. Com menos detalhes e distrações, elas têm mais facilidade de aprender o que o treinador ou instrutor ensinar. Elas não precisam prestar atenção em suas jogadas e movimentos e também nas jogadas e movimentos dos adversários ou dos companheiros de equipe. Tendo dito isso, posso acrescentar que os esportes coletivos cujo ritmo é mais lento podem ser apropriados.

Em geral, quando os jovens jogam futebol, o ritmo é mais lento do que no basquete. O beisebol é um jogo muito lento: quando a bola vai na direção de um jardineiro estamos falando de segundos e não de minutos, mas naquele momento tudo o que ele tem a fazer é se concentrar na sua jogada. O futebol americano tem segundos de ação rápida com intervalos entre as jogadas que permitem aos jogadores se reagrupar e recuperar o foco. O tempo médio total de bola em jogo em uma hora de partida é de dez a doze minutos. Você pode checar isso ao cronometrar a partir do momento que a bola é lançada até que acabe a jogada. Em outras palavras, não há longos períodos de ação rápida e sustentada.

Qualquer arte marcial é um ótimo esporte para crianças que apresentem esse distúrbio. Não só o ambiente de aprendizado é bem estruturado, mas também o estilo de instrução é muito controlado e pode, por vezes, ser autoritário. Em qualquer momento, a criança está aprendendo um pequeno conjunto de movimentos e há poucas distrações presentes que possam interromper sua concentração. Cada novo movimento é repetido diversas vezes.

É claro que muitas dessas crianças jogam basquete e outros esportes de ritmo rápido. Assim, um esporte coletivo que tenha muita ação e complexidade não pode ser descartado automaticamente. Isso depende da criança, da sua motivação para jogar e da gravidade do seu distúrbio de *deficit* de atenção. Saiba que de início ele pode prejudicar o jogo ao raramente estar onde deveria estar, no campo ou na quadra. Como tem dificuldade de se concentrar, pode não seguir as instruções do treinador muito bem. O treinador e os companheiros de equipe dessa criança precisarão ser pacientes. Com frequência, por meio de medicamentos e/ou terapia, sua concentração melhora. Com repetições consideráveis das instruções e dos movimentos do jogo, ele deve demonstrar progresso.

Como acontece com muitos distúrbios, os graus de intensidade variam do suave ao grave. As crianças com as formas menos intensas podem quase sempre praticar esportes coletivos sem precisarem tomar medicamentos ou fazer terapia e podem até mesmo se tornar jogadores excepcionais.

Distúrbios motores

As crianças que sofrem de distúrbios motores demonstram falha marcante no desenvolvimento da coordenação motora. Esse diagnóstico é feito apenas se as dificuldades de coordenação não se deverem a uma condição médica, como paralisia cerebral ou distrofia muscular. As crianças que apresentam esse diagnóstico são em geral desajeitadas e demonstram atraso em tarefas desenvolvimentais comuns, como andar, engatinhar, sentar e amarrar cadarços.

As crianças com grandes dificuldades de coordenação, caso sejam de fato assim diagnosticadas, frequentemente estão entre as não atléticas. Praticar um esporte parece estar fora de questão para elas. Elas têm dificuldade de se ver praticando um esporte ao verem seus colegas jogando ou assistindo aos eventos esportivos na TV. Há muitas crianças como essas, e as pessoas frequentemente as rotulam como desajeitadas, estabanadas ou não atléticas. Mesmo assim, muitas crianças que sofrem desse problema gostariam de praticar um esporte se fossem convencidas de que elas podem praticá-lo sem ficar envergonhadas.

Como eu disse nos capítulos anteriores, se elas forem estimuladas e se você puder encontrar os esportes corretos para essas crianças, muitas delas serão capazes de obter algum sucesso nesses esportes.

Quais esportes são os melhores para crianças com falta de coordenação? Os pais devem determinar se os *deficits* de coordenação do filho são de coordenação motora geral ou fina ou ambas.

Se forem ambas, as escolhas se tornam limitadas, mas não desista. A maioria dos esportes nos níveis para iniciantes são simplificados e as expectativas com relação ao desempenho são menores. Todas as crianças, não importa o quanto sejam descoordenadas, conseguem aprender a nadar no nível inicial. Elas podem não ter estilo ao nadar, mas podem aprender como fazê-lo. O boliche exige muita repetição de movimentos e, com o tempo, crianças descoordenadas podem aprender esse esporte. Seus movimentos podem não ser graciosos, porém, elas serão capazes de realizar o trabalho. As crianças podem aprender qualquer arte marcial no nível de iniciantes. O golfe é uma boa escolha, especialmente se seu filho descoordenado for analítico. As tacadas podem ser treinadas repetidamente e até mesmo uma criança com pouca coordenação pode apresentar melhora. O remo é um esporte de movimento muito limitado, e eu conheci várias crianças muito desajeitadas que remavam muito bem.

Quando a criança tem apenas problemas de coordenação motora geral, procure esportes que envolvam basicamente coordenação motora fina. Entre eles, tiro com arco, sinuca e tiro esportivo.

Quando os problemas se relacionam aos músculos de coordenação motora fina, mas a criança tem uma boa aptidão com os músculos de coordenação motora geral, pode-se considerar muitos esportes. Futebol americano, vôlei, natação, patinação, artes marciais e ciclismo são alguns deles.

Use as Tabelas Informativas da Segunda Parte para fazer sua pesquisa sobre os esportes que melhor se adaptam ao nível de coordenação de seu filho, bem como a seu temperamento.

Distúrbios de comunicação

Tais distúrbios incluem o distúrbio de linguagem expressiva, distúrbio de linguagem receptiva-expressiva, distúrbio fonológico (articulação) e gagueira. Nos dois primeiros distúrbios, a criança tem dificuldade de se expressar ou de se expressar e de compreender a linguagem falada. Os dois outros tornam difícil para as pessoas entenderem a criança.

Os dois primeiros distúrbios podem ter um impacto na compreensão das instruções por parte da criança, bem como na sua capacidade de fazer perguntas ou de se expressar com o treinador e os outros jogadores. É necessário que o treinador ou instrutor saiba que a criança tem problemas. Algumas dessas crianças compensam o problema sendo muito visuais, assim um treinador que demonstra as jogadas corretas irá ajudar a criança com dificuldades de compreender a linguagem (problemas receptivos). Se a criança precisar fazer perguntas e tiver dificuldade para se expressar, o treinador tem de ser paciente e trabalhar com a criança para compreendê-la. Instruções escritas podem ajudar algumas dessas crianças. Eu já vi crianças com problemas expressivo-receptivos lerem livros sobre os esportes que praticam e aprenderem as jogadas fundamentais desses esportes por meio das descrições e ilustrações contidas nesses livros. Elas também podem assistir a vídeos e imitar as jogadas. Frequentemente elas conhecem as características mais aprimoradas do jogo melhor do que seus companheiros de equipe ou das outras crianças da sua classe.

O relacionamento com os colegas de equipe ou de classe pode representar um desafio para uma criança com distúrbio de comunicação. A vergonha e a frustração de não ser compreendida pode compreensivelmente ser estressante para a criança. Espera-se que ela converse com seus companheiros de equipe. Se ela gagueja ou tem problemas para se expressar com clareza, tende a se preocupar com o fato de as outras crianças poderem fazer piadas ou rejeitá-la. De fato, já vi isso acontecer, mas não com frequência. Muitas vezes, as outras crianças tendem a ignorar esse tipo de problema. Elas ficam muito envolvidas com o jogo ou o esporte, em melhorar suas próprias jogadas e em prestar atenção no que o treinador ou instrutor está dizendo. Dessa forma, as poucas vezes que a criança gagueja torna-se um fato menor, então seus companheiros não o consideram. Se seu filho for um atleta nato, seus companheiros de equipe podem até elegê-lo líder do time – capitão ou quarto zagueiro.

É claro que algumas crianças que têm problemas de comunicação tentarão ser discretas e evitar situações nas quais se espera que elas falem. Dessa forma, uma criança que normalmente seria escolhida como capitão do time de tênis ou como quarto-zagueiro pode não exercer sua aptidão de liderança ou recusar essas posições. Tenho pena quando vejo uma criança fazer isso, mas posso entender porque ela age assim. Na medida em que essa criança amadurece e conforme sua comunicação melhora, ou mesmo se ela não melhorar, ela pode ser mais capaz de ignorar a maneira como acredita que as outras crianças reagem a ela e se tornar mais receptiva à ideia de ser líder do time.

Os pais devem observar de perto o desempenho do filho, a maneira pela qual seu problema de comunicação está ou não afetando sua aptidão de aprender o esporte, bem como seu relacionamento com os outros jogadores.

Há esportes mais recomendados para uma criança com distúrbios de comunicação? Essa criança pode explorar qualquer esporte. Saiba, porém, que se ela tem um distúrbio de comunicação expressivo-receptivo e o aprendizado do esporte se baseia em grande parte na linguagem receptiva, isto é, o treinador ensina o esporte por meio de uma grande dose de linguagem falada, seu filho poderá achar que o aprendizado é um desafio, embora não necessariamente insuperável. Saiba também que se ele tem problemas de linguagem expressiva, de articulação ou guaguez ele poderá tender a escolher esportes ou posições em que ele possa ficar muito quieto. Isso pode ser bom no sentido de ele não se expor ou não se colocar em situações ou posições nas quais é necessário falar, mas isso também pode impedir que ele demonstre alguns dos seus potenciais.

Transtorno de conduta/comportamento

As crianças que têm transtornos de conduta demonstram problemas comportamentais em uma ou mais das seguintes categorias: agressão a pessoas ou animais, destruição de propriedade, tendência a enganar ou a roubar ou graves violações de regras em geral.

Muitas das crianças que apresentam esse transtorno tendem a não permanecer muito nos esportes organizados. Se são agressivas demais e, por isso, penalizadas repetidamente, elas podem abandonar o esporte. Se elas violam as regras demais, nenhum treinador ou instrutor irá querer continuar a trabalhar com elas. Afinal, a prática de esportes é voluntária, por isso o treinador pode facilmente expulsar a criança da academia ou do time. Uma criança que distrai os outros jogadores durante os treinos ou os jogos e faz que o treinador perca tempo para discipliná-la será certamente cortada das aulas ou do time. Nenhum treinador pode permitir que uma criança com fortes tendências destrutivas distraia sua atenção do trabalho ou a concentre naquela criança que intimida os outros jogadores.

Tendo dito isso, as crianças que apresentam uma forma menos grave de transtorno de conduta podem por vezes encontrar algum sentido na prática de esportes. Se estiverem realmente motivadas a jogar, logo verão que, se quiserem continuar a praticar o esporte, terão de mudar seu comportamento. Assim, o envolvimento com esportes pode ser terapêutico para essas crianças.

As crianças que apresentam uma forma menos intensa de transtorno de conduta podem praticar quaisquer esportes em que estejam interessadas. Às vezes elas se dão melhor nos esportes que apresentam estrutura de autoridade pequena ou com treinadores ou instrutores que possuem um estilo de treinamento mais tranquilo. Por outro lado, algumas delas se dão melhor em ambientes mais autoritários. Dessa forma, uma criança que realmente deseje aprender tae kwon do pode ter um resultado ótimo, apesar de a instrução dessa arte marcial ser muito estruturada, por vezes de um modo até mesmo autoritário.

Antes de a criança com problemas comportamentais integrar um time ou se matricular em aulas, você deve conversar com ela sobre as ramificações e as possíveis consequências do comportamento dela. Ela deve ter consciência de que provavelmente não será uma questão de *se*, mas de *quando* ela será expulsa por conta do seu mau comportamento. Como isso é uma possibilidade, certifique-se de que você não vai investir muito dinheiro nas aulas ou admissão em um time.

Distúrbio desafiador de oposição

As crianças que apresentam esse distúrbio demonstram pelo menos quatro dos seguintes comportamentos: perdem a paciência, discutem com os adultos, desafiam as solicitações ou regras estabelecidas pelos adultos, fazem coisas deliberadamente para irritar as outras pessoas, colocam a culpa nos outros pelos seus próprios erros ou mau comportamento, são sensíveis ou se irritam facilmente pelos outros, são bravas e ficam facilmente ressentidas ou são rancorosas e vingativas.

As crianças com distúrbios de oposição não são fáceis de se trabalhar, seja na sala de aula, seja em casa, na quadra ou na academia. Essas crianças têm muito em comum com as crianças que sofrem de distúrbio comportamental. Se não conseguem se adaptar à estrutura do time, às regras do jogo ou às instruções do treinador ou instrutor, provavelmente serão convidadas a deixar o jogo, a aula ou o esporte.

É verdade que algumas dessas crianças fazem mais oposição com relação a certos temas e circunstâncias do que a outros. A criança pode ser totalmente desafiadora em casa, mas ser razoavelmente obediente na quadra ou na academia. Nesse caso, seu comportamento tende a se dirigir especificamente aos pais e não aos outros. Entretanto, muitas crianças desafiadoras podem apresentar esse comportamento com qualquer um.

Se uma criança que se opõe deliberadamente estiver de fato motivada a praticar um esporte, ela pode querer trabalhar seu próprio comportamento. Ela terá de fazer isso uma vez que nenhum treinador ou instrutor permitirá que sua autoridade seja desafiada abertamente na frente dos outros. Da mesma forma, nenhum treinador permitirá que uma criança tenha atrito com outros jogadores, especialmente se o esporte exigir muita cooperação entre os membros do time. A maioria das crianças que se opõem tem problemas com seus colegas, pois tendem a se confrontar com eles e a desafiá-los. Por isso, seus companheiros de equipe quase sempre as rejeitam. Assim, os esportes individuais oferecem mais chances para essas crianças, assumindo-se que elas possam trabalhar de forma cooperativa com o treinador. Se as aulas forem individuais, não haverá o efeito da plateia – uma dinâmica que influencia algumas das crianças que apresentam esse distúrbio.

Assim, inscreva seu filho com esse problema em um esporte por conta e risco dele mesmo. Se ele estiver fazendo terapia ao mesmo tempo em que pratica o esporte, pode ser que com a ajuda do terapeuta ele consiga ver mais claramente suas opções: melhorar seu comportamento ou ser expulso do esporte no qual ele é muito bom e com o qual está se divertindo.

Alguns treinadores e instrutores são melhores do que outros no trato com crianças que se opõem com veemência. Se você tiver sorte de encontrar tal treinador, muito bem. Mas não espere que todos os treinadores tolerem ou saibam lidar com uma criança desafiadora.

Autismo e síndrome de Asperger

Alguns clínicos consideram o autismo uma doença espectro e a síndrome de Asperger (às vezes chamado de desordem de Asperger) como uma forma menos intensa dele. O autismo é basicamente um problema de comunicação e interação adequadas em situações sociais. Há deficits significativos tanto nas aptidões verbais como nas não verbais. Muitas crianças autistas não falam nada ou, se falam, usam palavras de um modo quase sempre ininteligível ou aparentemente sem sentido. Frequentemente demonstram comportamentos motores ou maneirismos incomuns, anormais em termos de intensidade e de foco. As crianças que sofrem da síndrome de Asperger demonstram incapacidade significativa nas interações sociais, mas são melhores em termos de comunicação e de funcionamento cognitivo do que a maioria das crianças autistas. A síndrome de Asperger tende a ser mais comum no sexo masculino.

Uma criança com os sintomas clássicos do autismo provavelmente não consegue manter a comunicação ou a interação social necessárias para aprender e praticar um esporte. Alguns programas de tratamento para crianças autistas são capazes, com muito esforço, de ensinar algumas das jogadas básicas a elas, como pegar e arremessar uma bola.

Algumas crianças com síndrome de Asperger podem ser vistas na quadra ou na academia. Você terá de encontrar um instrutor de esporte individual ou um treinador de equipe que conheça um pouco a respeito desse distúrbio. Ou talvez você precise informá-lo sobre o problema. Se seu filho pratica um esporte coletivo, ele precisa compreender (e provavelmente ele já compreende) que as outras crianças podem considerá-lo um pouco estranho. Ajude-o a lidar com isso, tanto na escola como na quadra. Muitas crianças com síndrome de Asperger têm pouca coordenação, por isso, normalmente, levam mais tempo do que as outras crianças para aprender um esporte.

Se a criança tiver uma forma grave da síndrome de Asperger, pode ser mais fácil para ela aprender primeiro um esporte individual. Dessa forma, sua aptidão limitada para interagir socialmente não será tão requisitada, pois ela terá de interagir apenas com o instrutor. Se ela demonstrar melhoras na sua capacidade de interagir com os outros, poderá ser capaz de passar a praticar um esporte coletivo, se estiver interessada nisso. Crianças com sintomas graves da síndrome de Asperger tendem mais a serem provocadas ou incomodadas pelos companheiros de equipe por causa do seu comportamento muito estranho e frequentemente inapropriado.

Crianças com uma forma leve da síndrome de Asperger provavelmente podem praticar qualquer esporte, inclusive os coletivos. No entanto, mesmo com uma forma leve do distúrbio, o treinador e os companheiros de equipe podem perceber algum comportamento estranho ao interagir com essas crianças, ou podem pensar que elas são um pouco esquisitas.

A autoestima é uma preocupação importante com relação às crianças que sofrem de autismo ou de síndrome de Asperger porque as outras crianças quase sempre reagem de um modo ou de outro ao seu comportamento estranho. É difícil para elas fazer amizades e se sentir normal. Se elas realmente tiverem algumas aptidões atléticas, podem por vezes conquistar respeito das outras crianças que admiram sua habilidade ao jogar e que podem, por isso, esquecer o seu comportamento estranho.

Distúrbios por abuso de substâncias

Normalmente as crianças que apresentam esses distúrbios estão no Ensino Médio, embora algumas possam estar no final do Ensino Fundamental. Normalmente as substâncias de cujo consumo essas crianças abusam são o álcool ou as drogas. Entre as drogas, a criança pode estar consumindo maconha, cocaína, heroína, anfetaminas, inalantes e algumas drogas sintéticas como o ecstasy. Outras drogas são nicotina e cafeína. Algumas crianças podem ser dependentes tanto do álcool como das drogas, o que implica necessidade dessas substâncias para exercerem suas atividades. Outras não são exatamente dependentes, mas usam a substância de forma abusiva (saem para beber diversas vezes por mês, fumam maconha nos fins de semana). Nesta seção, não falo sobre drogas prescritas legalmente e usadas sob prescrição.

O pouco espaço não permite uma discussão profunda sobre o abuso de substâncias. Seja álcool, sejam drogas, algumas reações são comuns. Entre elas estão ressacas, tremores, distúrbios de humor, inclusive depressão, enjoo, vômitos, fadiga, distúrbios de sono, distúrbios alimentares, reações psicóticas, prejuízo da coordenação, perda de peso, fala enrolada, visão embaçada, andar trôpego, ansiedade, dificuldade de se concentrar, tontura e coma. É possível que haja morte se quantidades letais forem inaladas ou ingeridas. Poucas semanas antes de eu escrever este texto, quatro alunos de três diferentes faculdades do Colorado morreram por causa de intoxicação/envenenamento por álcool ou por terem misturado álcool com drogas.

Um cenário comum é o da criança que já pratica ativamente um esporte e começa a abusar de algumas substâncias. Se houver uma queda gradual ou repentina em seu desempenho não observada anteriormente, os pais, treinadores ou instrutores devem suspeitar que está havendo consumo de algumas substâncias. Na minha experiência, verifiquei que frequentemente os pais são os últimos a suspeitarem que seu filho tem um problema de abuso de substância. Uma vez identificado o problema, a criança deve receber tratamento adequado. Precisar interromper a prática esportiva durante o treinamento é uma questão que depende de muitos fatores e que deve ser discutida com terapeutas e treinadores. Por exemplo, se por causa do seu problema de abuso de substância ela não puder participar dos treinos ou ser escalada para os jogos, deve parar com o esporte até que a sua frequência possa ser mais consistente. Se seu desempenho for insatisfatório, o treinador pode pedir que ela saia até ter concluído o tratamento. A maneira pela qual seu comportamento afeta outros jogadores é uma consideração importante e apenas esse fato pode determinar se ela deve interromper a prática esportiva por um tempo. Muitos times escolares exigem que os atletas não bebam ou usem drogas. Nesses casos, qualquer infração pode levar à expulsão automática do time.

Às vezes, os problemas relacionados com drogas são associados com as companhias de seu filho. Se você suspeitar que os companheiros de equipe do seu filho estão estimulando o uso de drogas ou as fornecendo, pode ser necessário encontrar outro time ou esporte (com jogadores diferentes) ou grupo de amigos. Os pais precisarão conversar com o treinador ou com os funcionários da escola ou até mesmo notificar a polícia se isso for mesmo verdade.

Se seu filho é um ótimo jogador e tem boas chances de profissionalização no esporte, ele pode se sentir especialmente motivado a se livrar do álcool ou das drogas e procurar tratamento.

E se o seu filho tiver sido diagnosticado com problema de abuso de substância e agora quer começar a praticar um esporte? É melhor que ele progrida em seu tratamento antes de começar. O tratamento para abuso de substância é intenso e demanda tempo fora da escola. Além disso, pode haver estresse no aprendizado e treinamento de um esporte. Não queremos que a criança recém-diagnosticada tenha de enfrentar mais elementos estressantes quando começar seu tratamento. Após alguns meses de tratamento, desde que haja melhora, pode-se ter uma conversa com o terapeuta. Ele estará em uma boa posição para determinar se é o momento certo para seu filho começar a jogar tênis ou treinar lacrosse.

O vício em nicotina e cafeína pode afetar o desempenho atlético. Crianças que fumam demais normalmente desenvolvem problemas pulmonares. Quase sempre, elas têm pouco fôlego e pouco vigor. Terminam uma corrida em um jogo de futebol respirando profundamente. Você verá esses sinais se elas praticarem um esporte extenuante. Isso pode dar a você ou ao treinador uma abertura para explorar a possibilidade de descobrir se a criança está preparada para parar de fumar. Ela provavelmente sabe que o fumo está limitando seu desempenho, mesmo que com pouca intensidade.

Os atletas podem constatar que o consumo de cafeína em demasia afeta sua aptidão esportiva. A intoxicação por cafeína, ao se consumir doses pequenas como duas xícaras de café, pode causar sintomas como agitação, nervosismo, insônia, espasmos musculares, taquicardia ou arritmia e períodos de hiperatividade. Algumas crianças passam dias sem dormir, então apagam. Quando não dormem bem, isso pode afetar seu desempenho em qualquer esporte.

Conheci vários atletas do Ensino Médio que eram dependentes de cafeína. Eles tomavam oito ou mais xícaras de café ou seis ou mais latas de refrigerante todos os dias. Se eles tentavam interromper o consumo muito rapidamente, sofriam alguns sintomas de abstinência. Cafeína demais não é saudável, e os atletas devem procurar limitar seu consumo.

Uma palavra sobre *doping*, ou o uso ilegal de drogas para melhorar o desempenho esportivo. Temos ouvido falar de atletas profissionais e olímpicos que usam esteroides e outras drogas que melhoram o desempenho. Todos os medalhistas olímpicos são testados para se verificar se usaram drogas ilegais. Cada vez mais, várias associações esportivas profissionais estão implementando testes aleatórios em seus atletas, com punições se quaisquer substâncias ilegais forem descobertas. Hoje, vemos um número elevado de alunos do Ensino Médio e até mesmo alguns dos anos finais do Ensino Fundamental usando drogas que otimizam o desempenho. Os pais quase sempre negam que os seus filhos estejam usando drogas ou esteroides.

> Há alguns anos, uma escola pública perto de Phoenix, Estados Unidos, fez uma pesquisa com atletas de três escolas de Ensino Médio. Mais de 20% admitiram que sabiam de colegas de equipe ou de outros atletas que estavam usando esteroides.
> Quando um médico esportivo que trabalhava com o Comitê Olímpico dos Estados Unidos perguntou a jovens atletas se eles usariam droga, se ela os ajudasse a ganhar uma medalha de ouro olímpica, mais da metade respondeu que sim.[26]

O Centers for Disease Control [Centros para Controle de Doenças] indica que, entre 1991 e 2003, o uso de esteroides entre alunos do Ensino Médio mais do que dobrou. Em uma pesquisa do CDC com 15 mil alunos entre o nono ano do Ensino Fundamental e o último ano do Ensino Médio, mais de 6% disseram que já haviam usado esteroides pelo menos uma vez.[27] O National Institute on Drug Abuse [Instituto Nacional Sobre Abuso de Drogas dos Estados Unidos] indica que mais de meio milhão de alunos do oitavo ano do Ensino Fundamental ao primeiro ano do Ensino Médio, na maioria meninos, usam esteroides, alguns para melhorar sua aparência, outros para otimizar seu desempenho atlético (www.drugabuse.gov).

É importante que os pais e treinadores de jovens ensinem o jogo limpo (*fair play*) aos atletas. As crianças devem aprender que roubar, jogar de maneira desonesta ou usar drogas que melhoram o desempenho constitui um insulto aos outros jogadores e uma violação da integridade do jogo. Usar drogas que melhoram o desempenho para vencer e/ou estabelecer novos recordes é roubar. Sem considerar as questões de caráter, as drogas que melhoram o desempenho têm efeitos colaterais que são muito perigosos e alarmantes. Nos adolescentes, o abuso de esteroides pode determinar o fim do crescimento ósseo e causar danos ao coração, rins e fígado. Também pode levar à impotência, ao encolhimento dos testículos, à diminuição da contagem de espermatozoides e ao crescimento de seios nos adolescentes do sexo masculino. Nas meninas, alguns dos efeitos são a menstruação desregulada, o crescimento de pelos no corpo, a perda de cabelo e o engrossamento da voz. Alguns desses efeitos biológicos são irreversíveis.[28] Pode haver diversas mudanças na personalidade, como aumento da agressividade, depressão e volatilidade emocional. O uso de esteroides tem potencial de ameaçar a vida. Ainda não conhecemos os efeitos de longo prazo de algumas dessas drogas. Uma criança que começa a usá-las no Ensino Médio e continua, digamos, ao longo da faculdade as estará usando durante oito a doze anos.

É compreensível que um atleta possa se sentir tentado a usar uma dessas drogas para obter vantagem. Isso pode ser exacerbado se ele quiser ser um jogador profissional ou desejar competir nas Olimpíadas. Algumas corridas ou provas olímpicas são vencidas por questão de centésimos de segundos. Além disso, os salários em muitos esportes profissionais são astronômicos. Os prêmios oferecidos aos medalhistas de ouro nas Olimpíadas são maiores do que os ofertados aos medalhistas de bronze. Dessa forma, pode ser fácil alguns atletas julgarem necessário o consumo de drogas.

Os pais podem ajudar os atletas juvenis a aprenderem a valorizar seu desempenho esportivo – um desempenho que deriva de uma habilidade natural, bons hábitos e treinamento, determinação e esforço. Os treinadores e pais podem ensinar que a competição justa e honesta e o desafio da competição é um dos itens mais elevados da vida. Michael Phelps, o astro da natação das Olimpíadas de Atenas em 2004, participou intencionalmente de uma prova na qual sabia que o seu adversário, Ian Thorpe, provavelmente venceria. Ele fez isso porque achava que a prova seria incrível. Para Phelps a competição justa e muito disputada era mais importante do que participar de uma prova fácil de vencer. Ele queria uma prova que o forçasse a dar o melhor de si, mesmo que isso implicasse sua derrota (o que, de fato, aconteceu). É esse valor que queremos instilar em nossos filhos e jovens atletas.

Crianças com condições médicas especiais ou deficiência física ou intelectual

Muitas crianças com deficiência física ou intelectual ou crianças com condições médicas especiais podem praticar esportes – tanto esportes coletivos como individuais. Dependendo de suas dificiências ou limitações e dos recursos disponíveis na sua comunidade, elas podem ser capazes de jogar nas ligas principais ou de competir ou participar de ligas ou competições destinadas a crianças com dificiências.

Não importa o tipo de deficiência física ou mental, acredito que a maior parte das crianças possa praticar esportes. Você deve estimulá-las a isso por diversos motivos. A boa forma física é importante para todas as crianças, não apenas as que têm boa capacidade física. Uma criança paraplégica precisa ser ativa da cintura para cima para melhorar sua condição de saúde e ficar em boa forma física, evitando atrofia muscular. Da mesma forma, muitas crianças com deficiência física eram atletas natos antes do acidente ou da doença que as vitimou, assim, dependendo da natureza da sua condição, podem ser capazes de continuar a competir nos times principais ou em esportes individuais. Outras podem ainda participar de competições paraolímpicas ou das Olimpíadas Especiais, modalidades atléticas mais apropriadas às suas deficiências.

Um dos fatores talvez tão importante quanto os benefícios físicos são os benefícios psicológicos e emocionais que a criança obterá ao praticar esportes. Com frequência, uma criança com deficiência física conclui que não pode praticar esportes como as outras crianças. Essa percepção pode aumentar o seu sentimento de perda e de isolamento e resultar em prejuízo para a sua autoestima e autoconfiança. Os esportes podem dar uma chance às crianças com deficiência física de mostrar que são como qualquer outra pessoa e melhorar os sentimentos que nutrem por si mesmas. Por esses motivos, qualquer interesse da parte delas deve ser encorajado, e com alguma pesquisa você poderá encontrar a equipe ou esporte apropriado com instrutores e treinadores especializados que poderão ajudar você a identificar o esporte correto para elas e lhes ensinar os fundamentos desse esporte.

> O que eu represento é a realização do que você quer fazer na vida. É uma questão da sua atitude. Algumas pessoas têm uma atitude negativa e isso é a causa da sua incapacidade.
>
> *Marla Runyon, corredora olímpica cega da equipe dos EUA*

Além das ligas esportivas juvenis principais, vamos dar uma olhada em outras possibilidades disponíveis. As paraolimpíadas destinam-se a atletas que têm deficiências físicas graves. Algumas dessas deficiências são membros amputados, cegueira, ou problemas visuais, danos cerebrais, na coluna vertebral e uma gama de outras incapacidades, como esclerose múltipla ou nanismo. Embora os Jogos Paraolímpicos aconteçam a cada quatro anos, os esportes e competições paraolímpicas normalmente ocorrem o ano inteiro.

Entre os esportes paraolímpicos em cadeira de rodas estão basquete, corrida com obstáculos, levantamento de peso e judô. Outro esporte paraolímpico é o rúgbi em cadeira de rodas, inventado nos anos 1970. É disputado em uma quadra de basquete por quatro jogadores em cada equipe, marcam gols quando cruzam a linha com a bola. Tornou-se esporte paraolímpico oficial nas Paraolimpíadas de 2000. Os times norte-americanos conquistaram a medalha de ouro duas vezes — uma em Atlanta em 1996, quando ainda era um esporte de demonstração, e outra em 2000. Nas provas de esqui paraolímpico, os competidores usam esquis especiais, mesmo que alguns dos atletas não tenham uma ou as duas pernas. Novos esportes paraolímpicos devem surgir conforme novos equipamentos são desenvolvidos a fim de ajudar mais atletas com deficiências físicas a praticar esportes.

> Eu compito porque tenho de competir. Adoro vencer, mas há ainda mais nisso. Eu vou para a quadra e dou o melhor de mim.
>
> *Rick Draney, jogador de tênis de cadeira de rodas*

A gravidade da deficiência particular do seu filho pode determinar se os esportes paraolímpicos são os melhores para ele ou se, em vez disso, uma liga ou time constituídos de crianças como ele é o melhor. Por exemplo, há times especiais para cegos ou para surdos ou mudos. Há uma escola para surdos em Riverside, Califórnia, cujo time de futebol americano venceu a temporada de 2004 jogando contra times da liga principal (com atletas sem qualquer deficiência auditiva). Os atletas desse time não se veem necessariamente como deficientes; eles apenas não conseguem ouvir.

Para as crianças com problemas mais graves, as ligas ou times principais ou os esportes individuais normais podem não oferecer a melhor chance de aprenderem o esporte ou de competirem. Há exceções: conheci diversos adolescentes que usavam próteses e jogavam beisebol e golfe. Conheci uma nadadora que perdeu sua perna em um acidente de carro e ainda assim foi capaz de competir sem a sua prótese durante os anos do Ensino Médio. Depois disso, ela começou a praticar esportes paraolímpicos. Se você julgar que os problemas físicos do seu filho determinam que ele terá mais satisfação nas competições paraolímpicas, há diversos livros que podem ajudá-lo a conhecer mais sobre os esportes paraolímpicos e suas provas.

Algumas outras associações ou organizações para crianças com deficiências físicas são a Associação Brasileira de Desportos para Cegos, Associação Brasileira de Desportos em Cadeira de Roda, Associação Desportiva para Deficientes, Associação Brasileira Pró-nanismo – Gente Pequena. Todos os profissionais e voluntários ligados a essas organizações, bem como aos esportes paraolímpicos, sabem como adaptar cadeiras de rodas, esquis, bicicletas e outros equipamentos para tornar possível a participação dos deficientes. Um instrutor de snowboard norte-americano disse que para *qualquer* incapacidade física, ele consegue imaginar uma forma de adaptar o equipamento de modo que o atleta possa competir.

Seja qual for o problema físico, os pais de crianças com deficiência física devem ter cuidado quanto a predeterminação do nível do qual seus filhos possam participar. E os pais não devem permitir que seus filhos limitem sua visão sobre o que podem fazer apenas por conta de seus problemas físicos. Jim Abbott foi arremessador das ligas principais com apenas um braço. Hal Connolly conquistou a medalha de ouro na prova de arremesso de martelo em 1956. Seu braço esquerdo havia sido inutilizado por causa de um acidente durante seu nascimento. Se for possível, tente explorar os esportes ditos normais primeiro. Se eles não funcionarem ou forem inapropriados para o seu filho, apenas então procure times ou ligas especificamente destinados a pessoas com deficiências físicas.

Você provavelmente já ouviu falar sobre as Olimpíadas Especiais. Eunice Kennedy Shriver (uma das irmãs de John F. Kennedy) foi sua fundadora em 1968. Mais de 1 milhão de crianças e de adultos com problemas mentais participam dos treinamentos e competições atléticas e outros programas relacionados que ocorrem o ano todo. Os programas das Olimpíadas Especiais acontecem em 150 países e oferecem mais de duzentos programas. Não há qualquer custo para se participar.

Para ser elegível, a criança deve ter pelo menos oito anos de idade e ser diagnosticada por uma agência ou profissional como portadora de alguma deficiência mental ou atraso cognitivo. Nem todos os participantes competem; alguns podem apenas treinar e jogar. Os instrutores são quase sempre antigos astros do esporte ou das Olimpíadas.

> Os participantes das Olimpíadas Especiais fazem seu juramento atlético: "Que eu vença. Mas se eu não puder vencer, que eu seja corajoso ao tentar.".

Em outubro de 2004, o presidente George W. Bush assinou a legislação das Olimpíadas Especiais nos Estados Unidos, com apoio unânime. Essa legislação disponibilizou 15 milhões de dólares durante cinco anos para fomentar o crescimento dos programas das Olimpíadas Especiais naquele país.

Pergunte ao seu filho por quais esportes ele se interessa. Faça uma análise das suas aptidões físicas e relacione essas aptidões com os interesses que ele afirmou ter. Avalie o papel que a deficiência intelectual pode ter em sua habilidade de aprender e compreender os fundamentos do esporte. Os instrutores e treinadores das Olimpíadas Especiais são treinados para ajudar nesse processo. Algumas crianças escolhem apenas aprender e jogar o esporte; outras desejam competir. Não há pressão em qualquer uma dessas instâncias. Descubra quais programas das Olimpíadas Especiais estão disponíveis na sua região.

No restante desta seção, enfocarei tipos de deficiências físicas que permitem a maioria das crianças praticar esportes destinados a crianças normais e a participar de suas ligas, times e aulas. Algumas das abordagens poderão parecer óbvias para alguns dos pais de filhos que sofrem desses problemas físicos. No entanto, espero fornecer informações ou percepções úteis.

Crianças surdas e com deficiência auditiva

Muitos atletas com deficiência auditiva praticam qualquer esporte, alguns deles chegam até os níveis mais elevados do esporte que praticam – tornam-se detentores de recordes da União Atlética Amadora norte-americana, jogadores universitários e profissionais. Aos dezessete anos, o jogador de beisebol Curtis Pride foi diagnosticado com 95% de surdez. Ele jogou pelo Montreal Expos e pelo Detroit Tigers. Em 1993, ele foi o quinto jogador de beisebol surdo a ter jogado pelas ligas principais.

Como os pais das crianças com problemas auditivos sabem, a maioria dessas crianças são boas em ler lábios. Isso permite que mesmo crianças totalmente surdas compreendam 70% ou mais do que o treinador ou instrutor diz. Aprender um esporte individual ou coletivo é certamente possível para a maioria delas. O treinador ou professor tem de se certificar de que está olhando diretamente para a criança de forma que ela consiga ler os lábios dele. A mesma coisa deve acontecer com os outros jogadores ou companheiros de equipe. É claro que, às vezes, a ação e a posição/localização do treinador prejudicarão a capacidade de a criança ler lábios. Aqui, seu filho terá de confiar nos sinais manuais e/ou visuais. Se a criança tiver de falar, os outros terão de ouvir atentamente para compreendê-la, pois frequentemente uma criança surda ou com grande incapacidade auditiva não é capaz de falar claramente.

Ao observar crianças surdas ou com problemas auditivos, a maioria das pessoas não tem consciência desses problemas a não ser que saibam deles de antemão, ou as ouçam falar ou as vejam fazendo sinais.

Os companheiros de equipe ou outros jogadores normalmente não têm quaisquer problemas em jogar ou treinar com colegas com problemas auditivos. Comumente, eles os admiram e valorizam sua contribuição ao time ou ao esporte. A maioria dos companheiros de equipe trabalha de forma cooperativa com eles.

Os pais de crianças surdas devem perceber que, quando seus filhos praticam esportes, eles têm de se esforçar para encontrar formas de compensar sua deficiência e, ao fazer isso, podem ter um estresse considerável. A compensação pode fazer que as crianças surdas fiquem mal-humoradas e cansadas. Da mesma forma, quando uma criança surda ou com problemas auditivos percebe que está perdendo parte da comunicação importante no jogo ou no esporte, ela pode se sentir mal ou estressada, especialmente se perde uma informação essencial. A criança pode se frustrar facilmente e precisar de compreensão e apoio.

Se você tem um filho surdo ou com problemas auditivos, pode deixá-lo praticar qualquer esporte no qual ele esteja interessado. Tenha consciência, porém, de que alguns esportes exigem mais comunicação (receptiva e/ou expressiva) do que outros e assim geram mais estresse do que outras modalidades esportivas. Observe como seu filho lida com o estresse de um esporte, time ou treinador em particular. Lembre-se de que os esportes são brincadeiras e de que praticá-los deve ser divertido. Há bom e mau estresse. Certifique-se de que não haja mau estresse demais e que seu filho esteja se divertindo.

Crianças cegas e com deficiências visuais

Encontrar o esporte certo para seu filho com deficiência visual parcial exige que você considere os interesses dele e identifique um esporte cujos elementos permitem que ele tenha segurança ao praticá-lo e que seja razoavelmente competitivo, se ele quiser competir.

Muitas crianças com deficiência visual conseguem ver formas e mesmo cores. Com determinados equipamentos algumas dessas crianças podem até praticar esportes que em geral exigem boa visão, como tiro esportivo ou tiro com arco. As crianças com deficiência visual conseguem aprender muitos esportes e até mesmo serem capazes de competir na maioria deles. Por exemplo, todas conseguem aprender a nadar, e a maioria é capaz de competir. Alguns dos esportes/provas esportivas das quais pessoas com deficiência visual participam mais comumente são basquete, natação e atletismo.

Se o seu filho for cego, suas opções se tornam bastante reduzidas quando se trata de participar de ligas esportivas, times e academias de esportes ditos normais. Ele pode aprender alguns esportes, como natação, mas não ser capaz de participar do esporte de maneira competitiva. Eu sinto que, em termos gerais, os esportes individuais são mais aconselháveis a essas crianças do que os coletivos. Já ouvi falar de lutadores, cavaleiros e levantadores de peso cegos. Erik Weihenmayer foi o primeiro e único cego a escalar o Everest. (Para realizar esse feito ele recebeu ajuda considerável de alpinistas sem qualquer problema visual, entre eles, de sherpas – o grupo étnico que habita a região do Everest –, os quais o escoltaram.) Desde então, ele tem ensinado seis crianças tibetanas cegas em idade escolar a escalar áreas próximas ao Everest. É necessário uma pesquisa considerável para avaliar as opções de seu filho nas ligas esportivas, times e academias para esportes ditos normais. Você encontrará recursos especiais com a Federação Internacional de Esportes para Cegos ou outras organizações que prestam assistência aos cegos ou àqueles com deficiência visual na sua comunidade.

> Durante uma sessão de perguntas e respostas Erik Weihenmayer disse: "Eu pratico alpinismo desde que tinha dezesseis anos. Foi meu primeiro amor, escalar em pedra e gelo, porque eu conseguia sentir o meu caminho para cima por meio do padrão da rocha. Não havia nenhuma bola voando pelo ar que iria me atingir o rosto". Ao ser perguntado se ficar perto de um precipício era assustador, ele respondeu: "É um som surpreendente e muito assustador, mas eu não estou olhando, entende, milhares de metros para baixo, por isso não fico tão assustado como uma pessoa que consegue ver aquela altura assombrosa".[29]

Diabetes

Mais de 18 milhões de norte-americanos têm diabetes; 206 mil deles têm menos de vinte anos. Há dois tipos de diabetes, tipo 1 e tipo 2. O tipo 1 é mais sério e afeta de 5 a 10 % dos diabéticos; cerca de 90 a 95% deles têm o tipo 2. Aproximadamente uma criança em cada quinhentas a seiscentas tem diabetes do tipo 1. O número de crianças diagnosticadas com o tipo 2 cresceu de forma drástica, acredita-se que por causa do fato de cada vez mais crianças serem sedentárias e estarem acima do peso. Embora seja menos séria do que a diabetes do tipo 1, a do tipo 2, se não for tratada, pode ser tão séria quanto a outra. A diabetes contribui com a morte de mais de 190 mil norte-americanos por ano.

Há um aumento alarmante do número de crianças diagnosticadas com "pré-diabetes", ou seja, com níveis de glicose no sangue elevados, mas não o bastante para serem diagnosticadas com diabetes. Aquelas que não se exercitam e que continuam a comer demais correm maior risco de desenvolver a diabetes do tipo 2. Cerca de 41 milhões de norte-americanos têm pré-diabetes. Os esportes e os exercícios podem diminuir a probabilidade de seu filho desenvolver essa doença.

Se seu filho já foi diagnosticado com diabetes, seu médico provavelmente já informou vocês dois sobre o regime de tratamento básico: medicação, dieta e exercícios. As pessoas com diabetes do tipo 1 produzem pouca ou nenhuma insulina. As crianças com diabetes do tipo 1 normalmente precisam tomar injeções diárias de insulina. Na diabetes do tipo 2, o pâncreas não fabrica insulina suficiente para manter os níveis sanguíneos de glicose normais. As pessoas com diabetes do tipo 2 podem conseguir regular os níveis de açúcar no sangue por meio de dieta e exercícios. Outras precisam tomar dois ou mais medicamentos orais, que provocam duas ou mais das seguintes reações: baixar os níveis de glicose no sangue, aumentar a sensibilidade à insulina e retardar a absorção da glicose dos intestinos. Algumas diabetes do tipo 2 não precisam de medicação depois que o paciente perde peso e aumenta sua atividade. Assim, essas pessoas têm grande estímulo para se exercitarem e praticarem esportes.

Se seu filho tiver diabetes, tanto do tipo 1 como do tipo 2, a prática de esportes e de exercícios pode ser uma parte importante do seu tratamento. Com relação à prática de esportes, você deve sempre obter a aprovação do médico. Quais são as considerações que devem ser feitas antes de uma criança com diabetes escolher e praticar um esporte?

Crianças recém-diagnosticadas quase sempre ficam deprimidas e/ou bravas. Elas apresentam agora uma condição médica grave que as torna diferentes das outras crianças. Têm de verificar os níveis de glicose no sangue diversas vezes ao dia. Elas têm de se aplicar ou, se forem muito pequenas, que os adultos apliquem, injeções de insulina. Têm de manter uma dieta rigorosa e cuidar do que comem – especialmente a quantidade de proteína e carboidratos absorvidos. Elas terão de aumentar seu nível de atividade, caso tenham estado inativas. Quando estão deprimidas ou bravas pelo fato de estarem doentes, algumas crianças tendem a não seguir o tratamento e muitas vezes têm de ir ao hospital, por vezes quase morrendo. Quando eu era consultora de pacientes pediátricos difíceis, vi muitas crianças diabéticas cujos médicos se preocupavam pelo fato de elas estarem deprimidas e de desejarem morrer por causa de sua condição. Desde que tenho trabalhado em clínica particular, atendi diversas crianças diabéticas cujos pais me procuraram pelo mesmo motivo.

Envolver-se com esportes pode ajudar as crianças a se sentirem como se ainda fossem iguais à maioria das outras. Entretanto, as crianças recém-diagnosticadas apresentam grande flutuação nos níveis sanguíneos de glicose, pelo menos nos estágios iniciais do tratamento. Pode levar semanas ou meses, mesmo trabalhando com ajuda de seus médicos, para elas encontrarem os medicamentos corretos, suas dosagens certas e a dieta apropriada para controlar os níveis de glicose no sangue. Assim, praticar esportes durante essa fase inicial do tratamento pode não ser uma boa ideia.

Nos estágios iniciais do aprendizado de como lidar com sua diabetes, a criança pode obter benefícios se frequentar um acampamento ou clínica esportiva apenas para diabéticos. Neles, médicos, enfermeiras e outros voluntários ajudam a criança a aprender mais sobre como administrar sua diabetes, ao mesmo tempo que pratica esportes. Seu pediatra deve lhe informar mais sobre esses recursos.

Uma vez que os níveis de glicose no sangue tenham estabilizado por um período, que seu filho tenha demonstrado cumprir o tratamento e se adaptado à dieta exigida, ele pode começar a considerar seriamente praticar esportes.

Em geral, ele pode escolher qualquer esporte, mas é preciso fazer algumas considerações. Certifique-se de que a rotina do esporte garante a ele tempo para verificar periodicamente seus níveis sanguíneos de glicose. Os níveis de glicose no sangue tendem a cair durante exercícios e os baixos níveis sanguíneos de glicose podem ser tão perigosos quanto os altos. Os esportes com pouco intervalo (maratonas) podem ser uma má escolha para os diabéticos. Seu filho deve ser responsável o suficiente para verificar seus níveis sanguíneos de glicose nas horas certas e também levar seus medicamentos com ele no caso de precisar tomá-los durante os treinos ou jogos. (Certifique-se de que ele não tem vergonha de fazer isso na frente de seus colegas.) É importante que os adultos estejam por perto no caso de ele apresentar sintomas que exijam atendimento em pronto-socorro. Se você não puder assistir aos treinos com regularidade, certifique-se de que os treinadores e outros adultos saibam que seu filho tem diabetes e de que eles sejam capazes de identificar os primeiros sinais de diabetes, coma e choque por insulina e saber quais são as medidas necessárias a serem tomadas. Verifique se o treinador ou instrutor é cooperativo e facilita a verificação dos níveis de glicose de seu filho ou permite que ele tome seus medicamentos sempre que necessário. A chave para praticar um esporte de modo saudável é que seu filho realmente compreenda sua doença e seja capaz de implementar e de administrar o programa de tratamento.

Vários astros do esporte têm diabetes. O nadador Gary Hall Jr., que conquistou medalhas de ouro nas Olimpíadas de 2000 e de 2004; Jim "Catfisch" Hunter, que jogou beisebol nas maiores ligas; Arthur Ashe, um jogador de tênis famoso; e o boxeador Sugar Ray Robinson tinham diabetes.

Asma

A asma é uma doença séria, que pode levar à morte se não for controlada com medicamentos e um estilo de vida apropriado. Seu controle exige vigilância considerável por parte da criança e de seus pais. Pais e filho devem formar uma parceria muito fiel com o médico eleito para tratar o problema de forma que todos trabalhem cooperativamente para conquistar um bom controle da doença. A prática de esportes só deve ser empreendida mediante a aprovação do médico de seu filho.

Algumas pessoas com asma parecem não apresentar padrões em seus sintomas. Outras pessoas manifestam os sintomas da asma apenas sob certas condições. Por exemplo, algumas pessoas apresentam os sintomas apenas quando estão fazendo exercícios extenuantes. Isso é chamado de asma induzida por exercício. Outras parecem apenas demonstrar os sintomas quando se expõem ao frio extremo. Algumas têm problemas respiratórios, ficando ofegantes e com falta de ar quando expostas a histaminas específicas das quais têm alergia. Por exemplo, algumas pessoas desenvolvem sintomas de asma apenas após exposição contínua a pelo de gato durante horas. Outras podem apresentar sintomas quando estão ao ar livre, quando a quantidade de polens no ar está elevada, ou quando estão expostas a alguma planta específica à qual são alérgicas.

Se seu filho tem asma, é importante saber que tipos de ambiente podem provocar os sintomas ou ataques de asma. Tal conhecimento pode ser essencial quando você considerar um esporte para seu filho praticar. Por exemplo, a natação é geralmente considerada um bom esporte para os asmáticos, porque os ajuda a aprender a controlar a respiração e porque o ar úmido da piscina os ajuda a respirar melhor. Praticar esportes de inverno ao ar livre ou esportes de inverno não é aconselhável, pois os asmáticos parecem ter maior dificuldade para respirar no frio.

Com a permissão do médico do seu filho, considere os esportes pelos quais ele se interessa e comece a investigá-los, desde que eles não sejam praticados em locais que apresentam potencial de perigo para seu filho. Ele também deve ser capaz e responsável com relação aos seus medicamentos. Quase todos os asmáticos usam no mínimo dois medicamentos: um remédio de ação prolongada ingerido diariamente que controla a inflamação bronquial, frequentemente a causa principal da asma; e uma medicação inalada de ação rápida que alivia os sintomas agudos da asma. Seu filho deve ser capaz de identificar os primeiros sintomas que indicam que ele pode estar sofrendo um problema respiratório de forma a tomar o medicamento correto rapidamente. Você precisa ter certeza de que ele não reluta ou tem vergonha de usar seus medicamentos na frente dos colegas de equipe ou dos treinadores.

Seus treinadores ou instrutores devem ser informados de que ele tem asma, de forma que possam agir ao perceberem sintomas de problema respiratório, antes que este aumente. Diga aos outros pais que seu filho tem asma, assim, se você não estiver presente no treino ou no jogo, eles podem ficar de olho nele.

As crianças que têm ataque de asma induzido por exercícios devem receber orientações especiais dos seus médicos com relação à prática de esportes e às formas de lidar com a asma. Embora essa orientação possa variar um pouco de pessoa para pessoa, em geral os atletas que sofrem de asma por indução dos exercícios usam inalador de ação rápida cerca de quinze minutos antes de se exercitar. Eles devem se aquecer de seis a dez minutos antes de começarem a praticar o exercício ou programa esportivo e beber muito fluido. Se os sintomas surgirem, devem interromper o exercício. O relaxamento no final do exercício também é importante e, na verdade, todos os atletas deveriam fazer isso.

Os esportes que têm períodos intermitentes de atividades são considerados os melhores para crianças que têm asma induzida por exercícios. Esses tipos de esportes têm menor tendência de provocar os sintomas e permitem que os asmáticos recuperem o controle sobre sua respiração. Alguns desses esportes são natação, boliche, beisebol e golfe.

Assim como outras condições médicas especiais, muitos atletas famosos têm asma. Eles praticamente têm um diploma médico quando se trata do conhecimento sobre a asma. Conhecem os vários medicamentos disponíveis. Em resumo, sabem como controlar sua doença e mesmo assim competem em níveis muito elevados de desempenho. Bill Koch foi um esquiador olímpico que sofria de asma. O corredor medalhista de ouro olímpico Jackie Joyner Kersee tinha asma. O famoso arremessador de beisebol Catfish Hunter tinha não só diabetes, mas também asma!

> Amy Van Dyken conquistou medalhas de ouro nas Olimpíadas de 2000, apesar de ser capaz de absorver apenas 35% do oxigênio que as pessoas que não sofrem de asma absorvem. Além disso, como os esteroides são proibidos nas provas de natação, ela só podia tomar medicamentos para asma que não agissem da mesma forma que os esteroides.[30]

Crianças com outras condições ou doenças crônicas

Várias crianças com doenças ou condições crônicas querem praticar esportes. Algumas dessas condições são a espinha bífida (uma condição médica na qual metade dos arcos vertebrais não se desenvolvem e não se fundem), paralisia cerebral e distrofia muscular. Embora elas possam desejar praticar esportes nas condições normais, isso dependerá do esporte de que elas gostam e da natureza, gravidade e limitações de suas condições. As crianças com graus leves dessas doenças e/ou com pouca limitação de movimento podem ser capazes de encontrar um time ou esporte individual que possam praticar e ter bom desempenho. Tenha em mente que, com relação a algumas condições médicas, um esporte de contato pode ser contraindicado e você deverá considerar escolher esportes que não tenham contato, como natação, boliche e golfe.

Algumas crianças com tais condições crônicas podem ter mais sucesso nos esportes e organizações das Olimpíadas Especiais ou das Paralimpíadas, ou outras organizações ou associações designadas especificamente para portadores de condições médicas específicas. Muito depende da condição médica específica, gravidade e limitações, bem como dos recursos disponíveis na sua comunidade. Você deve também verificar se há organizações próximas a sua residência, como as dedicadas à paralisia cerebral e à distrofia muscular.

Idealmente, desejamos que todas as crianças que queiram praticar um esporte, não importa qual seja sua condição física, doença ou limitação, encontrem o esporte correto para elas, de forma que possam se engajar na atividade e nível corretos (esportes juvenis para crianças sem condições especiais, olímpicos especiais e paraolímpicos) e que se divirtam e tenham sucesso.

Situações especiais

Quero abordar algumas situações especiais que podem surgir depois que seu filho escolher um esporte, encontrar um time ou instrutor e começar a aprender ou a praticar o esporte. Algumas dessas situações tendem mais a aparecer quando se pratica esportes coletivos, mas muitas delas podem acontecer independentemente do tipo de esporte – individual ou coletivo – que seu filho pratica. Haverá situações que, se não houver intervenção, poderão prejudicar a escolha de seu filho com relação ao esporte e ao time. Ele poderá até mesmo querer desistir da prática do esporte ou do time ou pode ser convidado a deixar o time ou a parar de praticar o esporte.

Intimidação (bullying)

Embora a incidência da intimidação (ou bullying, conforme termo inglês adotado por pedagogos brasileiros) varie um pouco de local para local, vamos observar estatísticas recentes disponíveis para o estado do Colorado, Estados Unidos. Um estudo feito em 2002 pelo Colorado Trust revelou que "46% das crianças eram importunadas com tapas, chutes e empurrões em um período de três meses; e 18% sofriam esses ataques cinco vezes ou mais em um mês."[31]

Sabemos que alguns atletas são valentões e tendem a intimidar seus colegas. Alguns deles importunam os colegas que não praticam esportes, um comportamento da chamada "cultura do atleta". Outros podem importunar seus companheiros de equipe ou outras crianças durante a aula de educação física. Embora classificar certos comportamentos como bullying possa ser, por vezes, contextual, você deve testemunhar o comportamento e o contexto por si mesmo para chegar a uma conclusão. Já vi algumas vezes uma criança mais velha fazer "buu!" para outra mais nova quando se alinhavam na prática do tae kwon do e, mais tarde, a criança mais nova se alinhar com a mesma mais velha e começarem a conversar e a rir. A criança mais nova visivelmente não estava com medo nem se sentia intimidada pela outra. Creio que temos de ser cuidadosos quanto a rotular todo comportamento questionável como bullying.

Você deve considerar três informações principais para concluir se seu filho foi realmente importunado: o comportamento dirigido a ele, sua reação naquele momento e seu relacionamento com a criança "valentona" durante os treinos e jogos ao longo de um período. A maior parte do comportamento que caracteriza bullying é mais verbal do que físico. O bullying normalmente tem o propósito, quando há um propósito, de irritar, intimidar, obter controle sobre a pessoa ou à situação ou fazer que a vítima fique com medo. Se nada disso parecer estar acontecendo e seu filho parecer visivelmente à vontade com o seu companheiro de time, então o comportamento pode ser imaturo, pode ser inapropriado, mas pode não ser bullying.

Haverá momentos em que a ação é notadamente bullying: seu filho parece ter medo da proximidade do colega de time, sai da frente dele para evitá-lo e começa a falar sobre interromper as aulas ou sair do time. Os efeitos psicológicos do bullying podem variar com a natureza da agressividade e as características emocionais da criança. Os efeitos podem provocar problemas menores, mas suas piores consequências podem levar a transtorno de estresse pós-traumático ou, em alguns poucos casos, ao suicídio.

Às vezes apenas ignorar a ameaça é suficiente. Alguns valentões se fortalecem com a reação das suas vítimas. Ao eliminar esse padrão que reforça tal comportamento, o valentão não mais obtém o que deseja e reduz seu comportamento agressivo. Às vezes ajuda quando as outras crianças ou companheiros de time se unem contra o valentão. A força em tal união frequentemente consegue detê-lo e interromper seu comportamento indesejável. Até onde for possível, seu filho deve tentar evitar o valentão e nunca ficar sozinho com ele.

Quando nenhum desses esforços detém o valentão, você deve conversar com o treinador sobre o que está acontecendo. Alguns treinadores parecem desligar seu radar para o comportamento de bullying, alguns parecem não ter nenhuma pista do que está acontecendo, outros ainda fecham os olhos para esse comportamento. Os treinadores que não têm nenhuma pista precisam ser informados. Na maioria dos casos, os treinadores irão pôr fim ao bullying. Poucos treinadores toleram uma criança que prejudica os treinos ou os jogos porque intimidam os outros jogadores. Eles também não querem nenhuma confusão com relação a questão sobre quem manda no time.

Deve-se admitir, porém, que em alguns casos o treinador pode fechar os olhos se o astro do time for um valentão. É mais comum vermos isso em certas partes dos Estados Unidos do que em outras. Se for esse o caso e o treinador continuar sem querer intervir, você tem algumas opções. Uma delas é investigar as consequências legais do fato de o treinador ter sido informado sobre o comportamento de bullying e, apesar disso, não ter feito nada. Verifique o código criminal, bem como os regulamentos locais. Documente todos os incidentes de bullying: datas e locais, descrições detalhadas do que aconteceu e nomes das testemunhas. Tire fotografias no caso de haver qualquer ferimento físico. Se o bullying aconteceu em um programa escolar verifique se existe alguma política antibullying em vigor. Se sim, certifique-se de que ela seja aplicada. Outra opção é procurar outro time ou instrutor para seu filho. Isso será uma pena no caso de você e de seu filho terem investido horas pesquisando esportes e localizando um time ou instrutor. Contudo, a prática dos esportes deve ser divertida e segura – física *e* emocionalmente segura.

Companheiros de equipe que são má influência

Você pode descobrir que há crianças na aula de educação física de seu filho ou no time dele que são má influência para ele e talvez também para as outras crianças da classe ou time. Você pode desaprovar alguns dos seus comportamentos. Essas crianças podem xingar e ser agressivas demais. Você pode ter ouvido falar que elas usam drogas ou álcool. Talvez sejam maus alunos que sempre contam vantagem por irem mal nas aulas ou de as cabularem, e até mesmo sugerem que seu filho faça a mesma coisa.

É importante conhecer seu filho antes de decidir o que fazer sobre essa situação. Algumas crianças são bem resistentes e inacessíveis a serem influenciadas para adotar o mau comportamento. Elas têm um bom conceito sobre si mesmas e valores sólidos. Crianças assim dificilmente adotam um comportamento delinquente. Ao contrário, algumas vezes essas crianças são capazes de dar o bom exemplo, e logo as crianças "más" se corrigem.

Mesmo que seu filho tenha os pés no chão, certifique-se de monitorar como o comportamento questionável das outras crianças o afeta. Ele conversa com você sobre o comportamento delas? Ele desaprova tal comportamento? Mantenha suas linhas de comunicação abertas para que você saiba como ele está reagindo aos colegas causadores de problema.

E se seu filho não estiver seguro de si mesmo e no passado você tiver se preocupado com o fato de ele ser mais um seguidor do que um líder? Talvez você tenha notado que ele adotou maus hábitos de outros garotos. Você pode estar preocupado com um ou dois colegas de time que possam influenciá-lo de forma negativa.

Um modo de começar a resolver o problema é ter uma conversa com seu filho. Diga a ele o que você observou no campo, no jogo ou no treinamento. Convide-o a lhe confidenciar seus pensamentos e sentimentos sobre esse comportamento. Talvez ele possa ter algumas reações muito negativas com relação a essas crianças e ao comportamento delas. Não há problema em dizer a ele que você não quer que ele tenha os mesmos maus hábitos. Talvez você tenha de ajudá-lo a desenvolver a assertividade para que ele possa reagir às tentativas dessas crianças que estão tentando influenciá-lo. Você pode encontrar livros que explicam de forma simples como as crianças podem se tornar mais assertivas e resistir à pressão dos colegas.

Mostre os jogadores legais e os líderes de time. Eles é que provavelmente têm desempenho melhor porque estão prestando mais atenção, se esforçando mais e jogando de forma mais cooperativa. Estimule seu filho a imitá-los. Lembre-o de que ele ama o esporte. Elogie seu esforço até aquele momento. Diga a ele que se ele quiser continuar a progredir no esporte e se tornar um jogador melhor, ele não deve ser distraído pelo comportamento de umas poucas crianças e não deve permitir que o comportamento delas o influencie.

Procure o treinador e peça que ele intervenha. Os bons treinadores são bons líderes. Eles criam um time ou um ambiente de aprendizado positivo e saudável. Se os treinadores perceberem que algumas crianças perturbam essa atmosfera de aprendizado, eles deixam claro que essas crianças devem apresentar um determinado comportamento se desejam permanecer no time ou continuar com as aulas. Muitos times escolares e ligas esportivas possuem sanções para serem aplicadas no caso de um jogador apresentar comportamento inaceitável. Como pai, exija que o bom comportamento ou a adequação ao esporte sejam cumpridos.

Se seu filho já começou a demonstrar alguns desses comportamentos inaceitáveis, você pode estar preocupado com o fato de ele poder ser convidado a deixar o time ou receber uma advertência que poderá determinar a expulsão dele do time ou a interrupção da prática esportiva no caso de ele repetir o comportamento inadequado. Você pode exigir que ele interrompa a prática esportiva até que você tenha certeza de que ele não repetirá tal comportamento. Se ele realmente estiver gostando de praticar o esporte, essa ação poderá parecer rigorosa, mas é a única coisa que o motivará a se responsabilizar pelo seu comportamento e não permitir que a influência de umas poucas crianças o prejudique, bem como ao seu desempenho. Praticar esportes não é um direito. Não é obrigatório. Como pai, você quer ter certeza de que a prática de esportes é uma experiência positiva. Defenda sua posição se você sente que seu filho não está colhendo frutos positivos da prática de um determinado esporte.

O time do seu filho sempre perde

Às vezes o time do seu filho perde todos os jogos. Como consequência, ele parece estar perdendo o interesse.

Essa situação tem diversos cenários. Primeiro, se for o início da temporada e o time perdeu oito jogos seguidos, espere. Já vi muitos times perderem a maioria ou todos os jogos iniciais. Então, conforme os jogadores melhoram e se entrosam, eles começam a ganhar alguns jogos. Tente ter paciência e observe como a temporada progride.

Às vezes, é possível que times que perdem demais estejam disputando no nível ou na divisão errados. Pergunte aos outros. Pode ser que haja outras ligas ou divisões disponíveis para o time, nas quais seu filho possa ser mais competitivo.

Ocasionalmente, a entrada de um ou dois novos jogadores pode melhorar as chances do time. O treinador pode conhecer outras crianças que são boas atletas e que podem estar interessadas em entrar no time. Como um último recurso, pode ser que seu filho seja bom o bastante para entrar em um time melhor. Você pode investigar isso, mas não lhe diga nada antes de averiguar o impacto que isso possa ter sobre ele. Não é bom para uma criança ter de sair de um time só porque está jogando em uma equipe perdedora.

Haverá ocasiões em que o time simplesmente não é bom o bastante para vencer. Com minha experiência, observo que a maioria das crianças desses times se esforça um pouco, movidas pelo entusiasmo que nutrem pelo esporte mas, se estão se divertindo ao jogar, elas parecem absorver a derrota. Um garoto me disse que não era divertido perder, mas que ele realmente gostava dos seus companheiros de equipe; estava melhorando e estava se divertindo. Ele também disse que achava que eles iriam ganhar alguns jogos no ano seguinte. Converse sobre o poder do pensamento positivo!

Assim, se seu filho ficar desestimulado por jogar em um time perdedor, procure mostrar alguns dos pontos positivos. Elogie-o porque ele está melhorando. Diga-lhe que ele se tornou um bom colega de equipe e como ele está dominando a bola de uma forma como ele não fazia antes. Lembre-o de que a derrota faz parte da vida e que nós não podemos vencer o tempo todo.

Seu filho talentoso está jogando com companheiros de equipe com pouco talento

Essa é uma situação comum para uma criança com dons atléticos. No começo, muitos times deixam que todos entrem e minimizam as regras, todas as crianças, não importa seu talento atlético, jogam ao mesmo tempo.

Algumas ligas classificam os jogadores como excelentes, médios ou abaixo da média. Ao formar os times da liga, um número igual de jogadores de cada categoria é inscrito em cada time. O objetivo é formar times equilibrados e assim obter uma competição mais justa.

É claro que muitas ligas não estruturam seus times de forma deliberada para ter jogadores de talentos diversos, embora isso sempre aconteça.

Quando isso acontece, é compreensível que as crianças que são bons atletas achem que jogar com companheiros de equipe menos talentosos seja frustrante. (Eu já tive essa experiência ao jogar vôlei recreativamente e era a melhor jogadora do time.) Isso pode ser frustrante por diversos motivos. Por exemplo, o time da criança pode ter menos chances de vencer. A prática pode ser menos entusiasmante porque um dos estímulos de se tornar um bom jogador é ter companheiros de time que também têm um alto nível de desempenho. Isso faz aflorar o que há de melhor em todos os jogadores. Da mesma forma, há certas situações nas quais jogar com companheiros mais fracos pode fazer que a criança piore seu desempenho, jogando menos do que o seu nível normal. Por exemplo, no beisebol, se o arremessador tem um arremesso incrivelmente rápido, mas o rebatedor não consegue rebater a bola, ele pode ter de diminuir a qualidade do arremesso. No futebol, o meio-campo pode não querer chutar a bola tão longe, se ele sentir que o seu companheiro de time não corre rápido o bastante para alcançá-la antes que ela saia pela lateral. Se as crianças ficam muito frustradas ou perdem interesse pelo esporte, seus pais podem ouvi-las expressar o desejo de sair do time.

Na verdade, essa situação espelha grande parte da vida adulta e situações profissionais. As escolas têm professores ótimos e outros mais ou menos. No mundo dos negócios, há excelentes gerentes e gerentes fracos. Os laboratórios de pesquisa têm cientistas com talento para ganhar o Prêmio Nobel e cientistas cujo trabalho é importante, mas que nunca farão a descoberta científica que todos os pesquisadores se esforçam por fazer. Até mesmo os times esportivos profissionais têm astros, jogadores acima da média e jogadores medianos.

Dito isso, como os pais devem lidar com a criança que possui talento atlético cujos colegas de time não estão no mesmo nível? Tente mostrar que, na medida em que ele progredir, provavelmente, no futuro, ele irá entrar em times em que a diferença entre jogadores melhores e piores será muito menor. Também é possível que ao ser um dos melhores jogadores do time, ele tenha mais chances de ser escolhido capitão. Ele pode desenvolver sua aptidão de liderança. Seu treinador pode pedir que ele ajude a ensinar alguns dos jogadores mais fracos. Dessa forma, ele será capaz de desenvolver suas aptidões de liderança *e* didáticas.

Você pode inscrevê-lo para jogar em outra liga ou em um time diferente, talvez sem que ele deixe o time atual. Se o seu nível de jogo parecer não estar se desenvolvendo porque ele não está sendo suficientemente desafiado, além de procurar outro time, procure escolas ou acampamentos de alto nível para o seu esporte — uma que aceite apenas os melhores jogadores. Outra possibilidade é considerar mudar para outro esporte ou começar a praticá-lo simultaneamente ao esporte atual.

Nem todas as situações da vida serão de nosso agrado. Mas até mesmo as situações indesejadas são testes para que nós aprendamos a lidar com elas, nos dando lições com as quais podemos aprender. Podemos fazer limonada sem limões? Enfatize isso para seu filho, porém, ajude-o a pensar em uma solução que faça sentido para ele e que o estimule a continuar jogando.

Seu filho sempre perde

E se seu filho pratica um esporte individual e sempre perde? Você terá de descobrir os motivos que levam a isso e avaliar o impacto que a derrota tem sobre ele. Vamos começar com algumas das razões mais comuns para a derrota:

1 - Seu filho está no início da sua faixa etária. Normalmente, as competições são feitas por idade. Por exemplo, provas de natação são organizadas por

idade: até seis anos, sete e oito anos, nove e dez anos e assim por diante. Não é incomum que os nadadores no início da sua faixa etária tenham um desempenho pior. Quando estão no final dela, eles têm um desempenho melhor.

2 - Seu filho está competindo com crianças que são nitidamente melhores do que ele. Pode ser que o nível ou divisão no qual ele está competindo seja inapropriado. Ele pode ter de encontrar um nível em que possa ser competitivo – isto é, um nível em que possa ter mais sucesso. Se for esse o caso, verifique se você pode encontrar o nível de competição mais apropriado para ele.

3 - Pode haver fatores pessoais. Ele pode ter faltado a muitos treinos, ou pode estar machucado ou se recuperando de uma doença. Quando puder frequentar mais os treinos e/ou não estiver mais se recuperando dos efeitos de uma doença ou trauma físico, ele pode se tornar mais competitivo.

4 - Você pode sentir que os adversários de seu filho estão em melhor forma. Pode ser que seu filho precise praticar mais ou precise de um novo treinador.

5 - Se seu filho estiver perdendo por pouco, pode ser que ele não esteja finalizando bem. Converse com ele e com o treinador sobre isso. Pode ser que ele esteja se distanciando psicologicamente ou esteja reprimido, e precise de ajuda para descobrir porque está fazendo isso e para conseguir interromper esse padrão.

6 - Ele pode ter atividades demais e não ter tempo suficiente para se dedicar adequadamente no sentido de melhorar seu desempenho. Ele pode querer investigar a importância do esporte para ele e se ele gostaria de interromper algumas das outras atividades e direcionar mais suas energias para o esporte.

7 - Ele pode não ter o impulso ou motivação para a competição. (Ver capítulo "Competitividade".)

8 - Considere a possibilidade de ele estar competindo no esporte errado ou disputando as provas inadequadas para suas aptidões. Um nadador de provas curtas que perde as competições pode se dar melhor em provas de longa distância. Um ginasta que luta para manter o equilíbrio na trave pode ter mais sucesso se se dedicar ao salto. Talvez ele possa procurar um esporte individual ou coletivo diferente.

Esses são os motivos mais comuns das derrotas esportivas frequentes entre crianças. Se o problema puder ser corrigido, então tudo bem. Se, porém, você não consegue descobrir os motivos e/ou, após tomar medidas para corrigir a situação, ele continua perdendo, você deve verificar como as derrotas o afetam.

Conforme mencionado, para algumas crianças apenas a prática do esporte basta. A vitória ou as boas colocações não são importantes para elas. Notadamente, algumas crianças se satisfazem dessa forma. Elas parecem gostar de praticar o esporte, estão se divertindo e aproveitando a interação com os outros competidores ou companheiros de equipe. Elas sentem que estão dando o melhor de si e isso lhes proporciona satisfação. Elas não parecem ficar chateadas ou perder a autoconfiança. Se esse for o caso, então está tudo bem para elas continuarem onde estão. Se por outro lado, elas ficarem desestimuladas, frustradas, bravas ou desapontadas, deve-se fazer mudanças, especialmente se a dor de perder sempre for mais forte do que os benefícios proporcionados pela prática do esporte. Elas podem pensar em praticar outro esporte – um esporte no qual possam ser melhores – ou encontrar outra liga, time ou nível no qual possam ser mais competitivas.

Se você confirmar que seu filho está aborrecido por perder sempre, pergunte a ele o que ele quer fazer. Ele pode ter algumas ideias. Caso contrário, você pode sugerir algumas opções, expondo-as com neutralidade. Algumas dessas opções podem ser total desistência da prática esportiva, uma pausa, troca de treinador ou de liga, mudança de horários para que ele tenha mais tempo para praticar ou adotar outro esporte. Você pode se surpreender com a maturidade das respostas dele. Ele pode até sugerir ideias que não ocorreram a você. Se forem ideias razoáveis, procure apoiá-las.

Mesmo se ele escolher desistir completamente do esporte, isso pode ter sido uma experiência positiva de aprendizado para ele. Não há problema para as crianças aprenderem que elas podem ser boas em algumas coisas e não tão boas em outras. Muitas crianças não são particularmente atléticas, mas praticam esportes. Elas podem não saborear a vitória, no entanto, se divertem com a atividade. Elas podem ter feito novas amizades, aprendido que alguns esportes são mais difíceis do que parecem e atingido um nível de competência básica em determinado esporte – elas podem nadar, jogar tênis, ou boliche. Elas podem não ser competitivas no esporte, mas podem praticá-lo de forma recreativa, apenas por prazer. Dependendo do esporte, elas podem continuar praticando pelo resto de suas vidas. Talvez tornem-se torcedores daquele esporte quando forem adultas. Isso pode lhes proporcionar um grande prazer nos anos vindouros.

Seu filho é o astro do time ou sempre vence no esporte individual

Para a maioria das pessoas, isso é causa de alegria e não um problema. Contudo, em alguns casos, pode-se considerar fazer mudanças ou discutir a situação.

Se seu filho for de longe o astro do time dele, pode ser melhor para ele e para o desenvolvimento dele no esporte considerar entrar em um time de nível mais alto no qual o desempenho dos jogadores seja próximo ao dele. Quando um atleta joga com companheiros de equipe que estão no mesmo nível que ele ou que são melhores, isso normalmente proporciona uma melhora para ele. Ele se esforça mais e se dedica com maior intensidade. Ele não tende a apresentar melhora se, mesmo com desempenho de 75%, ele puder ser o astro. É claro que pode não haver um time ou liga apropriado para o seu nível de desempenho.

Quando uma criança pratica um esporte individual, sempre vence e nenhum adversário sequer chega perto dela, deve-se fazer as mesmas considerações sobre seu desenvolvimento pessoal em seu esporte. Pode ser que ela não esteja competindo em uma liga ou divisão que condiz com seu nível de desempenho. Muitos esportes individuais têm divisões diferentes baseadas no desempenho ou recordes anteriores dos competidores. Certifique-se de que seu filho está inscrito em um nível que proporcione competições apropriadas, de modo que ele tenha incentivo para se esforçar e lutar para atingir o melhor nível dele.

Há outro motivo pelo qual você pode querer passar seu filho para outro time ou nível mais elevado em um esporte individual. Às vezes pode-se desenvolver ressentimentos pelo fato de os companheiros de equipe não conseguirem chegar nem perto nem jogar tão bem quanto outro jogador. A competição é sempre melhor e mais justa quando os outros adversários são, dentro de uma faixa, comparáveis em termos de aptidão.

É claro que seu filho pode estar praticando nos níveis mais elevados possíveis do esporte dele e mesmo assim vencer o tempo todo. Se for esse o caso, sorria e apoie suas realizações. Ele pode ser bom o bastante para competir profissionalmente.

Seu filho está sempre em segundo plano

Algumas crianças frequentam os treinos assiduamente, esforçam-se e são motivadas e entusiasmadas. Elas melhoraram de modo significativo desde que começaram a praticar o esporte e têm de treinar com tanta atenção quanto os iniciantes, pois devem estar preparadas e prontas para participar dos jogos. Elas também contribuem com o time ao fomentar os treinos das jogadas. Os treinadores reconhecem seu papel e as estimulam a ajudar o time a melhorar. Mesmo assim, elas ainda ficam em segundo plano.

Com frequência, essas crianças ficam no banco de reservas durante os jogos e se chegam a jogar é por apenas alguns minutos. Muitas delas estimulam seus companheiros de equipe, embora possam se sentir colocadas de lado. Talvez elas tenham de lutar contra sentimentos como decepção e raiva. Seus pais podem se sentir frustrados e, às vezes, se comportar de maneira inapropriada. Um jornal relatou que o diretor de uma escola do Ensino Médio nos Estados Unidos atacou o técnico de vôlei porque achou que sua filha ficava muito tempo no banco de reservas.

Tal situação tende a acontecer mais nos times competitivos, inclusive nos times do Ensino Médio. Essas equipes não seguem a regra do jogo mínimo. Esses times quase sempre competem em ligas ou divisões que participam de eliminatórias e de campeonatos estaduais. Técnicos, escolas, jogadores e pais desejam que os melhores jogadores estejam em campo para aumentar as chances de vitória.

Se estiver claro para você que ficar em segundo plano está incomodando seu filho, você e ele devem analisar essa situação para verificar se há opções disponíveis que possam ajudá-lo a se sentir melhor e também melhorar suas chances de jogar mais tempo.

Ou talvez ele tenha algum ponto fraco que, com um pouco de trabalho ou prática adicional, possa ser melhorado e chamar a atenção do treinador. Uma conversa com o treinador pode ser útil – ele pode identificar quais são os pontos fracos e sugerir uma forma de proporcionar treinamento extra ou mais tempo de prática. Se seu filho estiver interessado, considere a possibilidade de enviá-lo a um acampamento esportivo. Ele pode melhorar o bastante para participar mais das competições na próxima temporada. Pode ser que apenas um pouco de melhora permita que ele jogue mais.

Outra abordagem é considerar se seu filho está jogando na posição correta. Uma criança que está jogando como atacante no basquete pode ser melhor na defesa. Uma criança que joga no ataque pode ser uma jogadora nata de defesa. Eu já vi melhoras significativas no desempenho depois que a criança mudou de posição.

Depois que todas as maneiras de melhorar o desempenho dele foram identificadas e implementadas, pode ser que seu filho ainda não seja bom o bastante para participar mais dos jogos. A essa altura você poderá considerar outro time ou outro esporte que seja mais adequado às aptidões atléticas dele. Faça pesquisas. Pode ser que haja uma liga ou divisão na qual o nível de desempenho dos jogadores seja mais próximo do nível do seu filho, ou pode ser que haja um time que jogue pela regra do jogo mínimo.

Se depois de sua avaliação você ainda sentir que seu filho é tão bom quanto alguns dos seus companheiros de equipe que estão jogando, você ou seu filho deve abordar o treinador a esse respeito. Você poderá descobrir que ele não está feliz com a atitude do seu filho. Talvez este não jogue de forma cooperativa. Talvez o treinador ache que ele não se esforça o bastante. Pode ser que seu filho faça "gracinhas" durante os treinos. Se for o caso de qualquer uma dessas possibilidades, peça ao treinador para conversar com seu filho e informá-lo sobre essas preocupações específicas. Seu filho precisará pesar seu desejo de jogar contra sua atitude inapropriada. Isso poderá fazer que seu filho demonstre ao treinador que realmente quer jogar, mudando sua atitude.

Infelizmente, há instâncias de favoritismo por parte do treinador. Embora seja infrequente, é uma situação difícil de mudar. Mesmo que o favoritismo seja óbvio, é raro encontrar um treinador que admita isso. Se o favoritismo for óbvio a todos, pode ajudar se você conversar com o treinador ou com os administradores da liga ou com o diretor, se for um time escolar. Converse primeiro com seu filho. Pode ser que ele não queira que você faça qualquer coisa. Sua necessidade de conseguir justiça é compreensível para ele, mas pode haver outras dinâmicas que determinem que não fazer nada seja a atitude mais sábia. Nesse caso, ele pode querer aguentar essa situação. Ele pode ficar decepcionado por não jogar mais, mas pode estar colhendo outros benefícios – ficar com seus amigos, divertir-se nos treinos e exercitar-se ficando em forma.

Por outro lado, seu filho pode estar interessado em encontrar um time, cujo treinador não aja por meio de favoritismo, em que ele terá chance de jogar mais. Se você encontrar outro time adequado a ele, pergunte aos outros pais se o treinador tem favoritismo antes de inscrevê-lo. Você não precisa passar por essa situação duas vezes!

Conflito com o treinador

Essa é uma das situações mais difíceis com que lidar. Você e seu filho não só precisam encarar essa situação com honestidade para compreender o que está acontecendo, mas também têm de decidir quais medidas tomar. Vocês devem conversar com o treinador? Quem, você ou seu filho? Talvez não fazer nada seja melhor.

Um lateral de um time de basquete do Ensino Médio conversou comigo sobre seu treinador. Ele me contou a respeito de incidentes, quando o treinador o colocava no banco de reservas imediatamente depois que ele errava um arremesso. Isso não é muito incomum. Muitos treinadores empregam essa técnica quando um jogador não apresenta bom desempenho. Contudo, ele me contou que quando seus companheiros de equipe erravam os arremessos, o treinador raramente os colocava no banco. O treinador também lhe instruía a arremessar sempre que estivesse livre, outras vezes, lhe lembrava de que a tarefa do lateral é dirigir a jogada permitindo que seus companheiros de equipe se coloquem em locais convenientes para arremessar e passando a bola a eles quando estiverem livres. (O lateral é às vezes chamado de treinador dentro da quadra.) Eu perguntei se essas orientações o confundiam e ele disse que sim. Ele não sabia mais se devia arremessar ou se devia passar a bola aos seus companheiros de equipe – sua autoconfiança estava abalada. Mais conversas revelaram que, com o tempo, ele foi ficando mais ansioso e seu desempenho piorou.

Para ele, o treinador estava enviando mensagens misturadas. Ele queria agradar o treinador, mas não sabia o que fazer. Parecia que ele não conseguia fazer nada direito, apesar de ter sido um dos melhores jogadores do time. Ele começou a sentir dores de estômago e precisou ir ao médico por causa disso. Foi aí que veio me ver pela primeira vez.

Muitos cenários diferentes revelam o conflito com o treinador. Converse com seu filho sobre como ele vê o conflito. Procure ver que papel, se houver, ele exerceu no conflito e o papel que o treinador teve nesse desentendimento. Se você puder ajudá-lo a desfazer o nó do conflito pode ser que uma solução se evidencie.

Permeando alguns desses conflitos está o forte desejo do treinador de vencer. Em qualquer jogo há 1001 decisões a tomar, tanto táticas como estratégicas. Sob pressão, o treinador pode nem sempre ser capaz de tomar as melhores decisões. Os treinadores são humanos e, apesar de esperarmos que eles tratem todos os jogadores da mesma maneira, alguns podem achar que certos jogadores são mais fáceis de serem treinados do que outros. O treinador pode não estar certo sobre como lidar com uma criança que geralmente joga bem, mas cujo desempenho cai em situações difíceis. O estilo de jogo de um atleta pode lembrar ao treinador seu próprio estilo quando jogava e ele pode acabar – consciente ou inconscientemente – favorecendo esse jogador ou dando a este mais atenção. Os astros do time podem ter permissão de tomarem decisões com mais liberdade; os outros jogadores podem achar que suas jogadas são menos orientadas.

Alguns conflitos resultam daquilo que as pessoas chamam, de maneira prosaica, conflitos de personalidade. Um treinador teimoso pode ter dificuldades com um jogador cheio de vontades. Um treinador que sente que um dos jogadores é um pouco fraco e briga com ele talvez ache que pode corrigi-lo.

Como você pode ver, esses conflitos podem ser extremamente complicados. Entendê-los e encontrar soluções são tarefas difíceis. Às vezes o treinador pode ser desafiado e advertido sobre seu comportamento. É melhor que seu filho faça isso, especialmente se ele estiver no Ensino Médio. Ele precisa aprender a caminhar com suas próprias pernas. Ele pode achar que fazer isso é temerário e intimidador, mas você pode encenar com ele a conversa antes de ele conversar efetivamente com o treinador. Ajude-o a abordar a questão de forma construtiva, mostrando onde está o conflito, mas sem culpar demais o treinador (mesmo que haja bons motivos para culpá-lo). O âmago da mensagem do seu filho deve ser: "Você quer que eu aja direito. Eu quero agir direito. Como podemos trabalhar juntos para que isso aconteça?". Se você acha que há motivo para acreditar que seu filho fez alguma coisa no passado que ajudou a estabelecer o conflito, ajude-o a superar o orgulho de forma que ele possa admitir o papel que teve nisso. Isso pode ser trabalhoso no sentido de estabelecer o contexto correto e o tom apropriado para quando ele falar com o treinador.

Depois de avaliar o conflito, você pode concluir que não há solução fácil para ele. Se você concluir que continuar com esse treinador será realmente prejudicial a seu filho, psicologicamente e/ou para o desenvolvimento dele como jogador, então talvez ele precise considerar trocar de treinador. Essa decisão não deve ser tomada de maneira apressada.

Sugiro que você converse com o treinador sobre o conflito, se seu filho estiver no Ensino Fundamental. Uma vez mais, recomendo que você apresente suas observações de forma calma e sem acusações. Quando os treinadores são atacados, tornam-se defensivos. Procure demonstrar que seu interesse está na resolução do problema e que você quer ser útil, mas que também deseja a ajuda do treinador. Lembre-o de que o que vocês dois querem é um bom time em que todos os jogadores possam dar o melhor de si.

Os conflitos com treinadores de esportes individuais podem ser mais difíceis de resolver. O relacionamento entre treinador e atleta frequentemente é próximo. Às vezes a criança trabalhou com o treinador durante anos e pode ser que haja um laço entre os dois, apesar do conflito. O treinador pode ser conhecido pela sua especialidade e pelo seu histórico de ter treinado atletas de alto nível na sua área. Deixar esse treinador pode fazer que você tenha poucas escolhas.

John conquistou sua faixa preta poucos meses antes de seu nono aniversário. Seu primeiro e único instrutor de tae kwon do era um famoso mestre que tinha faixa preta de nono grau. John o respeitava e, ao longo de seis anos, os dois criaram um laço. Parecia que o mestre, porque gostava de John, nutria maiores expectativas com relação a ele do que aos outros alunos. No entanto, o professor era rígido demais e, à medida que John ficava mais velho, ele se sentiu sufocado. Ele queria fazer algumas perguntas ao mestre, porém, estava muito intimidado. Ele nunca conseguia relaxar durante os treinos. John e seus pais ficaram em dúvida. John era leal ao seu mestre – uma parte dele queria ir embora e outra queria ficar. Àquela altura John já era faixa preta de segundo grau.

O dilema foi finalmente resolvido quando o mestre mudou sua academia de tae kwon do para outra cidade. Se John se sentisse à vontade com seu mestre, seus pais teriam encontrado um meio de vencer a distância adicional, mas, por causa do conflito, eles viram o fato como uma oportunidade para mudar de instrutor. Depois de pesquisar, eles localizaram um instrutor com boas referências e John começou a ter aulas com ele. Já faz dois anos que John fez essa mudança, ele melhorou e está mais feliz, embora ainda sinta certa tristeza, e talvez alguma culpa, por ter deixado seu mestre.

Esse conflito pessoal provavelmente não tinha como ser resolvido. O mestre de John era idoso, seu português era pouco compreensível e ele era autoritário. Nem John nem seus pais podiam imaginar um modo de conversar com ele sobre o problema. No fim, John sentiu que seu mestre fora o instrutor correto para ele durante seus primeiros anos. Mais tarde, as necessidades de John eram diferentes e seu mestre não era mais o instrutor correto para ele.

Nem todos os conflitos entre treinador e jogador podem ser resolvidos. Faça o melhor que puder para analisar o conflito com seu filho. Considere o impacto que o problema exerce sobre ele. Converse com o treinador, se isso parecer ser a coisa certa a fazer. Se o conflito puder ser resolvido ou pelo menos melhorado, tudo bem. Às vezes, ajustes dos dois lados podem fazer muito no sentido de reduzir o conflito.

Se o problema não puder ser resolvido e você sentir que o conflito está sendo prejudicial a seu filho, encontrar outro treinador pode ser a melhor coisa a fazer pelo interesse de seu filho.

Futebol agressivo (ou basquete ou hóquei)

Alguns esportes, tanto coletivos como individuais, têm times ou clubes considerados de elite. Tais times selecionam apenas os jogadores mais avançados. O número de crianças recusadas é maior do que o número de crianças aceitas. Tanto os jogadores como seus pais quase sempre veem esses times ou clubes de elite como o melhor caminho para o sucesso no esporte e uma forma de aumentar as chances de se conseguir uma bolsa universitária esportiva. Certos clubes e treinadores são conhecidos por produzirem astros. Treinadores e profissionais olheiros vão a esses clubes em busca de destaques para a temporada seguinte.

Há dois problemas com esses times. Um deles é que alguns começam a recrutar alunos do quarto ano do Ensino Fundamental. Alguns pais se questionam se é saudável que seu filho de oito ou nove anos se submeta a um teste e a um processo de seleção agressivo. Uma segunda preocupação é a intensidade da competição e as exigências que esses times fazem aos seus jogadores. Os treinos geralmente acontecem de cinco a seis vezes por semana, muitos desses times viajam demais para competirem e toda a vida da família pode acabar girando ao redor do time ou do clube da criança. As outras crianças da família podem sentir que suas necessidades estão sendo negligenciadas.

Muitas crianças são selecionadas para esses times ou clubes com pouca idade e continuam jogando neles até os últimos anos do Ensino Médio. Logo de início, elas excedem os altos níveis de competição e de desempenho exigidos.

Contudo, pais e filhos precisam considerar alguns dos possíveis aspectos negativos de praticar o esporte nesse nível elevado.

Para os iniciantes, muitos especialistas, como pediatras e psicólogos esportivos, acreditam que esse nível de competição não é apropriado para crianças com menos de dez anos. Alguns desses especialistas afirmam que a idade mínima para uma criança jogar nesse nível é doze anos. Eles questionam se crianças muito pequenas conseguem lidar emocionalmente com a pressão da competição agressiva na qual a vitória é o único objetivo. As exigências físicas de tais times podem ser demasiadas. Eles forçam o jovem atleta a se especializar muito cedo. Muitos especialistas observam que o melhor para jovens atletas é praticar diversos esportes de uma vez e se especializar em um deles mais tarde, quando estiverem mais velhos, talvez no final do Ensino Fundamental ou no Ensino Médio. Uma das vantagens disso é a tendência de encontrar o esporte certo. Depois de praticar diversos esportes durante alguns anos, a criança pode tomar uma decisão mais acertada sobre qual esporte é o melhor para ela. Então, ela pode dirigir seus esforços para ele.

Outro problema é que, apesar do talento considerável e do esforço empreendido, seu filho pode não ser aceito no time. Esse tipo de perda pode ser pior do que uma derrota do time dele, porque é uma perda pessoal. Ele pode ficar devastado ou bravo. Os pais terão de lidar com seu filho desconsolado. Ajudá-lo a se recompor e tentar encontrar uma saída pode ser difícil. Converse com o seu filho sobre suas várias opções. Uma delas pode ser tentar de novo. Muitos atletas contam que tiveram de ser testados repetidamente por um time antes de serem aceitos. Se seu filho realmente não for bom o bastante para o time, procure outra liga ou time com nível um pouco abaixo daquele em que ele foi recusado. Quando ele estiver jogando de novo, se sentirá melhor. Se ele estiver praticando apenas aquele esporte, pode ser um bom momento para estimulá-lo a começar a praticar outro esporte, tanto concomitante com o esporte que ele atualmente pratica, quanto em substituição a este.

Reafirme a ele que você o ama não importa o resultado e elogie seu esforço e seus sonhos. Diga-lhe que nem todos os sonhos se realizam, mas que ter sonhos e se esforçar para realizá-los é uma boa experiência, e que os esportes refletem esse fato.

Os pais devem verificar seus próprios motivos antes de estimular seus filhos a fazerem testes para entrar em um desses clubes. Às vezes, os pais ficam intoxicados pela glória do desempenho do seu filho em campo. Pode haver prazeres e entusiasmos indiretos quando os filhos são astros. Ironicamente, alguns desses pais, os quais a certa altura foram reservas sobre os times de elite, são os mesmos que estimulam seus filhos a fazer parte de tais times.

> A competição entre as crianças transformou-se em competição entre pais e cidades. Bob Bigelow, um ex-jogador da NBA, manifestou-se contra isso: "Isso tem a ver puramente com o ego adulto – nós temos de ser melhores do que as outras cidades. Logo teremos futebol pré--natal nos Estados Unidos."[32]

Antes de estimular uma criança a fazer um teste para um desses times, certifique-se de que suas aptidões se enquadram no nível das exigidas por eles, especialmente no nível do time no qual ela fará o teste. Ela parece estar se esforçando para melhorar? Ela adora treinar? Ela gosta de treinar em tempo extra, além daquele necessário?

> Wynton Marsalis, famoso trompetista, disse: "Se você quer ser diferente, tem de fazer algo diferente. Se você treina uma hora por dia, será como qualquer pessoa que pratica uma hora por dia. Se você quer ser mais do que isso, tem de praticar cinco horas por dia."[33]

Como seu filho lida com a derrota? Ele tem um impulso competitivo? Ele deseja fazer testes para entrar em um time de elite? Ele sabe que pode ser recusado? Ele tem a perspectiva correta caso não seja escolhido?

Há riscos quando uma criança muito pequena joga em times de elite. Os pais devem considerá-los antes de darem o próximo passo. Embora seu filho possa parecer estar pronto, ele pode não estar. É claro que pode não ser possível prever isso de antemão. Se ele estiver entusiasmado, mas houver pistas de que não esteja pronto, não ignore esses sinais. As expectativas de seu filho são realistas? Ele pode ser bom o bastante para fazer parte de um time de elite, porém, pode nunca ser bom o bastante para jogar por uma universidade ou para competir no nível profissional. Depois de jogar em um time exigente ou de praticar um esporte individual altamente competitivo por quatro ou cinco anos, ele pode se cansar e abandonar o esporte. Depois de jogar desde que tinham quatro ou cinco anos, muitas crianças de treze anos acabam abandonando os esportes juvenis organizados. Muitas delas interrompem a prática por causa da pressão para vencer. Simplesmente não é mais divertido. A desistência nessa idade é uma decisão triste por diversos motivos, mas especialmente porque elas irão perder a experiência esportiva do Ensino Médio – geralmente uma experiência positiva para muitos atletas.

Talvez, o maior risco seja a possibilidade de seus valores – aprender um esporte, aproveitar e se divertir – irem ralo abaixo. Seu filho e você podem sucumbir ao lema "vencer é tudo" e a todas as pressões associadas a esse objetivo. Ele pode sentir-se mal durante dias porque perdeu ou culpar-se continuamente por um erro ou quedas ocorridos no jogo. Ele pode ficar tenso e estressado a maior parte do tempo, mas principalmente antes das competições. A vida torna-se uma panela de pressão. Tudo isso acontece de forma tão gradual que você mal irá se lembrar dos prazeres simples que você e seu filho tiveram quando ele começou a ter aulas ou quando jogava no seu primeiro time. Você poderá acordar um dia e perceber que isso não é saudável nem equilibrado. Observe, então, se seus valores não se tornaram uma lembrança apagada. Se for esse o caso, você pode ajudar seu filho a mudar de direção e a procurar por um nível diferente de competição.

Uma vez que você tenha considerado os riscos e se assegurado de que seu filho tem condições físicas e emocionais de jogar em um time de elite, deve-se considerar alguns aspectos práticos. Você consegue fazer frente aos custos envolvidos? Eles podem ser consideráveis – um time de futebol dos subúrbios de Nova York que viaja para competir custa 1.600 dólares por ano e pode haver despesas adicionais. Alguns pais pagam muito caro para mandar seus filhos a acampamentos esportivos de elite ou para que eles frequentem escolas de esportes o ano todo. E com relação às exigências de tempo? Esses times podem consumir várias horas do seu tempo – levando e buscando seu filho nos treinos e viajando para assistir aos jogos ou provas. As férias familiares podem se tornar uma coisa do passado. Muitos desses times competem o ano todo e penalizam os jogadores que saem de férias com a família. Seu filho consegue equilibrar as pressões de jogar para um desses times e tirar boas notas ao mesmo tempo? Se as outras crianças da família não praticam esportes, mas estão envolvidas com outras atividades extracurriculares, há tempo o bastante para você se envolver também com as atividades delas? Você poderá ir às peças escolares, musicais, apresentações de dança ou concertos? A atenção e o envolvimento dos pais é quase sempre difícil, especialmente quando se trata de pais solteiros ou de famílias em que os dois pais trabalham. Algumas famílias conseguem administrar as atividades de seus filhos. Outras nem tanto, e algumas crianças podem se sentir negligenciadas. Certifique-se de que você é capaz de dar-lhes atenção suficiente.

Eu só quero jogar beisebol (ou futebol ou basquete)

Algumas crianças atléticas resistem a qualquer tentativa dos pais no sentido de fazê-las praticar mais de um esporte. Elas não parecem estar interessadas em outros esportes e podem lhe dar vários motivos para isso. Elas podem ser muito boas no esporte que já estão praticando e estão contentes com ele. A maioria dos seus amigos joga no time ou no clube. Algumas crianças não gostam de certos esportes. Embora um segundo esporte vá ao encontro das aptidões e talentos atléticos do seu filho, ele pode achar que esse esporte não é legal. Sejam quais forem os motivos que ela dê, se a criança tiver menos de doze anos, fale a ela sobre os benefícios de praticar um segundo ou terceiro esporte. Quais são esses benefícios?

- Outros esportes complementam o desenvolvimento de outras aptidões – aptidões que podem ajudar a elevar o nível do desempenho do esporte que ele já pratica. Esse é um benefício de treinamentos concomitantes.
- Quando a criança estiver pronta para se especializar em um esporte, ela tomará a melhor decisão sobre qual esporte gosta mais ou em qual ela é melhor.
- Às vezes a criança sofre um trauma físico que pode determinar o fim da prática daquele esporte, embora o trauma não a impeça de praticar outro esporte. Um ferimento na mão pode ser devastador para uma criança que joga beisebol, mas ela ainda pode jogar futebol.

- O desestímulo pelo baixo desempenho é menor se a criança pratica mais de um esporte, então ela pode se concentrar em um ou dois desses esportes quando for mais velha.
- Os interesses da criança podem mudar com o tempo e ela pode perder interesse pelo esporte que escolheu. Agora que ela está pronta para praticar outro esporte, pode ser tarde demais. Alguns esportes não podem ser iniciados se a criança já estiver no oitavo ou nono anos. O nível de aprendizado e a experiência necessária para competir neste esporte nesse nível ficaram defasados.

Os especialistas em esportes juvenis e psicólogos concordam que os jovens atletas não devem se especializar em apenas um esporte. Eles discordam um pouco sobre a idade apropriada para a especialização, mas muitos creem que isso não deve começar antes do Ensino Médio. Mesmo assim, vários especialistas preferem que as crianças pratiquem mais de um esporte ao longo do Ensino Médio.

Há outros motivos pelos quais uma criança não deve praticar apenas um esporte. Os médicos estão observando um aumento drástico de lesões por esforço repetitivo em jovens atletas. Em uma entrevista feita com mais de duas dúzias de médicos esportivos, eles citaram como principal fator do advento de lesões por esforço repetitivo em crianças: "a especialização em um esporte com pouca idade durante o ano todo e com treinos intensos."[34]. As crianças tornam-se candidatas a lesões por esforço repetitivo quando praticam apenas um esporte, treinam várias horas por dia, praticam esse esporte o ano todo, jogam no time da escola, em times que viajam para competir.

Eu também já ouvi de diversos adultos que eles queriam ter praticado mais de um esporte quando eram crianças. Hoje, eles perceberam que havia outros esportes nos quais poderiam ter sido melhores se os tivessem adotado e praticado quando eram mais jovens. Não há maneira de descobrir isso se a criança pratica apenas um esporte.

Diversos atletas olímpicos e profissionais praticaram vários esportes quando eram jovens, mas acabaram se concentrando em um único esporte. Alguns adiaram essa difícil decisão até que olheiros profissionais de dois esportes diferentes os abordaram. John Elway jogou beisebol e futebol americano na faculdade. Times profissionais dos dois esportes o abordaram. Felizmente para os Denver Broncos, ele escolheu se especializar no futebol americano e liderou o time em duas vitórias consecutivas do Super Bowl.

Se você for capaz de convencer seu filho a praticar outros esportes, como ele poderá saber qual ou quais deve escolher para complementar e desenvolver suas aptidões atléticas?

Seus interesses esportivos, bem como suas aptidões atléticas e específicas, quase sempre determinaram qual(is) esporte(s) adicional(is) ele irá escolher. Ele pode praticar apenas um esporte adicional por conta das restrições de tempo. Em geral, se apenas dois esportes forem praticados, eu sugiro que as crianças experimentem praticar um esporte coletivo e um esporte individual, porque alguns benefícios psicológicos e de personalidade diferem. Se ele praticar três esportes ou mais, quase sempre apenas um esporte individual figura na combinação, e os outros são esportes coletivos praticados em diferentes temporadas. Não obstante, alguns jovens atletas são capazes de praticar mais de um esporte individual. Um jogador de futebol pode também jogar tênis e golfe – cada um deles praticado em diferentes épocas do ano.

Se seu filho não souber ao certo qual esporte adicional adotar, vocês dois podem pesquisar aqueles que poderiam ajudá-lo a melhorar no esporte que ele já pratica, ou que apresentem alguma variedade, ou ainda que o forcem a desenvolver aptidões muito diferentes. Talvez o esporte que ele já pratica não seja particularmente extenuante e o segundo esporte possa ser um que envolva mais o sistema cardiovascular e que aumente seu vigor. Se seu primeiro esporte for corrida, talvez o segundo possa envolver mais a parte superior do corpo. Um esporte pode exigir pouco consumo de energia com pouco ou nenhum raciocínio. Talvez o segundo esporte possa, então, ser um que exige análise e estratégia. Um esporte pode ser extenuante e de contato, como basquete, e o outro moderadamente extenuante e sem contato, como tênis de mesa. Se ele está praticando um esporte de coordenação motora geral, como basquete, o segundo esporte pode ser um de coordenação motora fina, como tiro com arco. Falando de forma realista, o atleta provavelmente só praticará certos esportes quando for muito jovem. O futebol americano e o hóquei de campo são bons exemplos. Por conta disso, vale a pena escolher um segundo esporte que seja para a vida inteira. O golfe e a natação podem muito bem ser praticados por uma pessoa de oitenta anos ou mais.

Se seu filho for praticar dois esportes, é bom escolher modalidades com naturezas um tanto opostas, como alguns dos citados. Ao praticar dois esportes muito diferentes, seu filho tem menor tendência de apresentar desempenho fraco neles. Nos esportes, a variedade pode fazer a diferença.

Como você pode ver, várias combinações diferentes de esportes podem ser consideradas. Em um período de cinco ou seis anos, as crianças com aptidões atléticas acima da média podem experimentar diversos esportes diferentes. Ao fazer isso, elas aprendem quais esportes são os melhores para elas. Elas podem praticar diversos esportes até o momento de quererem se especializar em apenas um. Ou pode chegar a época em que outros interesses, inclusive os que não envolvem atividades atléticas, surjam e elas queiram reduzir seu envolvimento com os esportes. As crianças podem escolher se concentrar em apenas um dos esportes que praticam.

Há casos em que não há problema para a criança pequena ter desempenho zero em apenas um esporte? Há vários. Seu filho pode ser minimamente atlético. Nesse caso, ele pode não ser capaz de aprender mais do que um esporte por vez. Se ele encontrou o esporte no qual esteja interessado e é capaz de jogar razoavelmente, então pode ser que não faça sentido para ele aprender outros esportes. Ironicamente, quanto menor a seriedade com que seu filho pratica esportes, mais faz sentido praticar menos esportes. Ele está praticando apenas para se divertir e não está interessado em fazer parte de times de elite ou ir adiante e participar de competições de nível mais elevado. Outra criança pode ter interesses diferentes que são mais importantes para ela do que os esportes, mas talvez ela queira praticar esse esporte por diversão e por motivos sociais, por exemplo, os seus amigos praticarem esse esporte.

Muitas decisões devem ser tomadas ao longo do caminho, e um pai sábio e que conheça esportes pode ajudar a orientar seu filho durante esse período. Como grande parte da vida da criança relaciona-se com os esportes, os pais devem se envolver com essas decisões, seja de maneira direta ou indireta. Algumas crianças precisam de orientação direta. Outras são capazes de tomar boas decisões por conta própria, mas podem querer que seus pais as apoiem, como gênios invisíveis, que estarão lá no caso de ela precisar.

A prática de esportes pode ajudar a formar o caráter, aumentar a responsabilidade e promover crescimento emocional. Considerando todas as horas que seu filho (e você) investe nos esportes, certifique-se de que as decisões tomadas são as mais saudáveis.

Criando um campeão

Talvez poucos tópicos relacionados aos esportes juvenis possam provocar tanta controvérsia quanto os esforços da parte de alguns pais no sentido de estimular que seus filhos atléticos de dois anos de idade se tornem atletas de elite e campeões. Um pai sugeriu que, se não há problema ao influenciar seu filho para ser médico, porque é tão errado estimulá-lo a se tornar um quarto-zagueiro profissional?[35] Vamos observar dois contextos.

O caminho acadêmico

Os pais de Jim trabalham. Um é médico e o outro é professor de economia em uma escola da Ivy League. Eles acham que Jim é brilhante e querem que ele tenha as melhores oportunidades acadêmicas. Eles o matricularam em uma pré-escola com ótima reputação, conhecida pela forte ênfase na trilha acadêmica, cujo lema é "as crianças conseguem ler aos quatro anos". As crianças dessa pré-escola tendem a ser admitidas nas escolas Great Books. Noventa por cento dos graduados são aceitos nas escolas Premier Studies de Ensino Médio. Oitenta por cento dos graduados entram em faculdades da Ivy League. A carreira escolar de Jim foi toda planejada quando ele tinha dois anos.

Assim, Jim é brilhante e passa por essas diversas escolas particulares. No Ensino Médio ele se destaca em ciências e, como sua escola era conhecida pelo excelente programa de ciências, vários professores da Harvard frequentemente visitavam a feira de ciências da escola. Um professor da Harvard viu o trabalho de Jim e imediatamente disse ao administrador de admissões da Harvard para tentar convencer Jim de entrar naquela universidade com uma bolsa completa. Jim foi aceito por diversas escolas da Ivy League e finalmente escolheu Harvard. Hoje, Jim é PhD em Física e acreditam que ele irá receber um Prêmio Nobel por sua pesquisa.

O caminho atlético

Os pais de Mark foram astros do atletismo na faculdade, e sua mãe jogou no time olímpico de basquete dos Estados Unidos. Seu pai foi um ginasta campeão nacional antes de sofrer uma lesão que encerrou sua carreira. Eles perceberam que, aos dois anos de idade, Mark tinha uma boa coordenação. Ele corria rapidamente, conseguia arremessar e pegar uma bola e andar de bicicleta. Eles compraram uma cesta de basquete para crianças e a instalaram a 1,5 m do chão. Um dia, perceberam que Mark acertava todos os arremessos. Quando ele fez três anos, eles resolveram matriculá-lo no programa de basquete infantil sob responsabilidade de um treinador universitário aposentado. As crianças que se graduavam nesse programa jogavam em um time treinado por um ex-jogador da NCAA. Olheiros de várias escolas de Ensino Médio campeãs de basquete daquela área sempre assistiam aos jogos desse time. Eles sabiam que os jogadores eram talentosos e bem treinados. Com o tempo, alguns olheiros das universidades da primeira divisão sondavam várias escolas de Ensino Médio da área. Eles sabiam que muitos dos jogadores se desenvolviam por meio desse sistema de elite e queriam ficar de olho nos futuros astros. É claro que algumas dessas universidades eram conhecidas por produzir jogadores talentosos o bastante para jogar na NBA. Mark realmente começou a jogar basquete no programa infantil e, com o tempo, ficou bom o bastante para participar de um dos times da NBA. Ele jogou por vários anos antes de se aposentar.

Nos dois caminhos, os pais acreditavam que seus filhos eram ou poderiam vir a ser excepcionais em uma determinada área e elaboraram planos no sentido de proporcionar aos filhos as melhores oportunidades para progredir nessa área. Os pais de Jim cuidaram para que o menino tivesse as melhores oportunidades educacionais. Os pais de Mark, para que ele tivesse as melhores oportunidades atléticas. As duas crianças se beneficiaram dessas oportunidades e foram capazes de desenvolver seus talentos. Ambos são adultos felizes e têm gratidão pelos esforços e sacrifícios de seus pais.

Há alguma coisa errada com esses contextos? Em face do exposto, não. Não parece haver nada de errado com um pai que percebe que seu filho tem algum talento ou aptidão especial e o ajuda a desenvolver tal aptidão. Os dois meninos eram obviamente excepcionais desde muito pequenos. Seus pais perceberam seus talentos e buscaram formas de estimular suas aptidões naturais e maximizar suas chances de se destacar. Se alguma das crianças não estivesse interessada, não tivesse talento ou não fosse motivada a se desenvolver, elas não iriam realizar o que realizaram. Será que elas teriam conseguido alcançar suas realizações se não tivessem sido expostas a todas essas oportunidades? Nunca saberemos ao certo, mas é provável que algumas crianças como Jim e Mark realizariam grandes conquistas sem todas as oportunidades adicionais e especiais, e outras não realizariam nada.

Tendo dito isso, há diversos contextos a considerar – dos quais qualquer um pode degenerar o caminho rumo à glória esportiva.

1 - Um prodígio atlético de dois anos de idade pode não parecer ser tão excepcional aos oito anos. As aptidões motoras de seus colegas se desenvolveram e alcançaram o mesmo nível que as dele. Mesmo assim, ele ainda é um atleta nato, mas as aptidões que pareciam ser excepcionais aos dois anos já não são tão especiais.

2 - O talento de uma criança para a patinação artística é tal que dos quatro aos doze anos de idade ela venceu a maioria das competições. Aos doze, ela começou a perder com maior frequência porque agora teria de executar certos saltos e manobras. Apesar do esforço e prática consideráveis, parece que ela simplesmente não é capaz de executar os saltos exigidos na competição. Seus pais consultam um fisiologista esportivo e depois de medir suas pernas e aplicar outros testes, o fisiologista conclui que provavelmente a criança não será capaz de executar os saltos necessários por conta de algumas limitações físicas relacionadas ao comprimento de certos músculos e tendões das pernas, nem de pular muito alto por causa de falta de potência. Outra criança foi excepcional no basquete até os quinze anos. Seus colegas cresceram bastante, mas ela não. Hoje, essa criança é um dos jogadores mais baixos, e os jogadores da defesa do time adversário que têm 1,80 m bloqueiam seus arremessos com facilidade. Apesar de ter sido um astro do basquete até esse momento, ela percebe que não é boa o bastante para continuar jogando por causa de sua altura e terá de mudar para um esporte em que a altura não seja um fator importante. (Um jogador de basquete baixo pode atingir o nível profissional, mas ele tem de ser um jogador realmente excepcional. O Denver Nuggets possui um jogador que tem 1,62 m).

3 - É necessário muito mais do que a pura aptidão atlética para se tornar um campeão. Um campeão precisa sustentar sua motivação e interesse pelo esporte durante muitos anos. Ele terá de fazer incontáveis sacrifícios ao longo dos anos. Muitas horas de treinamento esperam por ele – deverá

praticar enquanto outras crianças passeiam e fazem coisas divertidas. Ele tem de ter força mental. Terá de superar períodos de estagnação – épocas em que, apesar do esforço, não há melhoras. Haverá lesões e cirurgias e semanas a fio de terapia física e recuperação e, às vezes, ele perderá, apesar de ser um dos melhores. Apenas uma pequena fração das crianças com potencial de se tornar campeões será realmente capaz de permanecer nesse caminho.

Muitos astros do atletismo infantil abandonaram a prática esportiva na adolescência. Alguns desistiram, outros chegaram ao seu nível de desempenho máximo – não apresentam mais melhora, ou ficaram grandes ou pequenos demais ou não o suficiente para continuar praticando seu esporte. Outros perderam o interesse pelo esporte. Seja qual for o motivo, sua estrela se ofuscou. Alguns abandonam completamente o esporte; outros continuam a praticá-lo, mas de maneira puramente recreativa.

Tendo consciência dessas tendências – muitas das quais não estão sob seu controle – como os pais devem proceder quando acham que têm um Michael Jordan ou uma Maria Sharapova em suas mãos?

- Mantenha sua atenção na realidade. As chances de uma entre duas crianças chegar ao esporte profissional ou se tornar um atleta olímpico são muito pequenas. Por exemplo, dos trinta times da NBA, cada um tem no máximo quinze jogadores, de forma que o número total de homens que jogam basquete profissional nos Estados Unidos em um dado período é 450. A NBA é "mundial" e escala jogadores do mundo todo, não apenas dos Estados Unidos. Essas chances escassas são características de quase todos os esportes, inclusive dos individuais.
- Tenha consciência de que tudo parece maravilhoso para seu filho nos primeiros anos de prática. Conforme o nível de jogo ou de desempenho aumenta ou se torna mais difícil, aquilo que parecia ser promissor aos cinco anos pode não parecer assim aos dez.
- As crianças que jogavam com seu filho nos primeiros anos podiam estar apenas experimentando o esporte. Elas não eram necessariamente jogadores sérios. Agora elas interromperam a prática e os jogadores que continuam são melhores.
- Certifique-se de que seu filho ama o esporte e gosta de competir. É importante que ele esteja motivado e que você não tenha de forçá-lo a treinar.
- Observe sinais que indicam que seu filho pode não estar gostando do esporte tanto assim. Se você verificar tais sinais, converse com ele sobre isso. Ele pode querer interromper a prática. Diga a ele que não há problema nisso. Ele pode precisar ouvir isso de você. Pode ser que ele tenha continuado

a treinar por causa de você – ele achou que ficaria desapontado ou bravo com ele se abandonasse o esporte. Ele pode ter insistido em permanecer porque via que isso era importante para você.

- Se você acha que o interesse de seu filho pelos esportes está diminuindo, mostre-lhe várias opções. Interromper a prática durante um período, começar a praticar outro esporte concomitante, mudar de treinador ou de time, reduzir o nível de competição – essas e outras opções mais específicas a sua situação devem ser investigadas. Ouça o que o seu filho está dizendo. Não critique seu raciocínio. Ele pode não ser capaz de expressar seus sentimentos ou pensamentos da maneira mais lógica ou compreensível. Ele pode abandonar o esporte por um bom motivo. Ou ele pode interromper a prática e mais tarde perceber que sente falta disso e pode querer voltar. Um dado interessante é o fato de as meninas abandonarem os esportes competitivos em uma proporção seis vezes maior do que os meninos.
- Conforme uma criança chega à adolescência, ela pode começar a se rebelar. Se você forçou seu filho a praticar ano após ano, ele pode ter perdido o interesse pelo esporte e provavelmente irá se rebelar contra a prática dele. Ele pode fazer isso de muitas maneiras, além da desistência. Perder deliberadamente ou não se esforçar são formas de sabotar os desejos dos pais.
- Lembre-se de que o desenvolvimento e os interesses de seu filho não são estáticos. Conforme ele cresce, ele pode querer buscar outros interesses, alguns dos quais podem não se relacionar com os esportes. Ele pode decidir que seu interesse pelo teatro é maior do que seu interesse pelo vôlei. Continuar a praticar vôlei, apesar de ele ser muito bom nesse esporte, não permitiria que ele tivesse tempo para ensaiar e apresentar as peças escolares. Você pode ver anos de esforço árduo ir pelo ralo. Mas ele está pronto para prosseguir, e quem sabe isso não seja bom? Os seus talentos como ator podem ser consideráveis. Onde quer que o teatro o leve, ele sabe de antemão sobre a importância da prática e da dedicação. Ele pode continuar a jogar vôlei de forma recreativa. Ou pode se tornar um técnico de vôlei, caso não esteja atuando na Broadway.
- Mesmo que você perceba o potencial de seu filho para se tornar um campeão, você pode ver sinais que sugerem que tais expectativas não devem ser maximizadas. Eles podem demonstrar que o nível de desempenho ou de competição exigido tem um impacto negativo em outras áreas da vida de seu filho. Ele parece estar infeliz, está saindo com as crianças erradas, suas notas estão diminuindo, ele está mal-humorado e deprimido ou fica estressado uma semana antes da competição. Esses podem ser sinais de que ele não está sendo capaz de lidar emocionalmente com as exigências de um maior desempenho no esporte. Talvez a pressão de tentar se tornar

um astro esportivo seja demais para ele. Pode ser que ele ficasse mais contente se praticasse o mesmo esporte em um nível menor de competição. É importante conversar com seu filho sobre essa situação. Talvez a melhor coisa a fazer seja permitir que ele saia da trilha que o levaria a se tornar um campeão. Às vezes, um psicólogo esportivo pode ajudar nessa situação e esclarecer o que a criança realmente quer fazer.

O conhecido psicólogo esportivo Harvey Dorfman[36] sugere, para o sucesso na vida e nos esportes, o paradigma:

DESEJO ➔ METAS ➔ DEDICAÇÃO ➔ SUCESSO

Dorfman observa que só o desejo não basta para se ter sucesso nos esportes; o atleta deve querer "traduzir o desejo em ação". Ele precisa estabelecer as metas necessárias para obter sucesso, então, dedicar-se física e mentalmente às ações que permitirão que ele realize suas metas.

As metas não podem ser muito vagas ou gerais, por exemplo: "Quero nadar mais rapidamente." (todos os nadadores competitivos querem nadar mais rapidamente). Em vez disso, as metas devem ser mais específicas e uma ação comportamental deve ser estabelecida para se alcançar o objetivo – "Quero diminuir em dois segundos meu tempo dos 100 m. As minhas voltas são a parte mais fraca do meu desempenho. Planejo praticar minhas voltas durante trinta minutos depois de cada treino." A primeira afirmação é a meta, a segunda identifica o ponto fraco ou o problema e a terceira especifica um comportamento ou ação que o atleta adotará para realizar a meta.

Colocando de forma simples, seu filho tem o desejo e os objetivos corretos e mostra a determinação necessária para ser um campeão? Uma criança que diz que quer vencer, mas que não se dedica durante os treinos ou demonstra outros comportamentos que denotam derrota não está traduzindo desejo em ação. Os atletas precisam aprender a estabelecer metas realistas, mas devem também procurar atingir um nível um pouco maior do que sentem que são capazes de alcançar.

> Sucesso é buscar alcançar as estrelas, porque se você não conseguir, aterrissará na lua, e não há muita gente na lua, não é?
>
> Amy Van Dyken, nadadora medalhista de ouro olímpica

Os pais e os filhos devem concordar com relação aos objetivos e às ações necessárias para conquistar tais objetivos. Os pais devem ser vigilantes – observar se a criança está sendo capaz de lidar com as pressões que aumentam cada vez mais, conforme ele atinge níveis mais elevados de desempenho.

A história dos esportes está repleta de muitas instâncias de tragédias advindas das pressões do treinamento de alto nível e de alto desempenho. Os atletas de elite são famosos por sofrerem depressão grave e até mesmo por se tornarem suicidas depois de fracassar na conquista da medalha desejada ou de não conseguir se classificar para as Olimpíadas.

O esporte de Al Heppner era marcha atlética de 50 km e ele desejava competir nas Olimpíadas de Atenas de 2004. Contudo, seis meses antes das Olimpíadas, ele chegou em quinto lugar na prova classificatória. Alguns dias depois, ele se suicidou pulando de uma ponte.

A nadadora canadense, especializada em nado de costas, Elaine Tanner era a favorita para a medalha de ouro na prova de 100 m dessa modalidade nos Jogos Olímpicos de 1968, na Cidade do México. Ela quebrou o recorde olímpico nas duas provas classificatórias antes da final. Pouco antes da prova final, seu treinador inexperiente deu-lhe instruções que foram ouvidas por sua adversária. Essa adversária conquistou a medalha de ouro. Apesar de Tanner ter ganhado duas medalhas de prata e uma de bronze, ela não conseguiu lidar com o fato de ter perdido a medalha de ouro. Nos 20 anos seguintes, ela sofreu depressão grave e anorexia, teve dois casamentos fracassados, não se realizou profissionalmente e perdeu contato com seus filhos.[37] Ginastas que se mostravam promissores também morreram ou arruinaram sua saúde e abandonaram o esporte por conta da dieta radical no esforço de manter baixo o seu peso.

O treinamento pelo qual esses atletas passam e as pressões e estresses que suportam na busca pela vitória podem ser demais para alguns deles, especialmente para aqueles que dedicaram sua vida à conquista da medalha de ouro. Se esses atletas mais velhos e mais experientes não conseguem lidar com as pressões da competição em níveis mais elevados, certifique-se de que seu filho consegue ou ajude-o a encontrar meios de reduzir a pressão.

Os atletas nesse nível devem ser estimulados. Mas se a sua felicidade e o sentido de valor próprio dependem apenas da vitória, então eles obviamente perderam a perspectiva saudável sobre si mesmos e sobre a vida. Tenha certeza de que seu filho, conforme ele caminha pela trilha que o levará a quebrar recordes e a conquistar medalhas de ouro, nunca perca o sentido de que, em última instância, seu esporte é apenas um jogo. Além do mais, as carreiras atléticas da maioria dos atletas olímpicos ou jogadores profissionais acabam ao redor dos 35 anos ou, para muitos, ainda antes. A criança tem toda a vida pela frente e sua carreira ou seus esforços principais não buscam obter excelentes desempenhos atléticos. Certifique-se de que seu filho está se divertindo e aproveitando e que a vitória não se torne um objetivo de vida ou morte. A estrela do tênis Martina Navratilova aconselha os atletas que vivem apenas para vencer: "O momento da vitória é curto demais para viver só por ele e por nada mais.".

> O patinador de velocidade norueguês Aadne Sondral mencionou um conselho que recebeu uma vez: "Se eu não for homem o bastante sem a medalha, nunca serei homem o bastante com ela.". Sondral declarou depois de conquistar a medalha de ouro nos Jogos Olímpicos de 1998: "Sou o mesmo cara que era há uma hora. A única diferença é que eu dei algumas voltas de patins bem rápidas."[38]

Conte ao seu filho histórias sobre atletas que desenvolveram uma perspectiva saudável sobre seus esportes, a vitória e a derrota. Suas histórias são quase sempre inspiradoras e seu filho pode aprender lições importantes com elas.

Em resumo, se você colocou o seu filho na "trilha do campeão" quando ele era muito jovem, você deve reconhecer que esse era o seu objetivo mesmo que isso tenha sido feito com boa intenção. Há muitos motivos pelos quais seu filho pode sair dessa trilha. Você deve mostrar a ele diversas possibilidades para deixar o esporte e buscar outros interesses. Não o pressione para continuar nessa trilha. Aos treze anos, ou aos vinte, seu filho não é mais a mesma pessoa que mostrou ser um atleta promissor aos dois anos.

Obviamente, nem todas as crianças são capazes de chegar ao topo ou de realizar seu sonho. O que acontece quando a criança não atinge as metas pelas quais se esforçou durante anos? Criar um campeão em potencial é quase sempre um empreendimento de toda a família. Durante anos, a vida familiar, o tempo e as finanças se destinam à realização das metas do filho. Se ele abandonar o esporte ou continuar a praticá-lo, mas em um nível de competição mais baixo, com menos pressão, pode haver um alívio, porém também pode haver desapontamento. Os membros da família podem se ver lamentando a perda de um sonho. Aproveite essa oportunidade para assegurar ao seu filho que não há problemas. Fique de olho nele para ter certeza de que a sua decepção não se transforme em desespero ou em depressão. Não deixe que ele assuma uma nova responsabilidade com tanta exigência logo em seguida. Essa pode ser uma boa oportunidade para todos na família relaxarem um pouco. Finalmente, é aconselhável revisar os interesses dos membros da família, quanto tempo tornou-se disponível e como redirecionar as energias da família.

Como saber se meu filho tem atividade demais?

Os pais dos atletas natos querem que seus filhos se deem bem nos esportes. Mas os pais também querem que seus filhos vão bem na escola e tenham outros interesses além dos esportes. Em resumo, querem que seu filho tenha uma vida completa e equilibrada. Vamos dar uma olhada em um atleta cuja vida é completa.

Max é aluno do segundo ano e atleta da Escola de Ensino Médio Cherry Creek, onde tem uma média de quatro pontos. Ele começou a competir no atletismo ao correr distâncias médias de 5.000 e 10.000 m quando tinha cinco anos de idade. Aos oito e nove anos, Max estabeleceu dois recordes para a corrida de 5.000 m na categoria de até onze anos em duas corridas no Arizona: a Race for the Cure e a Fiesta Bowl Distance Classic. O seu recorde estabelecido na Race for the Cure ainda não foi quebrado.

Max treina beisebol o ano todo e na última primavera e verão ele foi o receptor do time de beisebol da sua escola. Ele é faixa preta de tae kwon do e já competiu mais de cinquenta vezes nesse esporte, conquistando duas medalhas de ouro, uma de prata e uma de bronze em quatro Olimpíadas Júnior de Tae Kwon Do dos Estados Unidos. Ele também ganhou uma medalha de ouro no USOpen. É sete vezes campeão estadual pelo Colorado, Arizona, Nevada e Havaí.

Neste ano, Max está fazendo três *honors courses* e um *advanced placement course* de economia. Quando estava no primeiro ano tirou apenas notas A e fez três *honors courses*. Ele também recebeu um prêmio de distinção *honors courses* em linguagem das artes e foi membro do Comitê de Conselho dos Talentosos e Dotados.

Ele foi mentor de um garoto autista. Durante dois anos, Max distribuiu alimentos para os sem-teto em uma organização religiosa e foi voluntário para fazer a limpeza de um parque estadual nas proximidades da sua residência. Os *hobbies* de Max são astronomia e pesca e ele é membro do clube de astronomia da sua escola.[39]

Honors courses são aulas do Ensino Médio norte-americano em que o conteúdo é ensinado de forma mais aprofundada e rápida do que nas aulas normais e em que a participação dos alunos durante a aula é estimulada, para desenvolver o pensamento crítico e a aplicação dos conceitos. Advanced placement courses são programas que oferecem cursos/aulas de nível universitário para alunos do Ensino Médio norte-americano.

Uau! Você não ficou cansado só de ler a respeito de Max! Com as mesmas 24 horas por dia que todos nós para realizar essas atividades, como ele consegue fazer tudo isso e manter o equilíbrio emocional?

Garotos como Max são obviamente especiais. Eles se esforçam ao fazer muitas coisas e se excedem em muitos dos esportes que praticam e nas suas atividades extracurriculares ao mesmo tempo em que continuam tirando notas boas. Eles têm muitos amigos e se dão bem tanto com seus colegas como com os adultos. Sua aparência externa é saudável em termos físicos e emocionais. O problema é que, apesar de muitas crianças serem saudáveis em termos físicos e emocionais, outras podem não ser.

Se você tem um filho como Max, o que você deve fazer para ter certeza de que ele está saudável e equilibrado? Para começar, deve verificar se ele está sofrendo uma pressão insalubre para realizar suas metas ou superá-las. Se você perceber que há tal pressão, veja se você consegue descobrir se ela vem de você ou dele. Se vier de você, deve observar as mensagens verbais e não verbais que tem passado a ele ao longo dos anos. Se ele internalizou essas mensagens e está buscando realizar suas metas por causa delas, há o risco de que um dia ele se conscientize disso. Então, ele poderá perceber que suas realizações têm sido para você e não para ele. Ele poderá ficar ressentido ou infeliz.

Se a pressão vier dele, observe como ele lida com a derrota ou com a decepção. Se ele lidar com elas de forma saudável e puder seguir em frente, está tudo bem. Por outro lado, se ele ficar deprimido, bravo ou se isolar, ele pode precisar de ajuda para aprender a reagir melhor ou reduzir suas expectativas.

A seguir procure os sinais dos atletas saudáveis e equilibrados. Eles são felizes, riem, nunca se levam muito a sério, levantam-se quando o despertador toca, chegam na escola e nos treinos pontualmente. Suas personalidades são estáveis, não tendem a ser mal-humorados. Parecem gostar genuinamente de tudo o que fazem — nunca falam dos seus esforços como se fosse um trabalho. Eles aceitam as derrotas ou as decepções, reagindo como se fossem apenas parte da vida. Têm bons amigos e são bons amigos. Sua saúde é boa. Não ficam resfriados com frequência e raramente reclamam de sintomas somáticos além dos seus machucados. Raramente ficam deprimidos, ansiosos ou muito estressados. São capazes de tirar notas boas.

Desde que o seu filho que busca realizar suas metas demonstre grande parte dessas qualidades, você pode ter razoável confiança de que ele não está envolvido em atividades demais. (Olhando de forma realista, conforme seu filho fica mais velho, os estudos e a prática esportiva dele se tornam mais árduos. Ele provavelmente terá de reduzir o número de atividades que desenvolve.) Mas se comportamentos, emoções ou traços de personalidades negativas começarem a surgir, é imperativo que ele diminua o ritmo e, talvez, seja avaliado. Se o preço do sucesso for alto demais, é hora de considerar se ele não está sobrecarregado. O pior contexto, sem intervenção, pode levar ao suicídio. Na melhor das hipóteses, ele precisa apenas modificar seu horário — interromper a prática de alguns esportes ou atividades — para se sentir melhor.

Envolver-se em atividades demais é um problema mais comum entre os adolescentes do que entre as crianças. Os adolescentes acham que são invencíveis. Muitos assumem afazeres demais e quase sempre não percebem que não conseguem administrá-los. Querem experimentar um pouco de tudo que os interessa. Os pais com bom senso permitem que seu filho assuma atividades e pratique esportes pelos quais ele tenha interesse e talento. Mas os mesmos pais sábios devem às vezes intervir e mostrar ao filho que ele pode se envolver com muitos afazeres. Esteja preparado para lhe falar a respeito dos sinais observados por você que sugerem que ele está forçando demais. O ideal é que a criança retroceda. Se isso não acontecer, você poderá ter de colocar limites. Esteja preparado para falar sobre suas expectativas. Enfatize seu desejo de que ele seja feliz e emocionalmente saudável. Depois que ele interromper algumas atividades, mostre-lhe como ele parece estar menos estressado e mais feliz.

Se outros problemas psicológicos se desenvolverem, procure um conselheiro ou psicólogo para avaliá-lo. Às vezes, os problemas emocionais que parecem ter sido causados por acúmulo de atividades podem, de fato, ter uma causa mais profunda, como problemas presentes há muito tempo, mas que ficaram perceptíveis apenas agora.

Pode ser que o seu filho seja como Max. Você observou as fontes de todas as pressões e notou cuidadosamente se ele demonstra sinais de que não está bem. Ele parece feliz e equilibrado. Se for assim, curta o prazer de ter um filho tão especial! Sua capacidade de fazer tudo o que ele faz o ajudará em sua vida adulta. Ele provavelmente é proativo em termos de gerenciamento de tempo, consegue lidar com o sucesso e com o fracasso e tem consciência de que o esforço traz recompensa. Quando terminar o Ensino Médio, ele terá aprendido a maioria das lições da vida. O período seguinte trará novos desafios, mas ele provavelmente será capaz de enfrentá-los por causa das suas realizações na escola, nos esportes e em outras atividades.

Meu filho não é agressivo o bastante

Às vezes os pais percebem que seu filho não parece ser agressivo o suficiente quando pratica um esporte individual ou coletivo. Essa falta de agressividade é mais comum nos esportes coletivos de contato, embora ela também possa ocorrer em esportes individuais sem contato. Em algumas crianças, o motivo é óbvio. Em outras, a razão não é tão aparente.

Algumas crianças têm medo de se machucar. Se estão praticando um esporte de contato que apresente a possibilidade de haver lesão, então esse medo tem base na realidade. Mesmo assim, a maioria das crianças está ciente do potencial de se machucarem, mas continuam jogando com a máxima intensidade. Qual é a diferença entre esses dois tipos de crianças?

Se uma criança foi superprotegida e evitou experiências que poderiam resultar em lesão, ela pode ter aprendido a se preservar e a ser cautelosa além da conta. Já vi pais que não deixam seus filhos subirem em árvores, evitam que eles participem de atividades porque podem se sujar (brincar nos tanques de areia com água é proibido) e fazem um escarcéu quando eles esfolam o joelho. Não é de se admirar que essa criança não passe por uma fila de jogadores de defesa no basquete e não corra até a base se o receptor está à sua espera para agarrá-lo. No tênis, ela dificilmente irá atrás da bola se tiver de correr demais para alcançá-la. Se for questionada, irá admitir que estava com medo de tropeçar, cair e se machucar.

Trabalhar com crianças superprotegidas pode ser frustrante. Os treinadores se questionam se elas irão mostrar o mínimo de agressividade necessária ao esporte. Os companheiros de equipe aprendem a não contar com elas. Pior ainda, elas podem ser ridicularizadas e xingadas.

Há muito a se fazer com uma criança como essa. Primeiro, certifique-se de que ela não está praticando um esporte de muito contato com grandes possibilidades de se machucar – futebol americano, basquete ou lacrosse. (Tenha em mente que, embora o futebol americano tenha a maior taxa de lesões do esporte, a criança tem menor tendência de se machucar ao praticá-lo aos oito do que aos quinze anos. A diferença de tamanho e velocidade entre os jogadores com quinze anos tende mais a causar lesões do que aos oito.) A seguir, considere escolher um esporte diferente – um esporte em que o contato físico ou as chances de se machucar sejam mínimos. Golfe, tiro com arco e algumas artes marciais são exemplos. Ou pense a respeito de um esporte cuja agressividade, embora surja ocasionalmente, não seja um requisito nos níveis mais baixos de desempenho ou de competição. Natação, corrida, boliche e remo são outros esportes que não têm contato e em que a agressividade não é absolutamente necessária para a prática.

Outra possibilidade é consultar um psicólogo esportivo. O psicólogo pode ser capaz de ajudar a criança que tem medo de se machucar. Diversas técnicas terapêuticas podem reduzir os medos da criança. Entre elas estão visualização, relaxamento, encenação de situações e de papéis e conversa positiva consigo mesmo.

Depois de conversar com seu filho, você pode descobrir que o comportamento dele tem menos a ver com o medo de se machucar do que com o medo de machucar outros jogadores. Isso faz que ele retroceda e jogue com cuidado. Normalmente você pode assegurar a ele que qualquer lesão que ele provoque será pequena, como distensão de tornozelos, corte, esfolamentos ou, na pior das hipóteses, fratura de um dedo ou braço. Você também pode mostrar-lhe que pequenas lesões fazem parte do jogo, mas que com bom treinamento, bom técnico e equipamentos tais lesões podem ser reduzidas a um mínimo. Se essas observações não parecerem fazer qualquer diferença, ele pode considerar praticar outros esportes com pouco contato e menor possibilidade de lesões.

Se nenhum desses motivos explicar porque seu filho não é agressivo o bastante e ele não tiver vontade de mudar de esporte, talvez um psicólogo esportivo possa ajudá-lo a identificar outras razões para sua relutância em jogar com mais agressividade. Algumas dessas explicações podem ser fáceis de abordar, outras, não.

O atleta com mau temperamento

Todos nós já testemunhamos astros do esporte ficarem aborrecidos ou perderem a calma, especialmente quando o juiz aponta uma falta com a qual discordam. Nós os entendemos principalmente quando os *replays* mostram que o juiz ou o bandeirinha marcaram errado. Nas quartas de final do Aberto de França de 2004, Serena Williams contestou duas decisões do juiz contra ela. Ao verem os *replays*, os espectadores respeitaram a calma relativa que demonstrou contra a marcação errada do juiz. Um desses erros relacionou-se com um ponto que poderia ter custado a ela o *game* e, em última instância, o jogo. O astro do tênis John McEnroe sempre reagia com agressividade e xingava quando os juízes apitavam contra ele. Nos jogos ou partidas muito importantes, é muito difícil recompor-se e manter a calma depois de um erro do juiz.

A raiva pode ser usada como ferramenta de motivação. Quando eu estava fazendo meu doutorado, conheci um aluno ao qual haviam dito, ainda no Ensino Médio, que ele não tinha perfil para ir à universidade. Desde então, ele cultivou uma raiva controlada, jurando que depois de se formar na faculdade ele iria voltar à sua escola de Ensino Médio e esfregar o diploma na cara do professor. Quando ele se formou, decidiu que iria esperar até ser PhD, para só então esfregar o diploma na cara do professor. Depois de ter feito o doutorado, ele já não tinha mais necessidade de ir atrás do tal professor. Mas aquela fantasia movida pela raiva o estimulou durante os muitos anos de estudo. Assim, é melhor que a criança aprenda a lidar com sua raiva de forma que esta não provoque um comportamento derrotista e que possa ajudá-la a dar o melhor de si. Esse tipo de raiva é, por vezes, chamado raiva controlada ou construtiva.

Atletas juvenis podem demonstrar comportamento inapropriado em campo. Podem atirar seus tacos no chão de forma a representar perigo para seus companheiros de equipe, podem sair da quadra chutando o chão ou podem jogar para cima seus tacos de golfe, o que pode machucar um torcedor ou outros jogadores. Às vezes, sua raiva faz que eles fiquem muito distraídos ou muito emotivos. Como resultado, jogam mal pelo resto do jogo ou da partida. Em outros casos, eles podem direcionar suas frustrações e raiva aos juízes, treinadores ou torcedores, quase sempre gritando, xingando, discutindo, empurrando ou dando socos. Frequentemente, os times são penalizados pelo comportamento do jogador, podendo perder um ponto ou jogo. Os juízes podem expulsar um bom jogador e, com isso, o time perde um dos seus melhores artilheiros. Às vezes, o jogador é suspenso por vários jogos. Outras vezes, um atleta nervoso machuca-se e pode ficar sem jogar. Seu time pode perder jogos importantes por conta disso. O jogador não ganha nada do treinador ou dos seus companheiros de equipe por perder o controle.

Se seu filho mostrar os primeiros sinais de não ser capaz de lidar de maneira apropriada com suas frustrações ou emoções, é importante intervir logo de início e procurar interromper tal comportamento antes que ele se torne um hábito e antes de a criança se machucar ou machucar outras pessoas. O objetivo não é eliminar a raiva ou outras emoções exacerbadas, mas ajudar a criança a aprender a moderar sua raiva e mantê-la em níveis baixos e a redirecionar ou canalizar sua energia emocional de maneira aceitável. Muitas situações diferentes podem provocar uma raiva fora do controle ou acesso de raiva:

- Em um esporte individual, a criança perde por pouco. Ela fica frustrada e com raiva de si mesma. Ela sai de campo chutando e jogando coisas no chão.
- No beisebol, o juiz apita contra o segunda base. O jogador fica bravo com o juiz, grita com ele e o chama de imbecil. O juiz o expulsa.
- O arremessador fica bravo com o interbase por cometer um erro que resulta um *run* para o outro time. Ele grita com o interbase, que para de falar com o arremessador. O trabalho em equipe fica abalado.
- O treinador diz à criança que ela não está se esforçando o bastante durante os treinos e que ela não jogará no jogo de sábado. O jogador começa a xingar o treinador.

Às vezes a maturidade emocional da criança não combina com suas aptidões físicas e atléticas. Isso pode acontecer se ela progredir rapidamente no esporte, mas não estiver pronta em termos emocionais para lidar com as pressões do jogo em um nível de competição mais elevado. Ela pode ser um atleta excelente, mas pode não ser capaz de controlar adequadamente suas emoções. Nós a estimulamos a jogar com paixão, porém, também dizemos: "Controle suas emoções.". Isso pode ser confuso para o jovem atleta. Em alguns casos, é útil diminuir o nível do jogo, passar para outra liga ou time até que sua maturidade emocional seja maior.

Algumas crianças ficam bravas sempre que se frustram. Elas não aprenderam a reagir ou a lidar com as situações difíceis ou que não se desenvolvem da maneira como elas desejavam. Quase sempre esse comportamento é também observável em outras áreas da vida da criança, não apenas nos esportes. Às vezes, esse comportamento foi aprendido. (Quando a criança vê os pais ou um dos pais responder às frustrações com raiva ou com violência, não é uma surpresa que a criança demonstre o mesmo comportamento.) Pode ser necessária uma consulta com um psicólogo.

Os acessos de raiva de algumas crianças são para intimidar ou chamar a atenção. Há um efeito na torcida e às vezes os companheiros de equipe acham que o comportamento dessas crianças é legal. Os treinadores devem colocar um fim a esses acessos de raiva, usando diferentes formas de intervenção, como colocá-las no banco de reservas — não para punir, mas para dar uma chance à criança de esfriar a cabeça, refletir sobre seu comportamento e recuperar o controle.

Tensão e inabilidade de relaxar podem levar a acúmulo de frustração e raiva. Esse tipo de problema demanda treinamento de relaxamento e outras estratégias para reduzir a tensão. Fitas de relaxamento, técnicas de visualização e música podem ajudar. Mas se nada disso surtir efeito, um psicólogo esportivo pode ser capaz de determinar as melhores formas de ajudar a criança.

Irritabilidade e raiva podem ser sinais de depressão. As crianças e os adolescentes nem sempre demonstram os sinais mais comuns da depressão, vistos em adultos. Tédio ou comportamentos dramáticos podem ser sinais de uma possível depressão. Se você suspeitar que seu filho esteja deprimido, consulte um profissional da área da saúde para avaliá-lo.

Infelizmente, alguns adolescentes começam a usar drogas e/ou álcool, o que às vezes influencia seu comportamento inaceitavelmente agressivo. Muitos times colocam tais jogadores no banco de reservas ou os suspendem por tempo indefinido. Se a criança parecer estar viciada, a ajuda profissional imediata é imperativa.

Seja qual for o motivo dos acessos emocionais do seu filho, procure ajudá-lo a ver que o seu temperamento é derrotista, especialmente se ele estiver praticando um esporte individual. Se ele estiver praticando um esporte coletivo, ajude-o a perceber que ele não está ajudando nem a ele, nem ao seu time. Tanto você como o treinador ou instrutor devem deixar claro que o comportamento dele é inaceitável e que se ele quiser continuar a jogar, ele deverá mostrar melhora significativa em sua capacidade de se controlar. Ele pode precisar da ajuda de um psicólogo ou psicólogo esportivo. Diversos tratamentos podem ajudar o atleta a aprender a controlar seu temperamento ou sua raiva de maneira mais eficaz. Seria uma pena que um excelente atleta tivesse de abandonar a prática esportiva por causa de seu temperamento.

Quando consultar um psicólogo esportivo

Os times profissionais, olímpicos e universitários têm psicólogos esportivos para trabalhar com seus atletas. O psicólogo quase sempre trabalha com os atletas de forma contínua, especialmente no caso de atletas olímpicos de esportes individuais em que a vitória é conquistada por centésimos de segundo ou por milímetros. Muitas situações de desempenho exigem o conhecimento de um psicólogo esportivo. Nesse nível, muitos desses psicólogos têm doutorado em psicologia esportiva. Quase sempre também têm treinamento avançado em cinética (estudo do movimento), medicina esportiva e/ou treinamento de condicionamento físico. Alguns deles são ex-atletas que competiram.

Para as crianças, o psicólogo esportivo pode ser um psicólogo, mas alguns não são – eles podem ter treinamento avançado em alguma área clínica como assistência social ou enfermagem. Alguns são diplomados em fisiologia e educação física. Podem ser ex-treinadores que se especializaram em trabalhar com atletas. Dependendo da formação, alguns psicólogos esportivos enfocam os aspectos motivacionais do desempenho atlético e outros têm familiaridade com as pesquisas sobre aptidões atléticas, exercícios fisiológicos, biomecânica e técnicas de fomento do desempenho. Por exemplo, um psicólogo esportivo mostrou a um jogador de golfe que ele estava segurando seu taco com muita força. Ao fazer isso, ele restringia o fluxo sanguíneo aos vasos capilares das mãos e dedos e isso provocava um problema com a precisão da tacada.[40] É claro que alguns psicólogos esportivos têm competência em mais de uma área e as combinam ao trabalharem com os atletas.

Quais situações exigem intervenção de um psicólogo esportivo ou de um terapeuta? Alguns psicólogos trabalham com muitas das situações especiais discutidas nesta seção. Uma das áreas mais comuns é o fomento do desempenho. O psicólogo tem diversas técnicas para ajudar o atleta a maximizar seu desempenho. Algumas dessas técnicas são treinamento de relaxamento, visualização, várias técnicas cognitivas e exercícios especiais de respiração. Às vezes, apenas conversar com a criança pode ser suficiente. A criança pode dizer algumas coisas ao psicólogo esportivo que ela poderia não desejar dizer ao treinador ou aos pais. Em alguns casos, o treinador ou os pais são muito próximos para perceber coisas que podem ser óbvias ao psicólogo.

> A campeã de golfe Annika Sorenstam utiliza técnicas de visualização que a ajudam no jogo. "Eu fecho meus olhos e vejo a tacada. Olho para a bola e vejo o tipo de tacada que tenho em mente. Vejo a bola voar e a vejo cair. É uma forma de ver o resultado antes de você o obter. Eu visualizo o resultado final.".

E se seu filho ficar extremamente ansioso antes das provas ou jogos? Um psicólogo esportivo ajudará a identificar os motivos que o levam a ficar tão ansioso e a aprender como transformar sua ansiedade em um estresse útil. A superansiedade pode ser expressa de maneiras emocionais ou podem aparecer sinais somáticos, como vômito, alergias de pele, vergões, dores de cabeça e de estômago.

Algumas crianças começam a perder o interesse. Começam a faltar nos treinos, não vão dormir cedo na noite anterior às provas, ou começam a comer de maneira inapropriada. Os pais ou o treinador podem ser capazes de ajudar a identificar o problema. Se não, às vezes um psicólogo esportivo pode descobrir o que há de errado e determinar medidas apropriadas para ajudar a criança a recobrar sua motivação.

Vários atletas lutam contra conflitos internos, como medo de fracassar, de ser agressivo demais ou de se machucar. A luta contra essas preocupações pode ter um impacto enorme no seu desempenho. Um psicólogo esportivo frequentemente ajuda com relação a essas preocupações.

Alguns atletas são os mais talentosos dos seus times, mas por vezes eles jogam de forma inconsistente. Quando vencem, são os astros do time ou batem recordes. No entanto, eles têm desempenho ruim na mesma proporção que obtêm boa performance. Os psicólogos esportivos podem ajudar esses atletas a identificar os motivos do seu desempenho inconstante.

Alguns atletas parecem ir bem ao longo de uma prova ou jogo, mas seu desempenho cai no final do jogo, ou perto da linha de chegada, ou quando executam um salto particularmente difícil, ou quando têm a última chance de fazer o time vencer. Os psicólogos esportivos podem parecer operadores de milagre ao trabalharem com essas crianças.

Outra situação comum é a perda de interesse (às vezes chamada síndrome do treinamento excessivo). Uma criança que era muito entusiasmada parece agora menos motivada ou desinteressada. Seu desempenho caiu perceptivelmente. Ela também pode ficar cansada o tempo todo e uma ou duas noites de sono parecem não ajudar. Ela não parece mais estar se divertindo. Esses são apenas alguns dos possíveis sinais da perda de interesse. A maior parte dos bons treinadores faz de tudo para que isso não aconteça. Eles sabem a quantidade apropriada de treinamento e planejam treinos ou práticas com base nesse conhecimento. Contudo, métodos de treinamento considerados bons para a maioria das crianças podem não ser apropriados para algumas delas. Da mesma forma, algumas crianças fazem treinos extras sem o conhecimento do treinador e, ao fazerem isso, elas exageram. As crianças podem concluir que se cem voltas durante o treino é bom, então outras cem voltas depois do treino é duas vezes melhor. Se dez flexões ajudam a desenvolver massa muscular, então vinte flexões devem desenvolver os músculos duas vezes mais rápido. Raramente isso é verdade. Pode haver outras razões, mais psicológicas, para a perda de interesse, e um psicólogo esportivo pode conseguir descobri-las.

Um psicólogo esportivo também pode ajudar depois que o atleta sofreu uma lesão grave. Pode haver uma longa estrada para a recuperação. Por vezes, esse processo demanda muito — terapia física três a quatro vezes por semana e a criança fica cansada depois de cada seção. A criança pode ficar desestimulada, questionando-se se poderá voltar ao esporte. Outras crianças que sofreram lesões podem ficar menos motivadas a voltar a praticar o esporte — elas podem ter medo de se machucar de novo. O jogador contundido tem diferentes necessidades e emoções. O psicólogo esportivo pode ajudá-lo na sua recuperação de uma forma saudável.

Normalmente, o melhor é consultar um psicólogo esportivo depois que você e o treinador já tentaram resolver o problema ou a situação. Às vezes, apenas fazer uma pausa pode resolver algumas dessas situações. Esgote as abordagens simples primeiro. Se ainda houver um problema e se seu filho estiver interessado em receber ajuda, então pesquise um psicólogo esportivo que trabalhe com crianças. Os treinadores poderão lhe dar alguns nomes. A associação psicológica do seu Estado também pode lhe fornecer nomes de psicólogos esportivos que trabalham em sua região.

Muitas outras situações especiais podem surgir se seu filho praticar esportes, especialmente esportes organizados. Eu abordei algumas das situações mais comuns. Em geral, procure ser objetivo: retroceda, junte informações e lance mão do bom senso. Se você fizer essas coisas, deverá ser capaz de lidar com muitas dessas situações com seu filho.

Uma palavra final

Seja por poucos meses ou por muitos anos, todas as crianças interessadas devem ter a oportunidade de aprender e praticar um ou mais esportes. Seja seu filho um prodígio atlético ou desajeitado, ou tenha ele algum distúrbio físico ou emocional, ou problemas de desenvolvimento, os esportes juvenis proporcionam muitos benefícios. Diversas pessoas bem-sucedidas consideram que a prática de esportes na juventude lhes ensinou os valores do esforço, da perseverança, da dedicação, do estabelecimento de metas e do compromisso em dar o melhor de si e nunca desistir – valores que as ajudaram a ter sucesso em suas vidas adultas. Alguns eram atletas natos e jogaram no Ensino Médio e defenderam as cores das suas universidades; outros tinham pouca aptidão atlética, mas conquistaram um sucesso modesto como esportistas. A maior parte deles fala com orgulho e com alegria sobre a época em que praticavam esportes e como eles aprenderam as lições advindas dos esportes e as assimilaram em suas vidas cotidianas.

O diretor e roteirista Ron Shelton jogou beisebol e basquete quando jovem. Ele resume o que os esportes fizeram por ele: "Quase tudo que sei que tem valor eu aprendi praticando esportes. Todas as lições críticas, desde a época em que eu era menino até a faculdade e nos meus anos como profissional, vieram da prática esportiva... Os esportes ensinam muito: como perder – não a ficar feliz com isso, note bem, mas como lidar com isso. Por exemplo, no casamento você tem altos e baixos, na vida profissional também, e os esportes ensinam você a lidar com esses altos e baixos sem diminuir seu compromisso."[41]

Outros acreditam que a época em que praticaram esportes os ajudou a superar situações difíceis em termos emocionais e físicos – situações que não eram parte da vida cotidiana. O senador americano John McCain praticou luta livre e boxe durante o Ensino Médio e continuou o boxe na Academia Naval dos Estados Unidos. Ele acredita que as experiências adquiridas neste esporte o ajudaram a sobreviver aos cinco anos e meio de tortura quando foi prisioneiro dos norte-vietnamitas: "[Quando estava na prisão] a primeira vez que apanhei dos vietnamitas, não foi um choque total... Eu apanhava muito. Não era fácil, mas sou feliz por ter praticado esportes de contato porque aprendi a perseverar e a me recuperar."[42]

Para muitas crianças, a prática de esportes consumirá quase o mesmo tempo, e para algumas ainda mais, que a escola. Por causa das lições que as crianças aprendem e por conta do tempo que os esportes ocupam na vida delas, os pais querem que o envolvimento de seus filhos com os esportes seja uma experiência positiva. Espero que os pais e os filhos tenham achado este livro útil para sua busca do esporte, time e treinador corretos. Que os seus filhos possam ter realização, satisfação, aproveitamento e diversão!

> Em 1988, o senador americano Joseph Biden enfrentou uma cirurgia para tratar de um aneurisma craniano duplo. Ao falar com seus filhos pouco antes da cirurgia, ele lhes disse: "Se eu morrer, não quero nada dessa coisa de senador e dirigente no meu epitáfio. Só quero que constem quatro coisas na minha lápide: marido, pai, filho, atleta". [43]

NOTAS

Primeira Parte

1. LEMONICK, Michael D. How we grew so big. *Time*, 7 jun. 2004.
2. PANEL tackles obesity problem among students. *Denver Post*, 29 set., 2004
3. REILLY, Rick. The fat of the land. *Sports Illustrated*, 22 set. 2003, p. 84.
4. YOST, Barbara. Kids' obesity a call to arms. *Arizona Republic*, 15 out. 2003, p. A16.
5. SIEVERT, Suzanne. It's not just how we play that matters. *Newsweer*, 19 mar. 2001, p. 12.
6. GIBBS, Nancy. Parents behaving badly. *Time*, 21 fev. 2005, p. 40-49.
7. WOLFF, Alexander. The American athlete age 10. *Sports Illustrated*, 6 out. 2003, p. 59-75.
8. NICHOLSON, Kieran. Pulling no punches. *Denver Post*, 5 out. 2003, p. 27A, 34A.
9. SMITH, Theresa. Child's play. *Denver Post*, 16 jul. 2002, p. 10D.
10. SPECTER, Michael. The long ride. *New Yorker*, 15 jul. 2002, p. 48-58.
11. PARKER-POPE, Tara. Why gym class matters: kids' attitudes toward sports affect their adult health. *Wall Street Journal*, 2 set. 2003.
12. WOLFF, Alexander. The American athlete age 10. *Sports Illustrated*, p. 59-75
13. WE can't all win the Word Cup. *New York Times*, 18 jul. 1999.
14. WUKOVITS, John. The encyclopedia of the Winter Olympics, 2001.
15. JACKSON, Phil; DELEHANTY, Hugh. *Sacred hoops: spiritual lessons of a hardwood warrior*. New York: Hyperion, 1995.
16. BRIGGS, Bill. Kids athletes stressed out. *Denver Post*, 2 Jul. 2001, p. 1F.
17. WOLFF, Alexander. The american athlete age 10. *Sports Illustrated*, 6 out. 2003 p. 59-75.
18. BENARDOT, Dan. *Nutrition for serious athletes*. Champaign, IL: Human Kinetics, 2000.
19. WOLFF, Alexander. The american athlete age 10. *Sports Illustrated*, 6 out. 2003 p. 59-75.
20. MACK, Gary. *Mind Gym*, New York: Comtemporary Books, 2001.
21. NATIONAL Alliance Web Survey. Disponível em: www.nays.org/IntMain.cfm. Acesso em: 8 mar. 2005 e 16 mar. 2005.
22. WEBER, Bruce. Ice time: for players, fast pulses; for parents, raw nerves. *New York Times*, 22 jan. 2005.
23. RIPKEN JR., Cal. The dedication of a sportsman. *Sports Illustrated*, 20 out. 2003.

24. SCHEFTER, Adam. Know her from Adam Julie Foudy. *Denver Post*, 12 set. 2003.

Segunda Parte
25. SMALL, Eric. MD. *Kids & sports:* everything you and your child need to know about sports, physical activity, nutrition, and good health – a doctor's guide for parents and coaches. New York: New Market Press, 2002.

Terceira Parte
26. MACK, Gary. Mind gym. New York: Comtemporary Books, 2001.
27. CENTERS FOR DISEASE CONTROL. *Youth risk behavior survey*, 2003.
28. NATIONAL INSTITUTE ON DRUG ABUSE. Anabolic steroids use in teens. Disponível em: www.drugabuse.gov/NIDA. Acesso em: 7 abr. 2005.
29. FOREMAN, Tom. *Q&A:* blind mountain climber on summiting Everest. Disponível em: http://news.nationalgeographic.com/news/2003/07/0730_030730_everest.html. Entrevista cedida em 30 jul. 2003.
30. PARÉ, Michael A. *Sports Stars Series 3.* Detroit: UXL, 1997.
31. AGUILERA, Elizabeth. Middle-scholl taunts take frightening turn. *Denver Post*, 13 jan. 2005, p. 28.
32. APPLEBOME, Peter. What's to come, soccer tryouts in the cradle? *New York Times*, 17 out. 2004, p. 28.
33. THE music man. *New York Times Magazine*, 3 out. 2004.
34. PENNINGTON, Bill. Doctors see a big rise in injuries for young athletes. *New York Times*, 22 fev. 2005.
35. MARINO, Gordon, In [self-] defense of the fanatical sports parent. *New York Times Magazine*, 26 jan. 2003, p. 38, 40-41.
36. DORFMAN, H. A.; KUEHL, Karl. *The mental game of baseball.* Lanham, MD: Taylor Trade Publishing, 2003.
37. LATIMER, Clay. Whem failure isn't an option. *Rocky Mountain News*, 27 ago. 2004, p. 6S-7S.
38. WUKOVITS, John. *The encyclopedia of the Winter Olympics.* New York: Franklin Watts, 2001.
39. TOP Kid. *Denver Post*, 18 out. 2004, p. 2B.
40. LEWIS, Chris. The head coach is hot. *Sports Illustrated*, 31 jan. 2005.
41. KILMEADE, Brian. *The games do count*: America's best and brightest on the power of sports. New York: Regan Books, 2004.
42. Ibid.
43. Ibid.

Leitura adicional

BIGELOW, Bob; MORONEY, Tom; e HALL, Linda. Just let the kids play: how to stop other adults from ruining your child's fun and success in youth sports. Dearfield Beach, FL: Health Communications, 2001.
Um livro importante que enfatiza o papel dos pais nos esportes juvenis.

BROW, Fern G. *Special Olympics*. New York: Franklin Watts, 1992.
Uma boa visão do Programa Olímpico Especial.

BROW, Jim. *Sports talent*: how to identify and develop outstanding athletes. Champaign, IL: Human Kinetics, 2001.
O livro de Brow ajuda os pais a avaliarem as aptidões naturais de seus filhos e relacionar essas aptidões com vários esportes.

CHASTAIN, Brandi. *It's not about the Bra*: play hard, play fair, and put the fun back into competition. New York: Harper Collins, 2004.
Chastain é uma jogadora de futebol famosa pelo gol que garantiu a vitória dos Estados Unidos na final da Copa do Mundo de 1999 contra a China. Ela escreve sobre a importância de retirar parte das pressões que pesam sobre os esportes juvenis organizados e enfatiza a importância de as crianças se divertirem ao praticar esportes.

CLIFFORD, Craig; FEEZELL, Randolph. *Coaching for character*: reclaiming the principles of sportsmanship. Champaign, IL: Human Kinetics, 1997.
Os autores mostram como e por que o espírito esportivo é uma parte intrínseca dos esportes. Eles dão muitos exemplos sobre como o espírito esportivo pode ser ensinado.

DOREN, Kim; JONES, Charlie. *If winning were easy, everyone would do it*: motivational quotes for athletes. Kansas City, MO: Andrews McMeel Publishing, 2002.
Repleto de citações motivacionais de atletas, treinadores e psicólogos esportivos famosos. Muitas das citações deste livro vieram daí.

DOREN, Kim; JONES, Charlie. *You go girl! The winning way*. Santa Anna, CA: Seven Locks Press, 2003.

O livro mostra atletas do sexo feminino sendo estimuladas com entusiasmo a dar o melhor de si e descobrir o seu "jeito de vencer". Diversas citações deste livro vieram daí.

DORFMAN, H.A. *Coaching the mental game*: leadership philosophies and strategies for peak performance in sports – and everyday life. Lanham, MD: Taylor Trade Publishing, 2003.
Dorfman enfatiza a importância da parte mental dos esportes. Embora tenha sido escrito para treinadores profissionais, os conselhos de Dorfmam são úteis para os pais que são treinadores voluntários.

DORFMAN, H.A; KUEHL, Karl. *The mental game of baseball*: a Guide to peak performance. Lanham, MD: Diamond Communications, 2002.
Apesar de os autores enfocarem o jogo mental no beisebol, grande parte dos conselhos se aplicam ao jogo mental de muitos esportes.

ENGH, Fred. *Why Johnny hates sports*: why organized youth sports are fail-ing our children and what we can do about it. Garden City Park, NJ: Avery Publishing Group, 1999.
Um livro excelente sobre o papel adequado dos pais e treinadores nos esportes juvenis. Engh é presidente da Aliança Nacional dos Esportes Juvenis.

FORTIN, François. *Sports: the complete visual reference*. Willowdale, Ontario: Firefly Books, 2000.
Um guia visual, útil e detalhado para os esportes. Embora o livro não apresente regras, regulamentos e provas dos vários esportes em seus níveis iniciais, pais e filhos podem ter boas ideias a respeito do esporte ao ler a obra. Alguns dos fatos históricos neste livro foram retirados dele.

JACKSON, Colin. *The young track and field athlete*. New York: DK Publishing, 1996.
Um livro excelente que traz uma boa introdução às provas de atletismo para crianças e adolescentes.

KARLIN, Len. *The guide to careers in sports*. 2. ed. New York: E. M. Guild, 1997.
Traz uma compilação completa das carreiras da indústria esportiva.

KENNEDY, Mike. *Special Olympics*. New York: Children's Press, 2002.
Escrito para crianças, é uma boa introdução ao Programa Olímpico Especial.

KILMEADE, Brian. *The games do count*: America's best and brightest on the power of sports. New York : Regan Books, 2004.

Kilmeade pediu a pessoas de sucesso em várias áreas profissionais para escreverem sobre suas experiências esportivas na juventude. Todos demonstram nostalgia com relação a essa experiência e mostram como a prática do esporte na juventude teve impacto na vida adulta.

MACK, Gary, com David Casstevens. *Mindy gym*: An athlete's guide to inner excellence. New York: Comtemporary Books, 2001.

Um bom livro que abrange as partes mental e emocional da prática dos esportes.

NATIONAL ALLIANCE FOR YOUTH SPORTS. *Your first coaching book*: a pratical guide for volunteer coaches. Garden City Park, NY: Square One Publishers, 2002.

Um ótimo livro para os pais que querem se tornar treinadores voluntários.

NORTON, Jerry. Mom, *Can I play football*?: an introspective view of the game for parents and coaches. Ponte Vedra Beach, FL: Sideline Press, 1999.

Livro cuja sabedoria vai além do futebol americano. Ele traz muitos conselhos úteis e de bom senso sobre como ser um pai que apoia seu filho na prática de qualquer esporte.

PHILLIPS, Laurel; STAHL, Barbara. *Parenting, SportsMom style*: real-life solutions for surviving the youth sports scene. Maumee, OH: 307 books, 2000.

Um livro inteligente e espirituoso para as mães que têm filhos que praticam esportes juvenis. As duas autoras têm cinco filhos que praticam vários esportes.

SANDERS, Summer. *Champions are raised, not born*: how my parents made me a success. New York: Delacorte Press, 1999.

O título pode confundir o leitor. Summer Sanders não aprova o envolvimento exagerado dos pais. Em lugar disso, ela sente que os pais precisam apoiar seus filhos de uma maneira apropriada. Ela tem muito a dizer sobre como o comportamento inapropriado e a pressão dos pais pode afastar as crianças da prática esportiva.

SHEEHY, Harry. *Raising a team player*. North Adams, MA: Storey Books, 2002.

O livro de Sheehy contém boas ideias e conselhos sobre como criar um atleta de equipe. Ele acredita que o comportamento que bons atletas de equipe aprendem na infância são essenciais para a vida adulta.

SMALL, Eric, MD. *Kids & sports*: everything you and your child need to kwon about sports, physical activity, nutrition, and Good Health – a Doctor's Guide for Parents and Coaches. Nova York: Newmarket Press, 2002.

Pediatra especializado em medicina esportiva, Small enfoca temas de desenvolvimento e saúde para crianças com todas as aptidões que praticam esportes. Ele enfatiza a importância da atividade física desde a infância.

STORM, Hannah. *Go girl! raising confident and successful girls through sports*. Naperville, IL: Sourcebooks, 2002.

Storm sugere que as meninas conseguem desenvolver confiança por meio da prática esportiva. Seu livro também traz uma seção que descreve muitos esportes praticados por garotas.

SUNDBERG, Jim; SUNDBERG, Janet. *How to win at sports parenting*. Colorado Springs, CO: Waterbrook Press, 2000.

Os autores enfatizam o papel dos pais nos esportes infantis.

WOLFF, Rick. *Good sports*: the concerned parent's guide to competitive youth sports. Champaign, IL: Coaches Choice, 1997.

Uma excelente introdução às ligas juvenis dos esportes organizados escrita por um conhecido e experiente psicólogo esportivo juvenil.

WUKOVITS, John. *The encyclopedia of the Winter Olympics*. New York: Franklin Watts, 2001.

O livro traz história e informações básicas sobre doze esportes olímpicos de inverno e também histórias interessantes e, por vezes comoventes, de 27 ganhadores de medalha de ouro.

ZIMMERMAN, Jean; REAKJVILL, Gil. *Raising our athletic daughters*. New York: Doubleday, 1998.

Como a sociedade tende a não dar às atletas infantis o mesmo apoio que conferem aos atletas infantis, esses autores mostram formas por meio das quais os pais podem estimular a participação de suas filhas nos esportes.

Outras fontes

www.positivecoach.org
Positive Coaching Alliance
Department of Athletics
Stanford University
Palo Alto, CA 94305.

www.fogdog.com
FogDog
Guia para selecionar o equipamento apropriado para o seu esporte.

www.nays.org
1-800-729-2057
The National Alliance for Youth Sports
2050 Vista Parkway
West Palm Beach, FL 33411
Fornece programas educacionais para pais.

www.nays.org (clique no ícone Start Smart)
Start Smart Sports Development Program
 Aulas para crianças iniciantes de três a cinco anos e de cinco a sete anos. Se não houver programas Start Smart na sua comunidade, o web site fornece instruções sobre como desenvolver aulas com a filosofia Start Smart onde você mora.

www.SportsID.com
Contém centenas de vídeos de treinamento para mais de noventa esportes.

www.sportsparents.com
 Um site para pais que aborda temas relacionados à psicologia esportiva e ao espírito esportivo.

www.bam.gov
 Esse web site estimula as crianças a serem mais ativas fisicamente. Também inclui perguntas de personalidade para ajudá-las a escolher um esporte.

http://ed-web3.educ.msu.edu/ysi/
O Institute for the Study of Youth Sports [Instituto para o Estudo dos Esportes Juvenis] tem sua sede na Universidade Estadual de Michigan. Veja no web site artigos sobre esportes juvenis para pais e treinadores.

www.nyscagoldcoach.nays.org
Os membros da National Youth Sports Coaches Association Parent [Associação Nacional dos Pais Treinadores de Esportes Juvenis] podem fazer um curso on-line para se tornarem treinadores voluntários. Entre os tópicos estão filosofia e ética, segurança nos esportes e prevenção de acidentes, preparação e condicionamento físico, crescimento e desenvolvimento, ensino e comunicação, organização e administração, habilidade e tática, e avaliação. O participante recebe um certificado de conclusão depois de completar o curso. O custo do curso é de US$ 60.

www.sportsmom.com
Informações úteis sobre tópicos de vários esportes juvenis como saúde, nutrição, administração de situações difíceis e outros.

Índice remissivo

A
Abbott, Jim, 199
Abuso de álcool, 24, 193-4, 209, 240. Ver também Distúrbio(s), de abuso de substâncias
Academia Americana de Pediatria, 30
ACM, 31, 60, 68, 73, 170
Adams, John, 158
ADHD. Ver Distúrbio(s), de deficit de atenção (DDA)
Adolescentes
    e distúrbios alimentares, 185
    e esportes radicais, 102
    fazendo coisas demais, 235
    interesse nos esportes, 33, 62
    uso de esteroides por, 196
    Ver também Crianças, com deficiências ou condições médicas
Adultos
    idade e esportes, 62, 69
    IMC para, 172
Agassi, André, 50
Agorafobia, 182-3
Agressão, 67, 127, 190
    canalização, 18, 238
    falta de, 88, 236-7
Aliança Nacional para Esportes Juvenis (ANEJ), 67, 248, 251
Alpinismo no gelo, 102, 201
Amarelinha, 14, 140
Amundsen, Roald, 119
Anorexia nervosa, 120, 185-6, 232
Aptidão atlética, 34-36, 63
    e instrução/prática, 30, 36-8
    e motivação/esforço/atitude, 38-40
    e tática/estratégia, 40-42
    falta de, 36, 38, 41, 49, 55-6, 87
Aptidões básicas para o esporte, 14-5, 31, 34, 37, 99, 228. Ver também esportes específicos pelo nome
Aptidões estratégicas, 34, 40-1
Aptidões físicas
    adaptando um esporte, 95
    desenvolvimento de idade, 29-30
    e coordenação, 36
    e força mental, 39-40

Ver também Aptidão atlética
Aptidões sociais
    e os esportes, 15, 56-7
    nos times/equipes, 192-193
Aptidões táticas, 34, 40-1, 144
Armstrong, Lance, 34-6, 44, 111-2
Arquearia, 55, 94-8, 150-151, 176, 184, 201, 206
    esporte de coordenação motora fina, 56, 98, 150, 188, 225
Arremesso de disco, 103-6
Arremesso de martelo, 103-6
Arremesso de peso, 103, 105-6
Artes marciais, 33, 53, 56, 61, 97, 145-7, 187-8, 191, 237
    e coordenação, 188
    e distúrbios de deficit de atenção, 186
    Ver também artes marciais específicas pelo nome
Ashe, Arthur, 204
Asma, 94, 204-6
    induzida por exercício, 204-5
Associação Brasileira de Desportos em Cadeira de Rodas, 199
Associação Brasileira de Desportos para Cegos, 199
Associação Brasileira Pró-Nanismo – Gente Pequena, 199
Associação Desportiva para Deficientes, 199
Ataques de pânico, 181-3
Atitude, 38-41, 48, 84, 216
Atletas
    com asma, 204-6
    com diabetes, 202-4
    competitividade, 42, 47-51, 100
    comportamento violento dos, 79-80
    e bullying, 207-9
    e drogas que melhoram o desempenho, 48, 195-6
    força mental, 39-40, 42, 45-6
    rivalidade entre, 12, 50
    surdos, 198, 200-1
    temperamento, 12, 56, 98, 188, 237-40
    times de elite, 220-2, 226
    Ver também atletas específicos pelo nome
Atletismo, 55, 94-6
    arremesso de disco, 103-4
    corrida com barreiras, 114-5
    corrida com obstáculos, 115-6
    lançamento de dardo, 123-4
    salto com vara, 134-5
    salto triplo, 139-40
Aulas de educação física, 17, 19, 33, 207, 209
Aulas, para iniciantes, 33, 62-3, 69-71, 73, 75, 88, 100-1, 176, 220

Autismo, 192-3. Ver também Síndrome de Asperger
Autoconfiança. Ver confiança, e esportes; Autoestima
Autodisciplina, 19, 66, 146
Autoestima
    com autismo e Síndrome de Asperger, 193, 197
    e a competição, 21-3
    e incapacidades físicas, 178, 197
    e os esportes, 19-21, 23-4

B

Badminton, 94-5, 144-5, 148
Baggattaway, 166
Baiul, Oksana, 46
Banco de reservas, 51, 58, 215, 217, 239-40
Banheiros, acesso aos, 69
Basquete, 153-4
    aptidões básicas/lições iniciais, 31, 96, 175
    cadeira de roda, 198
    e a criança acima do peso, 175
    falta de espírito esportivo/violência no, 79-80
    rivalidades no, 50
    taxa de lesões, 62, 153
Beard, Amanda, 35
Beck, Chip, 87
Beisebol, 154-6
    aptidões para, 29, 36, 154-5
    e asma, 205-6
    jardineiros direitos no, 36, 51
    jogo em equipe no, 58, 212-3
    programas para iniciantes, 69, 73, 96, 100
    rivalidades no, 50
    velocidade do jogo, 36, 96, 155, 187
Berra, Yogi, 40
Bicicross, 111
Biden, Joseph, 244
Bigelow, Bob, 221
Bilhar, 141
Blair, Bonnie, 44, 131
Bobsledding, 126, 142, 156-57
Boitano, Brian, 50
Boliche, 94-56, 106-7
    e asma, 205
    e coordenação, 188
Bos, Jan, 44
Boston Red Sox, 43
Boxe, 24, 97, 99-100, 107-9, 204, 243

Brincadeiras infantis, 14, 22
Brown, Chad, 37
Bruegel, Pieter (o Velho), 160
Bulimia nervosa, 120, 185-6
Bullying, 207-8
Bush, George W., 199
Butkus, Dick, 62

C

Cafeína, vício em, 193, 195. Ver também Distúrbio(s), de abuso de substância
Caminhada, 96
Campeões, criando, 226-33
Canoagem, 109-10, 168
Capacetes, obrigatórios
    beisebol, 155
    canoagem, 109
    ciclismo, 111
    futebol americano, 162
    skeleton, 142
Caratê, 56, 146-7, 184
Centros de controles de doenças, 17, 111
    estudo sobre esteroides, 195
Ciclismo, 26, 34-5, 37, 97, 111-2;
    e problemas de coordenação motora fina, 188
    esporte de coordenação motora geral, 98, 188
Clemens, Roger, 82
Cline-Lieberman, Nancy, 16
Coletes salva-vidas, 109-10
Colorado, estudo sobre o bullying, 207, 234
Comaneci, Nadia, 46
Comer em demasia, 185, 202
Competição
    e autoestima, 21-24
    e os esportes individuais, 61-2
    níveis de elite de, 43, 46, 57, 220-2, 226, 232
    nível apropriado de, 29, 32, 85-7, 213, 222
    times de baixa competitividade, 63, 65, 68, 73-4, 182
Competitividade
    e a vitória, 40, 48-51
    e as crianças, 32, 48-9, 51-2
    Ver também Competição
Comportamento tribal, e os esportes, 81
Condicionamento, 17, 66, 100
Condições médicas
    asma, 94, 204-6
    crônicas, 206

diabetes, 17, 202-4
Confiança, e esportes, 14, 19, 37, 51. Ver também Autoestima
Connolly, Hal, 199
Controle, senso de, 106, 117, 119-21, 126, 129, 138, 145, 151, 238-9
Contusões, 43, 48, 69-71, 81, 109, 116, 118, 123, 132, 136, 141-2, 146, 160, 169. Ver também Itens de segurança
Coordenação
    distúrbio de aptidões motoras, 187-8
    e sistema de esportes fechados, 96-7
Coordenação motora fina, 55, 56, 98
    esportes para problemas com a, 98, 188, 225
    esportes que dependem da, 56, 98, 140, 150-1, 188, 225
Coordenação motora geral, 55, 98
    esportes para problemas com a, 56, 98, 140, 150-1, 188, 225
    esportes que dependem da, 98, 188, 225
Corredores de distância, 112
Corredores de velocidade, 112
Corrida com obstáculo, 113-116, 198
Corrida cross-country, 94, 112, 118
Corrida, 22-3, 35-6, 43-6, 50, 74, 94, 96-8, 111-6, 126, 137, 142-3, 161, 198, 225, 234, 237
    esporte de coordenação motora geral, 98
Crianças
    acima do peso, 17, 172-3, 175-7, 202
    aptidão atlética nas, 14, 24, 29, 32, 35-9, 41, 49, 53, 55-6, 76-7, 87, 225
    autoestima das, 19, 21-4, 193, 197
    brincadeiras das, 14, 22
    com deficiências ou condições médicas, 18, 85, 97, 177-93, 197-206
    com muitas atividades, 89, 213, 233-6
    conflitos com o treinador, 217-20
    coordenação das, 23, 25, 28, 36, 41, 54-6, 96-7, 187-8
    criando campeões, 226, 228-31, 233
    desenvolvendo aptidões físicas, 29, 36
    desenvolvendo aptidões sociais, 15, 57
    desenvolvendo o caráter, 19, 147, 226
    e bullying, 207-8
    e competição, 22, 24, 30, 32, 58, 61, 73, 86-7, 182, 213, 220, 222, 231, 239
    e espírito esportivo, 58, 78, 85
    e motivação/atitude/esforço, 34, 38-41
    escolhendo esportes coletivos ou individuais, 57, 61
    exercício e condicionamento, 17-8, 37, 66, 74, 172-3, 176
    falta de agressividade nas, 236-7
    ficando em segundo plano, 181, 215-6
    força mental nas, 46-7, 229
    idade para aptidões imediatas/básicas, 29-31, 96
    idade para os esportes organizados, 29, 32, 227
    interrompendo a prática/dando um tempo, 90-1, 182, 194, 208, 210, 229-30, 235

introduzindo esportes para as, 25-30, 32, 54-5
lidando com a derrota/vitória, 18, 78, 84-5, 180, 211-3, 222, 235
lidando com a raiva, 215, 238-40
praticando diversos esportes, 11, 35, 63, 100, 223-6
problemas com os companheiros do time, 207-10
psicólogos esportivos para as, 46, 52, 85, 236-7, 239-42
times de baixa competitividade para as, 63, 73-4, 182
Crianças com deficiência visual, 198, 201-2
Crianças surdas, 198, 200-1
Críquete, 155-9
Cruz vermelha, 31
Curling, 55, 159-60
Custos
times de elite, 223
Ver também esportes específicos pelo nome

D

Davis, Walt, 137
Deficiência auditiva. Ver Crianças surdas
Deficiências intelectuais, 172, 197, 200
Depressão, 179-81, 233, 240
e exercício, 18
e raiva, 240
Derrota
constante, lidando com a, 18, 22, 67, 80, 84, 180, 212-3, 221, 235
e força mental, 46
valor das, 16, 84, 211, 233
Desidratação, 70
Deslocamentos, 104, 106, 110, 119, 123, 125, 135, 140, 160, 164. Ver também Lesões; Itens de segurança
Desordens. Ver Distúrbio(s)
Diabetes, 17, 202-4, 206
Distensão, 147, 163, 237. Ver também Itens de segurança
Distrofia muscular, 187, 206
Distúrbio de ansiedade na infância, 181-5
Distúrbio de hiperatividade, 186
e esportes individuais, 18, 62
Distúrbio fonológico. Ver Distúrbio(s), de comunicação
Distúrbio(s)
alimentares, 120, 185-6, 193
ataques de pânico, 182-3
autismo e Síndrome de Asperger, 192-3
de abuso de substâncias, 193-5
de ansiedade, 181-2
de comunicação, 188-90
de déficit de atenção/hiperatividade, 97, 186-7

Índice remissivo

   desafiador de oposição, 191-2
   fobias, 183
   motores, 187-8, 197-200
   obsessivo-compulsivo, 183-4
   transtorno de conduta/comportamento, 190-1
   transtorno de estresse pós-traumático, 184-5
Distúrbios de deficit de atenção (DDA), 18, 186-8
   e esportes de sistema fechado, 97
Distúrbios de humor, 179, 193
   distúrbio bipolar, 180-1
   depressão, 179-80, 193
Distúrbios de linguagem. Ver Distúrbio(s), de comunicação
Doença, e força mental, 44-5. Ver também Condições médicas
Doenças cardíacas, 17
Doenças, e obesidade, 17
Doping, 195. Ver também Distúrbio(s), de abuso de substâncias
Dorfman, Harvey, 231, 246
Draglia, Stacy, 50
Draney, Rick, 198
Drogas
   ilegais, 24, 193-5, 209, 240
   para melhoria de desempenho, 16, 48, 195-6
   Ver também Distúrbio(s), de abuso de substâncias

E

   e esportes individuais, 61
Elogio, e autoestima, 23, 180
Elway, John, 224
Escolas
   e educação física, 17, 33
   esportes oferecidos pelas, 33, 54, 60-1, 68, 113-5, 123, 127, 145, 169
Esforço, 19-23, 34, 38, 40-1, 45, 51-2, 60, 69, 71, 81, 84-5, 87, 97, 103, 110, 116, 123, 141, 144, 147, 149-50, 152, 155, 175-7, 196, 210, 221, 224, 228-9, 236
Esgrima, 55, 116-7
Espírito esportivo, 68, 78-81, 83-5
Esportes
   aptidões de prontidão/aulas iniciais, 29-32, 75, 188
   benefícios da prática de, 16, 18, 61, 197, 214, 217, 223
   caminhos para os, 52-54, 227
   competição em níveis de elite, 220, 222, 226
   e aptidão física/atlética, 14, 24, 29-31, 34, 36-9, 41, 49, 53-5, 63, 75, 77, 83, 86-7, 216, 224-5, 228
   e autoestima, 19-24
   e brincadeiras infantis, 14, 22
   e motivação/esforço/atitude, 34, 37-8, 40-1

instrução/prática, 19, 34, 36-8, 41, 56, 70, 100, 230
interrompendo/dando uma pausa nos, 90-1, 182, 194, 208, 210, 229-30, 235
lesões comuns, 44, 62, 69-71, 224, 229, 236-7, 242
organizados, idades para os, 29, 32, 227
passando para níveis mais elevados, 32, 37, 77, 85-7, 214-5
praticando múltiplos, 35, 63, 100, 223-6
programas para iniciantes/de baixa competição, 19, 65, 68, 69, 73-4, 176, 188, 220
sistemas de classificação dos, 94-8
violência/falta de espírito esportivo, 48, 68, 79-80, 83, 239
Ver também esportes específicos pelo nome

Esportes coletivos
avaliando a equipe/liga, 24, 32, 64, 68, 199, 216
custos dos, 54, 63
e crianças incapacitadas, 181, 192-3, 197, 200-1
e distúrbios de deficit de atenção, 62, 186-7
encontrando um treinador, 65
idade para praticar, 29, 33
influência dos companheiros de equipe, 207-10
lidando com a derrota, 23, 67, 211
níveis de elite nos, 220, 223, 226-7
nível de habilidade nos, 36-7
praticando múltiplos, 224-5
rivalidades nos, 50, 168
sendo colocado em segundo plano nos, 181, 215-6
sistema aberto, 96
temas de segurança, 71
time com pouca competição, 68, 175, 182
Ver também esportes específicos pelo nome

Esportes de colisão, 95
Esportes de contato, 94-5, 98, 225, 237
e falta de agressividade, 236-7
grau de contato, 95
Esportes de resistência, 97
Esportes de sistema aberto, 96-7
Esportes de sistema fechado, 96-7
Esportes estéticos, 97. Ver também esportes específicos pelo nome
Esportes extenuantes, 69, 98, 100, 195, 204, 225
e crianças acima do peso, 175-6
Esportes hípicos
e cegueira, 198, 201-2
salto, 133-4
Esportes individuais
custo de aprendizado, 54, 63
de resistência, 97
e as crianças mais velhas, 31, 33, 62
e distúrbios de deficit de atenção, 18, 186

       encontrando um treinador, 63, 70
       estéticos, 97
       níveis de elite nos, 220
       perder consistentemente nos, 60-1
       por classe de peso, 97
       praticando múltiplos, 225
       provas em equipe nos, 62, 101
       rivalidades nos, 50
       sistema fechado, 96
       Ver também esportes específicos pelo nome
Esportes por modalidade de peso, 97
Esportes radicais, 102
Esportes técnicos, 129, 132, 136, 138, 156, 165
       e potência, 139
Esqui, 62, 94, 97, 117-8
       alpino, 43, 117-9, 120, 143
       cross-country, 118
       custos, 54, 118-9
       de estilo livre, 102, 118-20, 143
       esporte de coordenação motora geral, 98
       esporte paraolímpico, 198-99
Esteroides, 48, 195-6. Ver também Distúrbio(s), de abuso de substâncias
Estilos de vida ativos, 18, 176
Estresse, e exercício, 18, 201, 241
Evert, Chris, 30
Exercício
       e depressão, 18, 179-80
       importância do, 17, 37, 172-3, 202-3
Expectativa de vida, 17

F

Família e esportes, 18-9, 59, 176, 220, 233. Ver também Crianças; Pais
Favoritismo, do treinador, 216-7
Federação Internacional de Esportes para Cegos, 202
Fernandez, Lisa, 59
Florida Marlins, 16
Fobias, 181, 182-3
Força mental, 38-40, 42-3, 45-7
       nas crianças, 46-7, 229
Força, definição de, 99
Forma física, importância da, 17, 172-3, 197. Ver também Exercício
Foudy, Julie, 83
Francisco, Frank, 79
Fraturas, simples, 70-1. Ver também Itens de segurança
Futebol americano, 45, 58, 62, 83, 94-6, 161-3, 166
       e deficiência visual, 198

e problemas de coordenação motora fina, 188
períodos de ação no, 187
taxa de lesões no, 62, 237
violência nos jogos, 79
Futebol, 160-1
e violência dos torcedores, 45, 79
rivalidades no, 50

G

Gagueira. Ver Distúrbio(s), de comunicação
Genética e aptidão atlética, 34
George, Emma, 50
Ginástica, 120-1
aptidões para a, 29, 31
atletas de elite de, 46
e técnica, 176
Goldberg, Barry, 96
Golfe, 121-3
custos do, 54
e asma, 205
e coordenação, 188
e técnica, 98, 100
jogo em equipe no, 122
programas para iniciantes, 122
táticas/estratégias do, 40, 56
Gorney, Cynthia, 41
Green Bay Packers, 39

H

Haislett, Nicole, 50
Hall, Gary, Jr., 204
Hamilton, Scott, 30, 63, 130
Hamm, Mia, 40, 60
Hamm, Paul, 45
Heppner, Al, 232
Holum, Dianne, 45
Homero, 109
Hóquei de campo, 156, 163-6, 225, 258
Hóquei sobre o gelo, 44, 94-6, 130-1, 133, 163, 164-6
Hughes, Sarah, 46
Hunter, Jim "Catfish", 204, 206

I

Idade da criança
desenvolvimento de aptidões físicas, 29
e a derrota, 68

Índice remissivo

    e lições iniciais, 30, 33, 62, 73
    e sistemas de esportes fechados ou abertos, 96
    para aptidões de prontidão, 29-31
    para esportes organizados, 29, 32, 222
Ilíada (Homero), 109
Índice de lesão, 162
Índice de massa corpórea (IMC), 172
Insolação, 69
Instituto de Esportes Juvenis, 67
Instituto Nacional de Abuso de Drogas, sobre esteroides, 196
Instrução
    necessidade da, 31, 34, 36-7, 41, 99
    no tae kwon do, 145, 191
    para esportes individuais, 62, 70
    Ver também treinadores
Insulina. Ver diabetes
Itens de segurança
    arremesso de disco, 103
    arremesso de martelo, 104
    arremesso de peso, 106
    basquete, 153
    beisebol, 155
    bobsledding, 157
    boliche, 107
    boxe, 108
    canoagem, 109-10
    ciclismo, 111
    corrida com barreiras, 114
    corrida com obstáculos, 115
    corrida, 113
    críquete, 158
    curling, 159
    esgrima, 116
    esportes coletivos, 71
    esportes individuais, 71
    esqui alpino, 118
    esqui estilo livre, 119
    futebol americano, 162
    futebol, 160
    ginástica artística, 120
    golfe, 122
    hóquei de campo, 163
    hóquei sobre o gelo, 164
    lacrosse, 165
    lançamento de dardo, 123
    levantamento de peso, 124

luge, 125
luta livre, 127
natação, 128
patinação artística, 129
patinação em velocidade, 131
patinação in-line, 132
polo aquático, 167
remo, 168
salto (hipismo), 133
salto com vara, 135
salto em altura, 136
salto em distância, 137
salto ornamental, 138
salto triplo, 140
sinuca, 141
skeleton, 142
snowboarding, 143
squash, 144
tae kwon do, 146
tênis de mesa, 149
tênis, 147-8
tiro com arco, 150
tiro esportivo, 151-2
vôlei, 169

J
Jackson, Phil, 66
Jansen, Dan, 44, 131
Jenner, Bruce, 186
Jogadores com deficiência, apoiando os, 85, 197. Ver também deficiências específicas
Jones, Bobby, 40
Jones, Marion, 16
Jordan, Michael, 34, 229
Judô, 146
    cadeira de rodas e, 198
    e a cegueira, 201

K
Kerrigan, Nancy, 43
Kersee, Jackie Joyner, 206
Klug, Chris, 144
Koch, Bill, 206

L
Lacrosse, 7, 33, 69, 94-6, 98, 100, 165-6, 172, 194, 237
Lançamento de dardo, 123-4, 150

Landing It (Hamilton), 63, 130
Lesões
    e falta de agressividade, 236-7
    e força mental, 43, 229
    e psicólogos esportivos, 237, 241-2
    esportes individuais, 71
    por esforço repetitivo, 69, 103, 116, 123, 149, 152, 155, 224
    Ver também Itens de segurança
Lesões na cabeça, 101, 111, 131, 142, 155, 157. Ver também Itens de segurança
Lesões no pescoço, 70, 162. Ver também Itens de segurança
Lesões por esforço repetitivo, 155, 224
Levantamento de peso, 124-5
    e a cegueira, 201
Liga, encontrando a correta, 12, 32-3, 58, 60, 68, 75, 77, 180, 197, 202, 214, 216, 221
Ligas de futebol americano, 162
Lipinski, Tara, 35, 46
Luge, 125-6, 142, 157
Luis XI, rei, 141
Luta livre, 46, 94-5, 97, 126-7
    e a cegueira, 201
    trabalho de equipe na, 61

M

Maratonas, 45, 100, 112-3, 204
Marsalis, Wynton, 222
Martens, Rainer, 95
McAllister, Rallie, 17
McCain, Jonh, 243
McEnroe, John, 35, 238
Memória muscular, 37
Meninas, 31, 73, 153, 161, 164, 166, 196, 230
    e boxe, 108
    e luta livre, 127
    Ver também Crianças
Mente, poder da. Ver força mental
Miranda, Patricia, 46
Morgan, William G., 170
Mosconi, Willy, 141
Motivação, 11, 24, 34, 37-8, 40-1, 56, 176, 187, 213, 228, 238, 241

N

Naismith, James, 154
Namath, Joe, 62
Natação, 128-9
    aptidões de prontidão para a, 29-30
    de longa distância, 128

   e a asma, 205
   e a coordenação, 188
   e crianças acima do peso, 174-5
   e deficiência visual, 201
   e idade, 30-1
   equipes de baixa competitividade, 72-5
   trabalho em equipe na, 61-2
Navratilova, Martina, 232
Nelson, Michael, 96
New England Patriots, 59
New York Yankees, 50
Níveis de glicose no sangue. Ver Diabetes

O

Obesidade em crianças, 17, 172
Oerter, Al, 51
Olimpíadas
   de 1936, 135
   de 1952, 137
   de 2000, 16, 95, 144, 204, 206
   e Curling, 159
   e levantamento de peso, 125
   e luta livre, 127
   teste antidoping nas, 195
Olimpíadas especiais, 197, 199-200, 206
Orser, Brian, 50
Osteoporose, 17
Owens, Jesse, 138

P

Pais
   atitude com relação à competição, 16, 22, 32, 48, 67
   avaliando o time/liga, 32, 178, 198-9, 216
   criando campeões, 226-32
   e a autoestima da criança, 21, 22-4
   e a criança acima do peso, 172-7
   e a motivação, 38, 89, 176
   e a tendência com relação aos esportes, 57-8, 61
   e espírito esportivo, 80-1, 83-5
   encontrando o treinador correto, 65-7, 71, 179
   ensinando os fundamentos, 29-30, 75-7, 100
   escolhendo esportes individuais ou coletivos, 57, 71
   introduzindo os esportes, 29-30, 76-7, 100
   pesquisando esportes, 94, 97, 99, 172-4, 177, 188, 197, 225
   Ver também Crianças
Paralisia Cerebral, 187, 206

Índice remissivo

Paraolimpíadas, 198, 206
Patinação artística, 129-30
    atletas de elite da, 46
    caminhos para a, 54
    rivalidades na, 50
Patinação em velocidade, 130-2
Patinação in-line, 130-3
Patinação. Ver Patinação in-line; Patinação artística; Patinação em velocidade
Perda de interesse, 242
Peso das crianças, 17, 95, 172-3, 175-7, 202-3
Phelps, Michael, 186, 196
Pingue-pongue. Ver tênis de mesa
Platão, 129
Polo aquático, 166-7
Polo, 54, 134, 166-7
Potência, definição de, 99
Pressão sanguínea elevada, 17
Pride, Curtis, 200
Problemas nas articulações, 17, 62
Problemas nas juntas, 95
Profissões envolvendo esportes, 19-20
Programa de Desenvolvimento de Esportes Start Smart, 73
Programas para iniciantes, 33, 62-3, 69-70, 73, 75, 88, 101, 176, 188
Provas esportivas
    arremesso de disco, 103
    arremesso de martelo, 104
    arremesso de peso, 105
    basquete, 153
    beisebol, 154
    bobsledding, 156
    boliche, 106-7
    boxe, 108
    canoagem, 109
    ciclismo, 111
    corrida com barreiras, 114
    corrida com obstáculos, 115
    corrida, 112
    críquete, 158
    curling, 159
    distância, e força mental, 45
    esgrima, 116
    esqui alpino, 118
    esqui estilo livre, 119
    futebol americano, 162
    futebol, 160
    ginástica artística, 120

golfe, 121
hóquei de campo, 163
hóquei sobre gelo, 164
lacrosse, 165
lançamento de dardo, 123
levantamento de peso, 124
luge, 125
luta livre, 127
natação, 128
patinação artística, 129
patinação em velocidade, 131
patinação in-line, 132
polo aquático, 167
remo, 168
salto (hipismo), 133
salto com vara, 134
salto em altura, 136
salto em distância, 137
salto ornamental, 138
salto triplo, 139
sinuca, 140
skeleton, 142
snowboarding, 143
squash, 144
tae kwon do, 146
tênis de mesa, 149
tênis, 147
tiro com arco, 150
tiro esportivo, 151
vôlei, 169

Psicólogo esportivo, consultando um, 46, 52, 85, 231, 236-7, 239-42
Psicólogos. Ver psicólogos esportivos, consultando

R

Radiação solar, 69, 128
Raiva, lidando com a, 215, 238-40
Raiva. Ver Raiva, lidando com
Raquetebol, 144-5, 148
Rebollo, Antonio, 151
Recursos, 99, 101, 158, 197, 202. Ver também esportes específicos pelo nome
Regra de misericórdia, 68
Regra do jogo mínimo, 68, 216
Reilly, Rick, 17
Remo, 97, 110, 167-8
    e coordenação, 188
Resistência. Ver vigor, definição de

Rheaume, Manon, 56
Richardson, Dot, 41
Ripken, Cal, Jr., 38, 71, 83
Robinson, Sugar Ray, 204
Rúgbi, 94-5, 161-2
    e cadeira de rodas, 198
Runyon, Marla, 197
Ruth, Babe, 16, 186

S

Salto (Hipismo), 133-4
Salto com vara, 50, 134-6
Salto em altura, 135-7, 140
Salto em distância, 14, 115, 136-8, 140
Salto ornamental, 138-9
    e técnica, 98
    esporte de coordenação motora geral, 98
Salto triplo, 136-7, 139-40
Sampras, Pete, 50
Saúde e exercício, 17, 176-7, 197. Ver também condições específicas pelo nome
Schilling, Curt, 43, 50
Seefeldt, Vern, 95
Segundo plano, colocado em, 181, 215-217
Seleção Feminina de Futebol dos Estados Unidos, 50
Shelton, Ron, 243
Shriver, Eunice Kennedy, 199
Síndrome de Asperger, 15, 192-3. Ver também Autismo
Síndrome de excesso de treinamento, 69, 177, 185. Ver Perda de interesse
Sinuca de bolso, 141
Sinuca, 140-1
    esporte de coordenação motora fina, 56, 98, 140, 188
    Ver também Bilhar
Sistemas de classificação para os esportes
    contato, 94-95
    estético, 97
    grau de contato, 95
    nível de envolvimento físico, 94-5
    por categoria de peso, 97
    resistência, 97
    sistema aberto e fechado, 96-7
Skate, 130, 132
Skeleton, 126, 141-2, 157
Smithsonian Magazine, 151
Snowboarding, 102, 118, 120, 143-4
Somerville, Andrew, 24
Sondral, Aadne, 44, 233

Sorenstam, Annike, 241
Sparring, 108
Squash, 144-5, 148
Street, Picabo, 43
Strong, William, 94
Strug, Kerri, 44
Sundberg, Jim, 81
Superalimentação, 186

T

Tae kwon do, 26, 56, 70, 90, 145-7, 191, 207, 219, 234
Tanner, Elaine, 232
Tédio, e depressão, 179, 240
Televisão, esportes na, 53-4, 121, 169, 188
Tell, Guilherme, 151
Temperamento, e os esportes, 11-2, 56, 98, 237-40
Tênis de mesa, 94, 148-9, 225
Tênis, 147-8
    custos, 54
    jogo medieval, 148
    rivalidades no, 50
    tática/estratégia no, 40
    trabalho em equipe no, 61, 148
Tensão, e raiva
Thorpe, Ian, 196
Tiro ao alvo, 151-2
    esporte de coordenação motora fina, 98, 151, 188
Tiro ao pombo (skeet), 151-2
Tiro com arco, 55-6, 94-8, 150-1, 176, 188, 201, 205, 237
Tiro esportivo, 94, 151-2, 201
    esporte de coordenação motora fina, 98, 188
Tiro trap, 151
Torcedores, comportamento dos, 45, 79-81, 84
Tour de France, 34, 44-5, 111. Ver também Armstrong, Lance
Traços de caráter, e esportes, 19, 147, 226
Trampolim, 29, 95, 121, 135-6, 138-9, 183
Transtorno de conduta, 190-1
Transtorno de Estresse Pós-Traumático (TEPT), 181, 184, 208
Treinadores
    conflito com, 82, 217-8
    criando um ambiente positivo, 177-8, 180, 191, 196, 208, 210
    e bullying, 177, 208
    e crianças com problemas emocionais/físicos, 175, 178, 180-2, 185-7, 189-93, 197, 200, 204-5
    e espírito esportivo, 80
    e itens de segurança, 68, 71, 100

       e motivação, 38
       favoritismo por parte do, 216-7
       lidando com acessos de raiva, 16, 238-9
       necessidade de, 63, 77, 100
       para esportes coletivos, 65
       para esportes individuais, 63, 70-1, 192, 219
       reconhecendo a perda de interesse, 89-90, 214, 230, 241
       Ver também esportes específicos pelo nome
Treino, 18, 34, 53, 65-7, 69, 71, 78, 80-1, 88, 107, 128, 146, 162, 168, 175, 181-3, 190, 194, 204-5, 208, 215-7, 220, 224, 231, 235, 239, 242. Ver também esportes específicos pelo nome
Twigg, Rebecca, 39

U

Universidade da Carolina do Norte, 50
Universidade de Cambridge, remo na, 168
Universidade de Connecticut, 50
Universidade de Denver, acampamento de basquete, 31
Universidade de Duke, 50
Universidade de Harvard, remo na, 167
Universidade de Oxford, 116, 168
Universidade de Yale, remo na, 168
Universidade do Tennessee, 50

V

Van Dyken, Amy, 94, 206, 231
Vício em nicotina, 193, 195. Ver também Distúrbio(s), de abuso de substâncias
Vigor, definição de, 100
Vinci, Leonardo da, 112
Violência, nos esportes, 79-80, 239
Vitória
       e competitividade, 40, 49-50, 89, 232
       medo da, 51
       seguidas, 52, 59, 215
Voleibol, 94, 96, 169-70
       e problemas de coordenação motora fina, 188

W

Waitz, Grete, 50
Wariner, Jeremy, 182
Weihenmayer, Erik, 201-2
Williams, Serena, 38, 238
Williams, Venus, 60
Wolf, Hillary, 84
Wooden, John, 58
Woods, Tiger, 30

GRÁFICA PAYM
Tel. (011) 4392-3344
paym@terra.com.br